11가지
핵심 예제로
파이
머신러닝
정복하기

기 초 부 터 심 화 까 지

+
+

정종호 지음

(주) 삼양미디어

머리말

2019년 겨울 한 카페에서 존경하는 연구사님으로부터 선물 받은 인공지능 책의 한 페이지를 펼친 순간, 그 책에 푹 빠져 반나절 동안 읽었던 기억이 생생합니다. 그날 이후 인공지능 공부를 시작하게 되었고, 필자가 가르치는 교실에서 인공지능 관련 프로젝트 수업까지 진행할 수 있게 되었습니다.

몇 년이 지나지 않은 지금, 인공지능 기술은 이미 우리 생활에 큰 변화를 가져왔습니다. 음성 비서, 얼굴 인식, 자율주행차 등 우리가 자주 접하는 인공지능 기술부터, 최근 'ChatGPT'라는 대화형 인공지능까지 등장하면서 세상은 빠르게 변화하고 있습니다. 이러한 기술들은 우리의 삶을 더욱 편리하게 만들어주기도 하지만 인공지능 기술의 발전이 가져올 가능성에 대해서는 논란도 있습니다.

이 책의 예제는 필자와 대정고등학교 SW·AI 동아리 학생들(강승준, 김유철, 김영재, 박승원 외)이 수없이 실패를 경험하며 만들어낸 '11가지 성공 모델'입니다.

아이들과 인공지능 프로젝트를 진행하면서 수많은 '의문'과 '에러'들을 마주할 때마다 원인을 찾기 위해 관련 서적과 문헌들을 찾아 헤맸습니다. 1950년대부터 연구가 시작된 인공지능 분야와는 걸맞지 않게 논문, 인터넷, 서적 등에는 모호함과 오개념이 많다는 것을 알게 되었고, 이렇게 직접 책을 집필하기에 이르렀습니다.

이 책에는 머신러닝과 딥러닝의 기본 개념부터 인공지능 실습까지, 고등학생, 대학생, 비개발자, 인공지능 초보자도 쉽게 따라할 수 있는 내용이 담겨 있습니다. 책의 목차를 순서대로 따라가다 보면, 인공지능의 역사뿐만 아니라 주요 용어인 지도 학습, 비지도 학습, 머신러닝, 딥러닝의 기본 개념과 머신러닝의 심화 내용, 그리고 자연어 처리, 이미지 학습까지 다양한 주제를 접할 수 있습니다.

이 책을 통해 머신러닝과 딥러닝의 기본 개념과 원리를 익히고, 다양한 예제를 통해 인공지능 모델을 직접 제작해 보며 머신러닝의 세계를 체험해 보시기 바랍니다.

'실패는 성공의 어머니'이지만 포기는 성공의 어머니가 아닙니다. '내가 원하는 데이터가 없어서, 정확도가 낮아서, 처음 보는 에러가 나와서, 복잡한 수식들이 즐비한 알고리즘이 나와서…' 여러 가지 이유로 수없이 실패하더라도 포기하지 마시기 바랍니다. 비록 실패를 경험하더라도 다시 도전하여 문제를 해결해 나가다 보면, 그 과정이 밑거름이 되어 내가 원하는 인공지능을 만드는 '성공의 날'이 올 것입니다.

인공지능을 공부하기 위해 충동적으로 구입한 30여 권의 책 중 필자가 자주 참고하고 읽는 책은 겨우 서너 권 남짓이지만 그 서너 권은 30번 넘게 읽었습니다. 이 책 또한 그렇게 여러분이 수없이 꺼내서 읽어 볼 수 있는, 그리고 여러 번 볼수록 더 자세히 알 수 있는 책이 되었으면 좋겠습니다.

앞으로 인공지능과 머신러닝, 딥러닝은 우리의 삶에서 점차 더 중요한 역할을 할 것입니다. 하지만 이들을 이해하고 활용하는 것은 어려운 일입니다. 이 책이 여러분에게 조금이나마 해답을 제시할 수 있기를 기대해 봅니다.

저자 정종호

이 책을 통해 인공지능의 원리를 '빠삭하게' 이해한다면, ChatGPT보다 더 놀라운 인공지능이 등장해도 그 원리를 해박하게 설명할 수 있을 것입니다. 특히, 이 책은 파이썬의 기본을 배운 학습자라면 다채로운 예제를 통해 인공지능 실습에 도전할 수 있으며, 체계적인 내용 구성을 통해 인공지능의 기초부터 깊은 영역까지 친절히 안내하여 여러분의 '인공지능 나침반'이 되리라 확신합니다.

정재웅(정보 교사 | 대전동화중학교, 대전교육정보원 대전AI교육지원체험센터)

이제는 인공지능 시대라고 할 만큼 우리가 사는 세상에는 인공지능과 연관되지 않은 영역이 없습니다. 어디서나 어렵지 않게 인공지능이라는 단어를 보고, 경험하고, 원하는 형태로 쉽게 활용할 수도 있습니다. 하지만 "인공지능이 뭔데?"라고 물었을 때 구체적으로 설명할 수 있는 사람들은 많지 않습니다. 이 책은 쉽게 대답하지 못하는 모든 인공지능 시대의 사람들에게 추천할, 인공지능의 사전적 정의를 '인지'하는 것이 아닌 인공지능을 '이해'하기 위한 최고의 필독서라고 생각합니다.

이지윤(Joy, 주식회사 카카오엔터프라이즈 기술전략실)

이 책에는 교사와 학생들이 즐겁게 공부하며 인공지능으로 문제를 해결한 다양한 실습 프로젝트가 담겨 있습니다. 처음 이 책을 접했을 때 '인공지능으로 어떤 문제를 해결할까?'하고 궁금했습니다. 책을 펼치는 순간, 참신하고 재미있는 예제들이 시선을 끌었습니다. 그리고 교사가 학생들에게 말하듯이 친절하게 설명하고 있어 좋았습니다. 인공지능을 처음 배우는 사람들도 다양한 주제의 문제를 해결하며 즐겁게 인공지능을 배울 수 있습니다. 저자의 열정과 교육 경험을 가득 담은 이 책과 함께, 즐겁고 신나는 인공지능 실습을 시작해 볼까요?

임진숙(교육연구사 | 경상북도교육청연수원 중등 연수부)

이 책은 인공지능과 4차 산업혁명 시대에 발맞춰, 중고등학교 수업에서 활용하기 적합합니다. 이 책을 통해서 교사들은 좀 더 쉽게 인공지능 이론을 가르치고, 직접 실습을 통해 학생들의 창의력을 키울 수 있는 재미있는 수업을 할 수 있을 것입니다. 학생들은 인공지능, 머신러닝, 딥러닝 등의 전문 용어를 쉽게 배울 수 있으며, 파이썬을 이용하여 실제 데이터로 인공지능 모델을 직접 만들어 보는 체험을 통해 새로운 기술과 인공지능의 무궁한 가능성을 경험할 수 있습니다.

김귀훈(주임교수 | 한국교원대학교 인공지능융합교육전공)

차례

구성과 특징

이 책은 다음과 같은 내용으로 구성하였습니다.

Part 1. 인공지능 이해하기

알파고, 튜링 머신 등 몇 가지 키워드를 통해 인공지능은 무엇이고, 왜 중요해진 것인지 그 답을 찾는 데 도움을 주는 내용을 담았습니다. 인공지능을 이해하는 데 필요한 중요한 기술인 머신러닝의 개념과 종류, 딥러닝의 개념과 원리 등에 대해 알 수 있습니다.

Part 2. 인공지능 실습하기

11가지 핵심 예제에서 문제 상황을 발견하고 그것을 해결할 수 있는 방법을 인공지능 모델 제작을 통해 알아보는 과정을 담았습니다.

주요 구성 안내

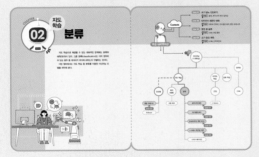

◀ Chapter별 학습 내비게이션

Chapter마다 '**학습 내비게이션**'을 통해 예제(Unit)에서 다룬 인공지능 모델의 학습 방법과 알고리즘, 키워드 등을 한눈에 쉽게 파악할 수 있습니다.

예제(Unit)별 인공지능 모델 제작 ▶

각각의 **예제(Unit)**에서는 해결해야 할 문제가 무엇이고(문제 발견), 해결 모델은 무엇인지 (해결 모델은?) 제시하고, 실제 인공지능 모델 제작 과정을 자세하게 설명해 줍니다.

◀ 더 알아보기와 정리하기

• 예제와 관련해 중요하거나 흥미를 끌 만한 내용은 '**더 알아보기**'에서 깊이 알아봅니다.
• 예제마다 중요한 개념과 내용은 '**정리하기**'의 빈칸 채우기를 하며 다시 한 번 되짚어 볼 수 있습니다.

인공지능 이해하기

세계는 인공지능으로 소리 없는 전쟁을 치르고 있다. '조용한 혁명'이라고 불리는 인공지능의 시대로 변해가고 있다. 인공지능은 무엇이고, 왜 중요해진 걸까?

Part 1에서는 몇 가지 키워드를 통해 그 답을 찾는 데 도움을 주고자 한다.

두 나라 이야기

✏ 영국

만유인력의 법칙 '뉴턴', 보이지 않는 손 '애덤 스미스', 제2차 세계대전의 영웅 '윈스턴 처칠', 세 위인의 공통점은 무엇일까? 바로 영국 화폐 인물들이다.

이 밖에도 나이팅게일, 찰스 다윈, 셰익스피어, 제인 오스틴, 제임스 와트 등 경제, 정치, 문화, 예술, 과학 등 많은 분야의 인물이 영국 화폐에 등장한다. '대영제국'이라 불리던 나라답게 영국의 대표 위인들은 곧 세계의 위인이다.

하지만 요즘 영국의 유명인을 물어보면 영화 〈닥터 스트레인지〉의 배우 베네딕트 컴버배치나 우리나라 축구 선수 손흥민과 같은 팀에서 뛰는 해리 케인 정도의 스타 말고는 생각이 나지 않는다. 이런 영국을 보며 '부자 3대 못 간다'라는 말이 자연스레 떠오른다. 세계 GDP 규모는 5위까지 밀려나면서 유럽 내 라이벌인 독일보다도 경제 규모가 작아져 '해가 지지 않는 나라'에서 '해가 지고 있는 나라'가 되었다. 한 번의 성공이 중요한 게 아니라 지속적인 성공이 중요하다는 것을 보여준다.

순위	국가/지역	GDP (US$million)
1	🇺🇸 미국	22,939,580
2	🇨🇳 중국	16,862,979
3	🇯🇵 일본	5,103,110
4	🇩🇪 독일	4,230,172
5	🇬🇧 영국	3,108,416
6	🇮🇳 인도	2,946,061
7	🇫🇷 프랑스	2,940,428
8	🇮🇹 이탈리아	2,120,232
9	🇨🇦 캐나다	2,015,983
10	🇰🇷 대한민국	1,823,852

그림 1 1파운드 속 뉴턴(왼쪽)과 20파운드 속 애덤 스미스

그림 2 2021년 세계 GDP 순위

✏ 미국

앞선 영국과는 다르게 지속적인 성공을 보여주는 나라가 있다. 바로 세계 G1을 굳건히 지키고 있는 미국이다. 미국은 1980년대부터 에너지, 물류, 자동차 등의 분야에서 두각을 나타내면서 발전했고 이후 SW, IT 고부가가치 기술을 바탕으로 또 한 번의 성공을 하면서 지속적으로 글로벌 레이스에서 우위를 점하고 있다. 이러한 미국이 포함된 글로벌 레이스에서 또 한번 앞서 나가기 위해 중요한 분야로 인공지능(AI)이 꼽히고 있다.

세계대전과 식민지 전쟁이 있었던 산업혁명 시대와 다르게 현재의 글로벌 레이스는 '조용한 혁명'이라고 불린다. 세계 각국은 인공지능 분야에서 선두를 차지하기 위해 소리는 없지만 더 치열한 전쟁을 벌이고 있다.

01. 알파고 쇼크

2014년 1월 구글은 조그마한 스타트업 기업을 인수했다. 이 기업의 이름은 'DeepMind'로 2년 후 알파고를 만들고 이세돌을 이기며 바둑을 정복했다. 2016년의 '알파고 쇼크'는 가로 세로 19× 19로 이루어진 바둑판에서 19 곱하기 19 팩토리얼(19x19!)의 변수를 정복한, 단순히 컴퓨터의 계산 능력 향상으로 인식된다. '컴퓨터가 이렇게 빨라졌구나', '컴퓨터가 어마어마한 경우의 수도 금방 계산하네.' 정도로 생각했지만, 이것은 오판이자 시대의 흐름을 읽지 못한 것이다.

알파고는 여러 프로 바둑 기사들의 대국 데이터인 '기보'를 학습해서 판단한 것이다. 단순히 경우의 수를 계산한 것이 아니라 과거의 바둑 데이터를 바탕으로 학습해서 그때그때 수를 판단해 경기한 것이다. 이것이 '알파고 쇼크'이자 '인공지능 쇼크'이다.

기존의 전통적인 문제해결 방법은 어떤 규칙 속에 데이터를 넣어 해답을 찾는 방식이다. 쉽게 말해 $y=ax+b$에 x_1을 넣어 y_1을 얻어내는 것이 기존의 방법이다. 하지만 인공지능은 이와 다르다. 데이터와 해답을 가지고 학습하여 규칙을 찾는다. x와 y를 가지고 $ax+b$를 찾는 것이다. 한 가지 예를 들자면 1~5까지 더하면 15이고, 1~10까지 더하면 55, 1~100까지 더하면 5,050이다. 이것이 전통적인 문제해결이라면, 5와 15, 10과 55, 100과 5,050을 가지고 $\frac{n(n+1)}{2}$을 찾는 것이 인공지능이다. 이렇게 되면 모든 n에 대해 해답을 예측할 수 있다.

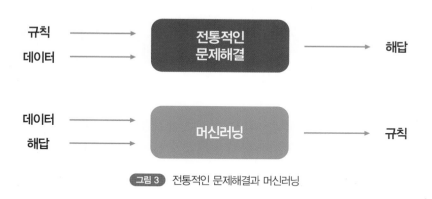

그림 3 전통적인 문제해결과 머신러닝

이러한 인공지능(머신러닝)을 확장시키면 공부 시간, 유사 과목 성적, 직전 학기 성적, 당일 컨디션 등을 가지고 특정 과목 시험 점수를 예측할 수 있고, 범죄율을 가지고 국민 행복도를 예측할 수도 있다. 즉, 데이터를 가지고 학습을 하면 우리가 생각하지 못하는 것을 높은 정확도로 예측할 수 있다는 것이다.

'Data is more than the New Oil.' 데이터의 가치를 가늠할 수 있게 하는 말이다. 그동안 데이터는 분석을 통해 여러 문제를 해결하였지만 이보다 훨씬 더 강력한 인공지능을 만나 문제를 해결하는 것을 넘어 우리 주변 사회를 변화시키고 있다.

예전에 고민이나 문제가 있을 때 마을 어르신이나 그 분야 전문가를 찾아가 해답을 구하곤 했다. 이제는 인공지능이 이를 대체하고 있다. 전에는 프로 기사들이 나와 바둑을 해설했지만 요즘은 알파고 수치가 나와 즉석에서 승률을 보여준다. 30년 바둑을 둔 프로 기사의 자리를 30억 번 바둑을 둔 알파고가 대체하는 것이다. 이렇게 세상은 인공지능으로 변해가고 있는 중이다.

02. 튜링과 '생각하는 기계'

제2차 세계대전에서 히틀러가 이끄는 독일군이 세계를 제패하고 있을 당시 영국은 이를 막고 전쟁을 끝내기 위해 독일 나치 군사 암호였던 에니그마(Enigma)를 해독하려고 애썼다. 당시 천재라고 불리던 수학자, 언어학자 등이 모여 에니그마를 해독하려고 했지만 24시간마다 바뀌는 완벽한 암호 체계 때문에 번번이 좌절했다. 이때 앨런 튜링(Alan Mathison Turing, 영국의 수학자)은 기계를 이용해서 암호를 풀고자 했다. 결국 그는 기계로 만든 암호인 에니그마를 기계로 해결하게 된다. 이 기계는 '튜링 머신(Turing Machine)'으로 발전하게 되고, 현대 컴퓨터의 토대가 되었다.

그림 4 앨런 튜링

튜링 머신에서의 '머신(기계)'은 단순한 작업을 자동화해서 일하는 '장치'와는 다르다. 1928년 국제수학자대회(ICM)에서 힐베르트(David Hilbert, 독일의 수학자)는 "모든 사실(자연수에 대한 단순 사실들)을 기계적으로 만들 수 있을 것 같다."라는 말을 한다. 이후 3년 후 괴델(Kurt Godel, 미국의 수학자·논리학자)이 그 말이 틀렸음을 밝힌다. 이것이 '괴델의 불완전성 증명'이다. 앨런 튜링은 1936년 대학 강의에서 수학의 기초와 괴델의 정리를 배우게 되고, '괴델의 불완전성 증명'을 조금 다르게 자신만의 방법으로 증명하는 논문을 발표한다. 이 논문(계산 가능한 수와 그것의 결정 문제에 대한 적용)에서의 핵심은 '기계적'을 자신만의 방식으로 정리하고 증명하는 것인데, '기계적'을 정리할 때 튜링 머신을 이용했다. 이때 처음 등장한 튜링 머신은 컴퓨터 과학 분야의 시초라고 불린다.

튜링 머신은 특정 규칙에 의해 돌아가며 특정 규칙에만 부합하면 모든 일을 할 수 있는 '만능 기계'이다. 여기서 만능은 생각하는 것을 실현시키는 능력이다. 바퀴는 굴러가는 도구이고, 칼은 자르는 도구이고, 냉장고는 음식을 보관하는 도구이다. 하지만 컴퓨터는 메일 송수신, 음악 감상, 게임, 계산 등등 '모든 것'을 할 수 있는 도구이다. 여기서 '모든 것'은 '생각하는 모든 것'이고 튜링 머신은 '유니버설 머신'의 기반이자 '생각을 인공으로 만드는 도구'이다. 인공지능은 이렇게 출발하였다.

앨런 튜링은 어릴 적 가장 친한 친구의 죽음을 겪고 육체가 없는 영혼에 대한 고민을 하게 되었으며 '생각하는 기계'에 대한 통찰력을 가지게 되었다. 1950년에 발표한 'Computing Machinery and Intelligence'라는 논문에 A와 B를 두고 C와 대화를 하면서 과연 C는 A와 B 중에 한쪽이 기계임을 알아차리는지에 관한 내용으로 '기계는 생각할 수 있을까?'에 대한 자신의 생각을 담았다. 앨런 튜링의 '생각하는 기계'는 지금의 컴퓨터가 되었고, 이제는 '인공지능'이라는 이름으로 발전하고 있다.

03. 인공지능이란?

인공지능은 인간의 학습 능력과 추론 능력, 지각 능력, 자연 언어의 이해 능력 등을 컴퓨터 프로그램으로 실현한 기술이다. 하지만 이렇게 말하면 잘 이해가 되지 않는다. 쉽게 말하자면 예전에는 컴퓨터가 잘하는 일이 있었고 인간이 잘하는 일이 있었다. 컴퓨터가 잘하는 일로는 1부터 1,000까지 곱하는 일이 대표적이다. 인간이 잘하는 일은 대화(자연어 처리), 감정 파악 등이 있다. 인공지능은 이러한 경계를 허물고 인간의 영역을 컴퓨터로 대체할 수 있게 만드는 것이다.

흔히 인공지능은 4가지 범주로 정의한다. 인간적 사고, 합리적 사고, 인간적 행위, 합리적 행위가 그것이다. 최종 목표는 완전 자율주행자동차처럼 '이성적(합리적)'으로 '생각(사고)'하는 인공지능이지만, 현재는 로봇 청소기와 같이 '인간적'으로 '행동'하는 인공지능에 머물러 있다. 이렇게 낮은 범주의 인공지능으로 세상을 바꾸는 것이 진정 놀랍다. 초기 단계인 지금부터 따라가야 한다.

인간적 사고	합리적 사고
• "컴퓨터가 생각하게 하는 흥미로운 새 시도 … (중략) … 문자 그대로의 완전한 의미에서 마음을 가진 기계"(Haugeland, 1985) • "인간의 사고 그리고 의사결정, 문제 풀기, 학습 등의 활동에 연관시킬 수 있는 활동들(의 자동화)"(Bellman, 1978)	• "계산 모형을 이용한 정신 능력 연구"(Charniak 및 McDermott, 1985) • "인지와 추론, 행위를 가능하게 하는 계산의 연구"(Winston, 1992)
인간적 행위	합리적 행위
• "사람이 지능적으로 수행해야 하는 기능을 수행하는 기계를 제작하기 위한 기술"(Kurzweil, 1990) • "현재로서는 사람이 더 잘하는 것들을 컴퓨터가 하게 만드는 방법에 대한 연구"(Rich 및 Knight, 1991)	• "계산 지능은 지능적 에이전트의 설계에 관한 연구"(Poole 외, 1998) • "인공지능은 … (중략) … 인공물의 지능적 행동에 관련된 것"(Nilsson, 1998)

표 1 인공지능 정의의 4가지 범주

[출처] 한규동 지음, 〈AI 상식사전〉, 길벗

인공지능에는 머신러닝(Machine Learning)이 속해 있고 머신러닝 안에는 또 딥러닝(Deep Learning)이 속해 있다. 우리가 아는 인공지능은 작은 의미의 인공지능인 머신러닝과 딥러닝을 뜻한다.

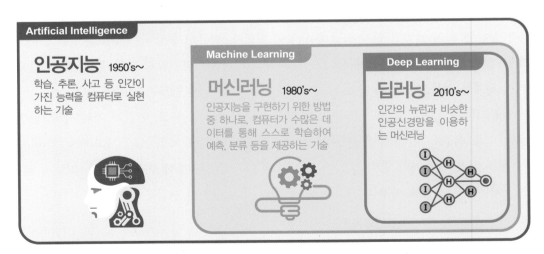

그림 5 인공지능, 머신러닝, 딥러닝의 관계

04. 머신러닝이란?

머신러닝(Machine Learning)이란 용어는 1959년 IBM 인공지능 연구원 아서 사무엘(Arthur L. Samuel)의 체커 게임 논문에서 처음 등장했다. 현재 가장 많이 인용되는 머신러닝의 정의는 1997년 톰 미첼(Tom M. Mitchell, 미국 컴퓨터 과학자)이 한 것으로, 그는 "만약 컴퓨터가 특정한 작업 T를 수행할 때 성능 P만큼 개선되는 경험 E를 보이면 그 컴퓨터는 작업 T(Task)와 성능 P(Performance)에 대해 경험 E(Experience)를 학습했다고 할 수 있다."라고 정의했다. 어떤 작업 T에 대해 성능 P만큼 개선되는 경험 E를 보이면 이를 기계가 학습했다고 할 수 있는 것이다.

머신러닝의 기본은 '선'이다. 어떠한 데이터 혹은 현상에 대해 가장 대표할 수 있는 '선'을 찾는 것이다.

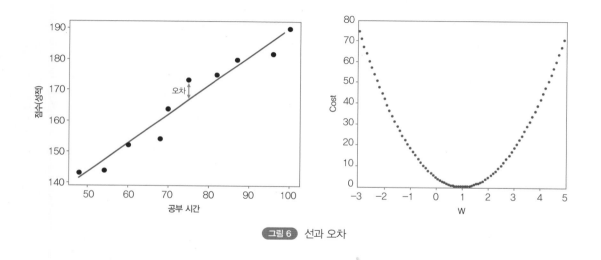

그림 6 선과 오차

[그림 6]의 왼쪽 그래프는 공부 시간에 따른 성적을 나타낸 것이다. 선과 데이터 간의 차이를 오차라고 한다. 오차가 가장 작은 직선을 선택하는 것이 머신러닝이다. 그럼 오차가 가장 작은 선을 어떻게 알 수 있을까?

빨간색 선을 기준으로 선이 위로 올라갈수록 오차가 커진다. 마찬가지로 빨간색 선에서 아래로 내려갈수록 오차가 커진다. 이 오차를 그래프로 나타내면 [그림 6]의 오른쪽 그래프처럼 밥그릇 모양이 된다. 여기서 기울기가 0, 즉 미분 값이 0인 곳의 선이 오차가 제일 작은 기울기이고 데이터를 대표할 수 있는 선을 찾을 수 있게 된다. 이렇게 선을 찾게 되면 x값이 변하더라도 y를 예측할 수 있게 된다. 지금은 한 가지 x로 나타냈지만 x_1, x_2, x_3 여러 가지 속성과 대량의 데이터를 가지고 있으면 예측 정확도는 훨씬 높아진다.

05. 지도 학습과 비지도 학습

머신러닝은 학습 방법에 따라 지도 학습과 비지도 학습으로 나누어진다. 강화 학습도 머신러닝에 포함되어 있지만, 머신러닝과 딥러닝처럼 하나의 영역으로 다룰 수 있을 정도로 큰 부분이라 인공지능 입문자에게는 다소 혼란스러울 수 있어 이 책에서는 언급하지 않는다.

레이블(label, 정답이라고도 함)이 있는 데이터로 학습을 하면 지도 학습, 레이블이 없는 데이터로 학습을 하면 비지도 학습이다. 마트에 가면 과일에 붙은 태그(tag, 꼬리표)를 볼 수 있는데 이것을 레이블이라고 생각하면 된다. 태그가 붙은 수박과 호박을 가지고 학습해서 이 두 가지를 구분하는 인공지능을 만들면 지도 학습, 태그 없이 수박인지 호박인지 모르는 데이터를 가지고 학습해서 구분하면 비지도 학습이다.

지도 학습은 다시 회귀(예측)와 분류로 나누어진다. 회귀는 주관식, 분류는 객관식이라고 말할 수 있다. 우리가 내일 날씨가 맑음인지 흐림인지를 예측하면 이는 지도 학습에서 분류이다. 하지만 우리가 내일 맑을 확률이 몇 %인지를 예측하면 이는 지도 학습에서 회귀이다. 분류는 k-NN(k-최근접 이웃 알고리즘), 의사결정 트리, SVM(서포트 벡터 머신) 등등 많은 알고리즘이 있지만 회귀는 선형 회귀(Linear Regression) 알고리즘 하나 밖에 없다. 물론 이 모든 알고리즘은 오차나 선을 구하는 방법에서 약간의 차이가 있지만 전체적으로 오차가 가장 작은 선을 찾는 것은 동일하다.

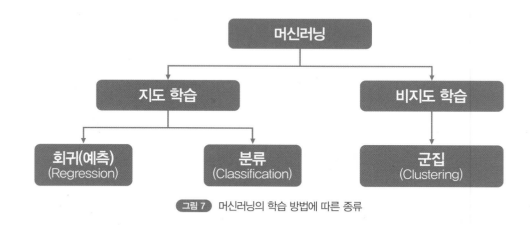

그림 7 머신러닝의 학습 방법에 따른 종류

문제와 함께 정답(레이블)까지 알려주는 지도 학습과 달리, 문제는 알려주되 정답(레이블)까지 알려주지 않는 비지도 학습은 여러 데이터를 학습함으로써 미처 알지 못했던 것을 발견하는 데 목적을 둔다. 결과에 대한 사전 지식이 없지만 해당 데이터를 통해 유의미한 것을 얻고자 할 때 이용한다.

군집은 비지도 학습 중에서 가장 대표적인 학습 방법이며 데이터끼리 그룹을 지어 사람이 파악하기 힘든 문제나 숨겨진 특징 및 구조를 발견한다.

06. 또 한 번의 진보, 딥러닝

우리 뇌를 본떠 인공의 생각을 만들자는 발상에서 출발한 딥러닝은 인공의 신경세포를 만드는 것부터 시작한다. 작은 벌레는 약 10만 개의 신경세포를 가지고 있다. 10만 개는 컴퓨터를 활용하면 결코 큰 수가 아니고, −극과 +극의 차이로 형성되는 뉴런의 전위 차이인 막전위는 0과 1로 표현하면 된다. 이렇게 생물학으로부터 영감을 받은 '신경망'이 등장하게 된다. 신경세포 하나하나는 행렬의 원소가 되고 미분 값이 0인 곳에 도달하여 최적의 정답(기울기)을 출력(예측)한다. 몇 백×몇 백의 행렬과 미분 연산은 프로그래밍을 통해 이루어져 인공의 생각이 만들어진다. 이러한 인공신경망은 자율주행자동차를 만들고 실시간 번역기가 되고 인공지능 음성 인식 소프트웨어 '시리(Siri)' 혹은 '빅스비(Bixby)'가 된다.

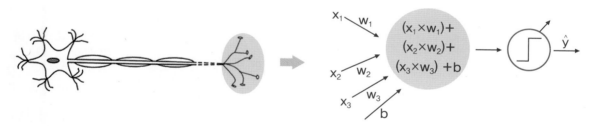

그림 8 　인간 신경세포의 기본 단위 뉴런(왼쪽)과 인공신경망의 기본 단위 퍼셉트론

다른 신경세포에서 받은 자극을 x_1, x_2, x_3이라고 하고 이 자극의 세기를 w_1, w_2, w_3이라고 하자. 이들을 곱하고 편향 b와 함께 더해 값이 일정 수준 이상이면 다음 세포로 자극을 전달하고 이하이면 자극을 전달하지 않는다. 이러면 1차 함수의 형태로 인공세포를 구현할 수 있다. 여기서 이해하기 어려운 것이 편향 b(bias)이다. 편향은 세포의 취향이다. 옆 사람이 손가락으로 어깨를 툭 건드리는 것과 눈을 툭 건드리는 것은 자극의 세기는 같지만 반응은 다르다. 여기에 편향이 개입한 것이다. 우리가 집에 갔을 때 고기 냄새가 진동하면 침이 고이면서 식탁 앞으로 가지만(개인적인 취향에 따라 차이가 있겠지만), 채소 삶는 냄새가 진동하면 침이 고이지도 않고 식탁 앞으로 가지 않는다. 음

식 냄새의 자극 세기는 동일하지만 편향이 더해져 서로 다른 자극을 전달하고 다른 생각과 반응을 만들어 낸다. 다시 정리하자면 자극을 x_1, x_2, x_3이라 하고 이 세기(가중치, weight)를 w_1, w_2, w_3이라 하여 이를 곱하고 편향 b와 함께 더한다. 그럼 자극 y는 $(x_1 \times w_1) + (x_2 \times w_2) + (x_3 \times w_3) + b$가 되고 y가 일정 값을 넘으면 자극이 다른 세포에 전달되고 넘지 않으면 자극은 소멸한다. 이렇게 1차 방정식으로 인공의 신경세포를 구현할 수 있다. 이 인공신경세포의 단위를 '퍼셉트론'이라고 한다.

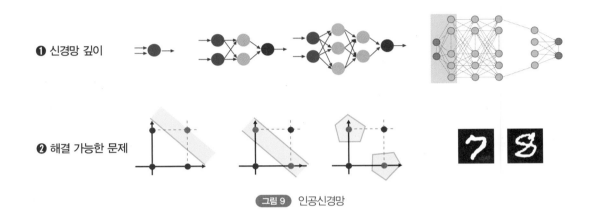

❶ 신경망 깊이

❷ 해결 가능한 문제

그림 9 인공신경망

위에서 구현한 1차 방정식으로 이루어진 인공신경세포를 현실 세포들처럼 망으로 구현하면 인공의 생각을 만들 수 있다.

[그림 9]의 ❶에서 동그라미 한 개가 위에서 구현한 1차 방정식의 인공신경세포 하나라고 생각하고 여러 개를 병렬로 배치하여 여러 병렬 세포층을 만들면 새로운 선을 만들어 문제를 해결할 수 있다. [그림 9]의 ❷에서 파란색 동그라미와 빨간색 동그라미를 분류한다고 해 보자. 첫 번째 상황에서는 선 하나만으로 해결 가능하다. 퍼셉트론 하나로 가능한 것이다. 두 번째의 경우는 선 하나로는 불가능하지만 선을 병렬로 구성하면 가능하다. 마찬가지로 선이 많아지고 이것이 층을 이루는 즉, 신경망이 깊이 학습을 하면 우리가 생각하지도 못했던 것도 분류할 수 있게 된다. 예를 들면 0~9까지 필기체를 구분하는 것도 가능해진다.

세포 하나하나가 병렬로 있고 또 이것이 깊게 층층이 있어 '딥러닝'이라고 한다. 그림을 통해 좀 더 알아보자.

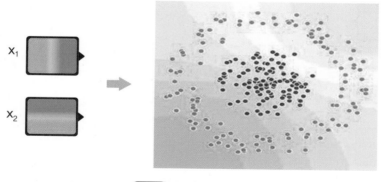

그림 10 두 직선과 데이터

주황색을 왼쪽으로 파란색을 오른쪽으로 구분하는 x_1과 파란색을 위로 주황색을 아래로 구분하는 x_2를 이용하여 [그림 10] 오른쪽의 파란색 점과 주황색 점을 구분해 보자.

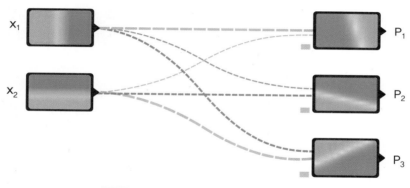

그림 11 두 직선을 통해 만든 또 다른 세 개의 직선

x_1과 x_2를 서로 섞으면 여러 가지 선을 만들 수 있다. x_1에 -0.32를 곱하고 x_2에는 -0.049를 곱하면 p_1이 생기게 된다. 같은 방식으로 p_2는 $-0.49x_1-0.31x_2$, p_3은 $0.049x_1-0.78x_2$로 구현할 수 있다. p_1, p_2, p_3을 출력하면 [그림 11]과 같이 새로운 선 3개를 만들 수 있다. 또한 [그림 11]에서 선 굵기는 가중치를 의미한다. 가중치의 절댓값이 클수록 선이 굵어진다.

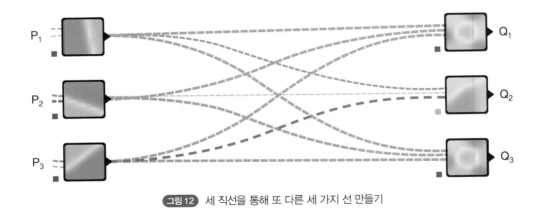

그림12 세 직선을 통해 또 다른 세 가지 선 만들기

[그림 12]처럼 다시 p_1, p_2, p_3을 조합하면 좀 더 새로운 영역을 구분하는 선을 만들 수 있다. p_1에 1.1을 곱하고 p_2에 -1.6을 곱하고 p_3에 1.1을 곱하면 Q_1을 만들 수 있다. 같은 방식으로 Q_2는 $0.85p_1+0.013p_2+0.72p_3$이고 Q_3은 $-1.2p_1-0.43p_2-1.1p_3$이다.

마지막으로 Q_1, Q_2, Q_3을 위의 방식으로 잘 조합하면 우리가 처음 목표로 했던 주황색 점들과 파란색 점들을 나눌 수 있게 된다. 결국 해답은 $Y=3.1Q_1+0.75Q_2-1.1Q_3$이 된다. 이 Y의 식이 [그림 13] 오른쪽의 주황색과 파란색을 나누는 산술식이며 주황색 점들과 파란색 점들을 나눌 수 있게 한다.

이렇게 1차 방정식을 병렬로 두고 여러 층을 만들어 깊게 학습하면 해결할 수 없을 것으로 생각했던 문제도 해결할 수 있다. 이것이 바로 딥러닝이다.

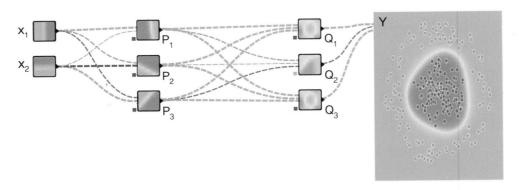

그림13 두 직선으로 주황색과 파란색 데이터 구분하기

우리는 단순한 직선 2개로 새로운 선 3개를 만들고 또 이 새로운 3개의 선으로 또 다른 선 3개를 만들고 마지막으로 이 선을 조합해서 원 형태의 두 영역을 구분하는 선을 만들수 있다는 것을 알게 되었다. 이 과정에서 직선 앞 가중치들은 어떻게 나왔는지가 의문일 것이다. 3.1이나 0.75 등등 직선을 얼마만큼 곱해야 하는지는 경사하강법(152쪽 참고)을 이용하여 쉽게 찾을 수 있다. 처음은 랜덤으로 값을 넣고 값을 올렸다 내렸다 하면서 경사하강법으로 오차가 가장 작은 값을 찾는 것이다. 이 연산은 엄청난 양의 연산이지만 프로그래밍을 통해 진행하면 순식간에 해결할 수 있다.

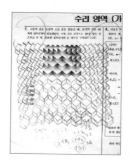  

그림 14 '수포자'들의 수학 문제 풀이

이때 가중치가 왜 앞의 값이 되는지 설명할 수 없다. 다만 랜덤으로 값을 두고 일일이 계산해 보면서 얻은 값이라는 정도로 이해하면 된다. 이것은 마치 '수포자'가 모의고사 때 [그림 14]와 같은 문제를 일일이 다 세어 보는 것과 같다.

인공지능의 행동과 판단을 사람이 이해할 수 없는 경우가 많다. 수없이 해 보니 정답이 나온 것이다. 인공지능의 행동과 판단을 사람이 모두 이해할 수 없어서 더 어렵다. 이러한 인공지능(딥러닝) 알고리즘을 '블랙박스 알고리즘'이라고 하며, 인공지능의 행동과 판단을 사람이 이해할 수 있는 것을 '설명 가능한 인공지능(XAI, eXplainable AI)'이라고 한다. 이런 설명 가능한 인공지능을 통해 인공지능의 신뢰성을 높일 수 있고, 스스로 데이터를 찾아 학습하여 범용적으로 사용할 수 있는 '강인공지능'의 시대가 올 것으로 기대한다.

> 경사하강법(Gradient Descent)은 가중치의 값을 반복적으로 업데이트하여 오차를 최소화하는 데 사용된다. 가중치의 기울기를 계산한 다음 기울기가 양수이면 가중치를 줄여 주고 반대로 기울기가 음수이면 가중치를 늘려 주는 프로세스를 반복하여 최적의 가중치를 찾아 준다.

다음 빈칸에 알맞은 단어를 채우며 학습한 내용을 정리해 보세요.

01 기존의 전통적인 문제해결 방법은 어떤 규칙 속에 데이터를 넣어 해답을 찾는 방식이다. 하지만 (   )은/는 이와 다르다. 데이터와 해답을 가지고 학습하여 규칙을 찾는 것이다.

02 (   )의 '생각하는 기계'는 지금의 컴퓨터가 되었고, 이젠 '인공지능'이란 이름으로 발전하고 있다.

03 일반적으로, 인공지능에는 (   )이/가 속해 있고 (   ) 안에는 또 (   )이/가 속해 있다. 우리가 아는 인공지능은 작은 의미의 인공지능인 (   )와/과 (   )을/를 뜻한다.

04 머신러닝의 기본은 (   )이다. 어떠한 데이터 혹은 현상에 대해 가장 대표할 수 있는 (   )을/를 찾는 것이다.

05 머신러닝은 학습 방법에 따라 (   )와/과 (   )(으)로 나뉜다. 레이블이 있는 데이터로 학습하면 (   ), 레이블이 없는 데이터로 학습하면 (   )이다.

06 우리 뇌를 본떠 인공의 생각을 만들자는 발상에서 출발한 딥러닝은 인공의 신경세포를 만드는 것부터 시작한다. 인공의 신경세포 단위를 (   )이라고 한다.

정답
283쪽 참고

인공지능 실습하기

'구슬이 서말이라도 꿰어야 보배'라는 말이 있다. Part 1에서 인공지능이 무엇이고, 왜 중요해진 것인지 알아보았다면, 이제 다양한 예제와 그에 적합한 인공지능 모델을 제작하면서 인공지능을 실제 생활에서 어떻게 적용할 수 있을지 생각해 보고자 한다.

회귀

'인공지능' 하면 떠오르는 몇 가지 단어가 있을 것이다. 메타버스, 첨단 로봇, NFT, 가상현실(VR), 증강현실(AR) 등이 있지만 인공지능의 시작은 '회귀'에서 비롯된다.

그리고 지도 학습(Supervised learning)은 입력 데이터와 정답 데이터를 바탕으로 학습을 진행하는 기계학습 방법이다. 즉, 데이터와 정답을 모두 알려 주고 모델이 학습할 수 있도록 하는 것이다.

'회귀'는 인공지능에서 많은 의미로 쓰이고 있다. 이번 챕터에서는 통계 기법 중 하나인 회귀 분석을 알아보고 이를 바탕으로 지도 학습 중 선형 회귀를 이해하고 인공지능 모델을 만들어 본다.

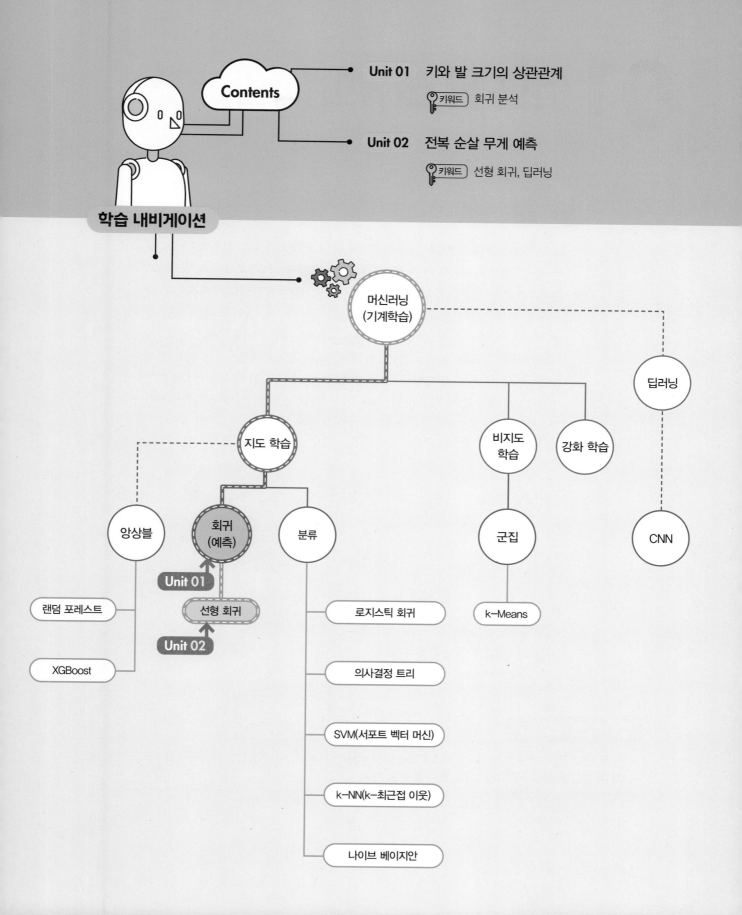

Contents

학습 내비게이션

머신러닝
(기계학습)

딥러닝

지도 학습

비지도
학습

강화 학습

앙상블

회귀
(예측)

분류

군집

CNN

랜덤 포레스트

Unit 01

선형 회귀

로지스틱 회귀

k-Means

Unit 02

XGBoost

의사결정 트리

SVM(서포트 벡터 머신)

k-NN(k-최근접 이웃)

나이브 베이지안

UNIT 01 키와 발 크기의 상관관계

🔒 문제 발견

1885년 영국의 유전학자 골턴(F. Galton)은 부모의 키가 매우 크면(혹은 매우 작으면) 일반적으로 자녀의 키는 평균보다는 크지만(작지만) 부모보다는 작다(크다)고 분석하며 '키는 평균으로 회귀한다'는 말을 했다. 이것이 회귀(回歸)의 유래이다. 간빙기가 지나면 빙하기가 오는 것과 같이 회귀는 '돌아올 회', '돌아갈 귀'로, 평균 혹은 어떠한 기준으로 돌아간다는 의미이지만 요즘에는 다른 의미로 많이 쓰인다.

여기에서 '회귀'는 위에서 말한 '회귀'와 조금 다른 통계학에서의 회귀 분석 (Regression Analysis)을 말한다. '밥을 많이 먹으면 살이 찐다', '공부를 열심히 하면 성적이 오른다'와 같이 독립 변수와 종속 변수 사이의 관계를 분석하는 방법을 의미하고 이를 통해 실생활의 상관관계를 알아볼 수 있다.

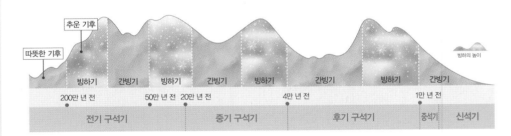

그림 1-1 회귀의 대표적인 예 빙하기와 간빙기

앞에서 언급한 유전적인 요소 이외에 우리가 키와 상관있다고 생각하는 것이 발 크기이다. 과연 키가 크면 발도 클까?

🔓 해결 모델은?

회귀는 인공지능에서 많은 의미로 쓰이고 있다. 이 Unit에서는 키와 발 크기의 상관관계와 경향성을 회귀 분석을 통해 파악하고 머신러닝의 기본적인 원리를 이해하려고 한다.

• 지도 학습 모델 중 회귀의 개념을 이해한다.
• 회귀 분석을 이용해 요소 간의 상관관계와 경향성을 파악한다.
• 머신러닝의 기본적 원리를 이해한다.

❶ 실습 환경 준비: 구글 코랩 실행하기

독립 변수와 종속 변수 사이의 관계를 파악하는 회귀 분석을 통해 '키와 발 크기의 상관관계'를 알아보는 인공지능 모델을 만들기 위해 필요한 세 가지 준비 사항이 있다. 데이터, 컴퓨터, 프로그램이 그것이다. 우리는 프로그램 언어인 파이썬으로 인공지능 실습을 하기 위해 구글 코랩(Colab)을 사용할 것이다. 따로 프로그램을 설치할 필요가 없고 공유, 호환 등 여러 면에서 실습하기 편리한 환경을 제공한다.

코랩에 접속하면 [그림 1-2]와 같은 화면이 나온다. 여기서 빨간색 네모로 표시된 │파일│과 │새 노트│를 클릭하면 실습 준비가 끝난다.

그림 1-2 구글 코랩 접속 화면

 TIP

• 구글 코랩 접속 주소: https://colab.research.google.com/
• 구글 코랩을 통해 프로그래밍 되는 과정을 간략하게 소개하면 다음과 같다. 구글 회원 가입(로그인) → 구글 코랩 접속 → 초기 환경 설정 → 구글 클라우드 서버 프로그램 → 코랩에 프로그램 결과 실현(구글 드라이브를 통해 데이터 파일 불러오기 및 저장)

❷ 실습 초기 설정하기

코랩의 새 노트를 시작해 파일명을 알맞게 수정한 뒤 텍스트를 입력할 수 있는 창에 [그림 1-3]
과 같이 세 줄의 코드를 입력한다. 넘파이(Numpy), 판다스(Pandas), 맷플롯립(Matplotlib)은 데이
터를 처리해 주는 파이썬 패키지이다.

빨간색 네모 부분이 실행 버튼이며 Ctrl+Enter나 Shift+Enter 단축키를 이용하여 쉽게 실
행할 수 있다.

또한 실습한 코랩 파일은 구글 드라이브의 [Colab Notebooks] 폴더에 자동 저장된다. 이렇게
실습을 위한 모든 준비가 끝났다.

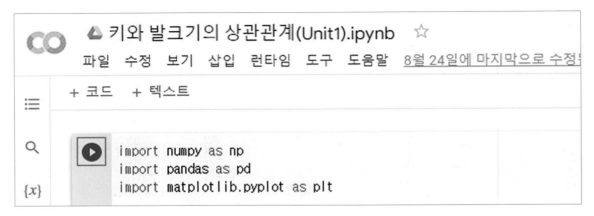

그림 1-3 구글 코랩 초기 설정

넘파이는 수치적 연산 기능을, 판다스는 데이터 처리기능을, 맷플롯립은 시각화 기능을 담고 있는 패키지이다. 호출 시마다 모든 글자를 입력하기 불편하므로 as 뒤에 줄임말을 써서 np, pd, plt처럼 간단하게 호출할 수 있다.

❸ 데이터 불러오기

앞에서 언급한 문제를 처리하기 위해 키와 발 크기 데이터를 불러온다. 아래와 같이 코드를 입력하고 크기 혹은 데이터 개수를 파악할 수 있는 len()로 출력하면 총 15개의 키와 발 크기 데이터를 불러올 수 있다.

```
#데이터 불러오기
height = [155.3,157.5,156.5,163.9,169.3,170.5,195.5,175.1,173.8,177.7,182.6,180.7,186.7,189.9,189.2]
foot_size = [220,230,235,240,245,250,255,260,265,270,275,280,285,290,300]
print(len(foot_size), len(height))
```

> 결과
>
> 15 15

코드 1-1 키와 발 크기 데이터 불러오기

불러온 데이터를 한눈에 보고 싶으면 데이터 시각화를 진행하면 된다. 맷플롯립 패키지의 pyplot은 그래프 기능을 제공하는 모듈이다. scatter() 함수 안에 발 크기(x축)와 키(y축) 데이터를 넣고 show() 함수를 호출하면 산점도 그래프(도표 위에 X와 Y 값이 만나는 지점을 표시한 점 그래프)가 나온다. x축과 y축 이름을 넣고 싶으면 xlabel(), ylabel() 함수를 사용하면 된다.

```
#데이터 그래프로 시각화하기
plt.scatter(foot_size, height)
plt.xlabel('Foot Size')
plt.ylabel('Height')
plt.show()
```

코드 1-2 키와 발 크기 데이터 시각화

TIP

> 카카오톡은 메신저 애플리케이션이지만 그 안에는 선물하기, 보이스톡 등 여러 가지 기능이 있다. '패키지=카카오톡', '그 안 기능=모듈'이라고 생각하면 쉽게 이해할 수 있다.

❹ 데이터 전처리하기

키와 발 크기 시각화 작업을 마치면 [그림 1-4]와 같은 산점도 그래프가 나온다. 그래프를 살펴보면 한 데이터가 다른 데이터에 비해 유독 벗어난 것이 보일 것이다. 이것이 바로 극단치이다. 이러한 비정상적인 데이터를 처리해야 인공지능 모델의 정확도를 높일 수 있다.

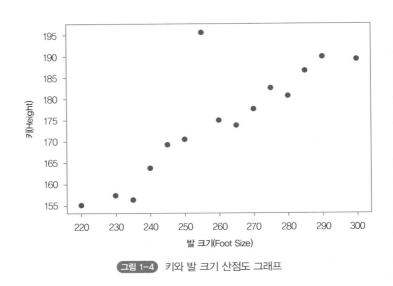

그림 1-4 키와 발 크기 산점도 그래프

극단치를 제거하기 위해 해당 데이터 순번을 파악할 필요가 있다. 키가 195가 넘는 데이터는 일곱 번째 데이터이다. 컴퓨터는 0번부터 입력하기 때문에 해당 데이터는 foot_size[6]과 height[6]이다. 따라서 [코드 1-3]과 같이 각 데이터의 0번부터 6번 미만까지와 7번부터 15번 미만까지 데이터를 더해주면 극단치인 6번 데이터가 제거된다.

TIP

데이터 전처리는 데이터 분석 과정의 하나로, 수집한 데이터에서 필요한 부분만 선택하기 위해 정제하고 용도에 맞게 가공하는 단계이다. 데이터 정제는 데이터에서 부정확하거나 관련 없는 부분은 삭제하거나 수정하여 데이터의 중복을 없애고, 오류를 수정하는 과정이다.

[출처] 이준구 외, 〈고등학교 데이터과학과 머신러닝〉, (재)한국과학창의재단, 2021

```
#극단치 데이터 제거
foot_size = foot_size[0:6] + foot_size[7:15]
height = height[0:6] + height[7:15]
```

코드 1-3 키와 발 크기 데이터 극단치 제거하기

전처리한 데이터를 [코드 1-2]로 다시 한 번 시각화하면 극단치가 사라지고 [그림 1-5]처럼 데이터 간의 경향성이 보이는 그래프가 나타난다. 이렇게 해서 회귀 분석을 위한 데이터 수집과 전처리를 끝냈다.

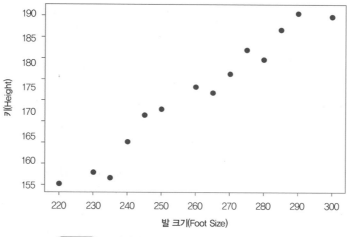

그림 1-5 극단치가 제거된 키와 발 크기 데이터 시각화

❺ 회귀 분석과 오차

Part 1에서 머신러닝을 설명하면서 오차(13쪽 [그림 6])에 대하여 이야기했다. 회귀 분석은 머신 러닝의 기본 바탕이고 역시 오차가 가장 작은 선을 찾는 것이 중요하다. 오차가 가장 작은 선을 찾는 방법은 평균제곱오차의 미분 값이 0인 a(기울기)와 b(절편)를 구하는 것이다. 이 방법의 공식이 [수식 1-1] 최소제곱법이다.

$$a = \frac{\sum_{i=1}^{n}(y_i - \overline{y})(x_i - \overline{x})}{\sum_{i=1}^{n}(x_i - \overline{x})^2} \quad \text{이며} \quad b = \overline{y} - a\overline{x}$$

수식 1-1 최소제곱법 공식

❻ 최소제곱법 구현하기

수식이 나타나서 머리가 아플 수 있다. 하지만 파이썬이 있으면 쉽게 최소제곱법을 구현할 수 있다. 먼저 파이썬에서 기본적으로 제공하는 배열(array)은 연산을 할 때 불편하고 안 되는 것이 많다. 그래서 [코드 1-4]와 같이 넘파이 배열로 키와 발 크기 데이터를 변환해서 불러온다.

```
#넘파이 배열로 변환
x = np.array(foot_size)
y = np.array(height)
```

코드 1-4 키와 발 크기 데이터 넘파이 배열로 불러오기

a(기울기)의 분자를 먼저 구현해 보자. Σ는 합을 나타내므로 넘파이 모듈의 sum() 함수를, $\overline{x}$와 $\overline{y}$는 각각 x와 y의 평균을 나타내므로 mean() 함수를 사용하면 [코드 1-5] 첫 번째 줄과 같다.

제곱은 곱하기를 두 번(**) 해 주면 되므로 a(기울기)의 분모는 [코드 1-5] 두 번째 줄과 같이 구하고 a를 나누어 주면 구현할 수 있다.

b(절편)는 [수식 1-1] 오른쪽처럼 y의 평균에서 a(기울기)를 곱한 x의 평균을 빼면 되므로 [코드 1-5] 세 번째 줄과 같다. 수식으로 볼 때는 막막했지만 파이썬의 함수를 사용하여 최소제곱법을

구현하고 오차가 제일 작은 직선의 기울기와 절편을 쉽게 구했다.

```
#최소제곱법 구현
a = np.sum((y-np.mean(y))*(x-np.mean(x))) #a(기울기)의 분자
a = a/np.sum((x-np.mean(x))**2) #a(기울기)의 분모를 구현하고 분자로 나눈다
b = np.mean(y) - a*np.mean(x) #b(절편)
print( 'a(기울기):', a, 'b(절편):', b )
```

결과

```
a(기울기): 0.4780531791907514 b(절편): 49.01401156069366
```

코드 1-5 키와 발 크기 데이터 최소제곱법

❼ 회귀 분석 시각화하기

키와 발 크기 데이터의 최소제곱법 결과 기울기는 약 0.478 정도이고 절편은 약 49가 나왔다. 이를 시각화하여 한눈에 확인해 보자.

```
#회귀선 구하기
line_x = np.arange(min(x), max(x), 1)
line_y = a*line_x+b
```

코드 1-6 구한 직선에 데이터 대입하기

직선의 정의는 '두 점 사이에 있는 점들의 집합'이다. x(발 크기)의 최솟값과 최댓값 사이에 있는 점들의 집합을 우리가 구한 직선에 대입한 후 그래프로 나타내 보자. [코드 1-6]의 첫 번째 줄은 x(발 크기)의 최솟값과 최댓값 사이에 수를 1cm 간격으로 line_x에 저장해 준다. 두 번째 줄은 line_x의 데이터를 우리가 구한 직선에 대입해서 그 값을 line_y에 저장해 준다.

데이터 불러오기에서 했던 시각화에 [코드 1-6] 첫 번째 줄처럼 line_x와 line_y 산점도를 추가하고 구별을 위해 빨간색으로 선 색을 바꾸어 주면 [그림 1-6]처럼 키와 발 크기 데이터와 회귀선이 나타날 것이다. 이를 통해 우리는 '발 크기가 클수록 키가 크다'는 상관관계를 알 수 있다.

```
#그래프 그리기 I
plt.scatter(line_x, line_y, color='r')
plt.scatter(x,y)
plt.xlabel('Foot Size')
plt.ylabel('Height')
plt.show( )
```

코드 1-7 키와 발 크기 데이터 회귀 분석 시각화

[그림 1-6] 그래프를 보면 발 280mm이면 키가 180cm라고 예측할 수 있지만 정확도는 보장할 수 없다. 하지만 발 크기뿐만 아니라 성장 호르몬, 가슴둘레, 몸무게 등등 여러 가지 속성의 데이터와 15명의 표본이 아니라 대량의 표본이면 정확도가 높아진다. 이처럼 통계적 기법인 회귀 분석으로 상관관계를 파악하고 데이터의 속성과 개수가 증가하면 특정 수치를 예측할 수 있는 머신러닝으로 발전할 수 있다.

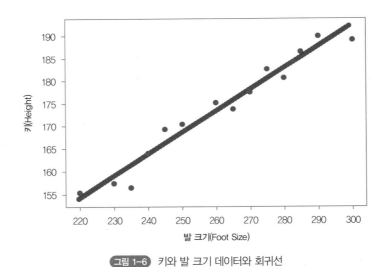

그림 1-6 키와 발 크기 데이터와 회귀선

📋 **TIP**

[코드 1-7] 첫 번째 줄 plt.scatter( ) 대신 plt.plot( )으로 수정하면 깔끔한 선 그래프로 회귀선을 시각화할 수 있다.

⑧ 최소제곱법 이해

'깊게 알아야 넓게 쓸 수 있다.'

우리는 회귀선 시각화를 하면서 평균도 구하고 그래프도 그리고 여러 가지 기능들을 사용했지만 직접 구현하지 않고 파이썬에서 제공하는 함수를 호출해서 사용했다. 편리하지만 앞으로 내가 원하는 인공지능 모델이나 파이썬 프로그램을 제작하기 위해서는 핵심 기능의 원리를 이해해야 한다. 이제는 회귀 분석에서 제일 중요한 최소제곱법을 증명하려고 한다.

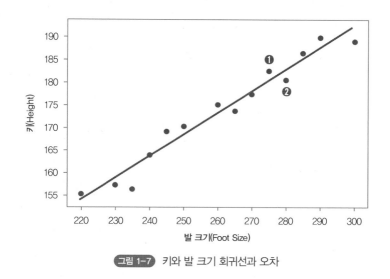

그림 1-7 키와 발 크기 회귀선과 오차

첫 번째는 왜 오차에 제곱을 하는지 이해할 필요가 있다. [그림 1-7] ❶번 데이터의 실제 값(점)에서 회귀선의 해당 값을 뺀 오차는 약 2.1cm이다. ❷번 데이터의 실제 값(점)에서 회귀선의 해당 값을 뺀 오차는 약 −2.1cm이다.

❶번 ❷번 데이터와 회귀선 사이에 오차가 존재하지만 오차의 합은 0이다. 이렇듯 오차에는 부호가 있어 오차의 합이 상쇄되지 않도록 부호를 처리해 줄 필요가 있다. 절댓값을 이용하면 미분을 할수 없어 제곱을 해 준다.

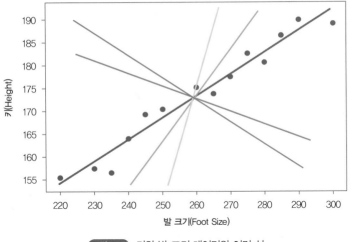

그림 1-8 키와 발 크기 데이터와 여러 선

두 번째로, 오차 제곱의 평균이 제일 작은 선의 미분 값이 왜 0인 선인지 알아보자. [그림 1-8]에서 색이 다른 임의의 4개의 선을 주목하기 바란다. 주황색 선은 본래 회귀선(빨간 선)보다 기울기가 커지고 오차도 커졌다. 노란색 선은 기울기도 오차도 주황색보다 더 커졌다. 반대로 초록색 선을 보면 회귀선보다 기울기는 작아졌지만 오차는 커졌다. 파란색 선은 초록색 선보다 기울기가 더 작아졌지만 오차는 더 커졌다.

회귀선과 기울기 관계를 정리하면 어느 한 선을 기준으로 기울기가 커지거나 작아져도 오차는 점점 커진다. 절편(b) 역시 마찬가지다. 이를 그래프로 나타낸 것이 [그림 1-9]이고 밥그릇과 비슷한 그래프에서 오차가 제일 작은 점을 찾는 방법은 미분했을 때 0인 지점을 찾는 것이고 이 지점이 오차의 제곱 평균(평균제곱오차)이 가장 작은 선이다.

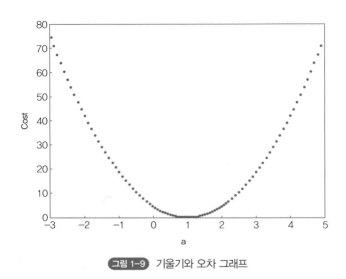

그림 1-9 기울기와 오차 그래프

⑨ 최소제곱법 증명

우리는 왜 오차에 제곱을 하는지, 그리고 평균제곱오차(Mean Square Error, MSE)가 제일 작은 기울기와 절편의 미분 값이 0인지를 알아보았다. 이번에는 [수식 1-1] 최소제곱법 공식을 증명해 볼 것이다.

$$MSE(a,b) = \frac{1}{n}\sum_{i=1}^{n}(y_i - (ax_i + b))^2$$

수식 1-2 평균제곱오차 수식

평균제곱오차가 제일 작은 $y=ax+b$ 직선을 구하기 위해 먼저 평균제곱오차 수식([수식 1-2])부터 이해하자.

실제 값 y_i에서 예측 값(ax_i+b)을 뺀 $y_i-(ax_i+b)$가 오차이다.

1번 데이터부터 n번 데이터까지 오차의 제곱을 합하면 $\sum_{i=1}^{n}(y_i - (ax_i + b))^2$이 되고 이것을 데이터 개수 n으로 나누어 주면 오차 제곱의 평균이 되고 이를 MSE(a, b)라고 하겠다. 수식으로 표현하면 [수식 1-2]와 같고 이를 미분했을 때 0이 되는 기울기와 절편이 우리가 찾는 선인 것이다.

> 수학적 증명을 이해하는 것은 쉬운 일이 아니다. 지금 한번 보고 단원의 학습을 마친 후 다시 보면 더 이해가 잘될 것이다. 인내는 쓰지만 열매는 달콤하다.

먼저 b를 구하는 공식을 증명하기 위해 미분을 해 보자.

$$\frac{\theta}{\theta b}MSE(a,b) = \frac{\theta}{\theta b}\frac{1}{n}\sum_{i=1}^{n}(y_i^2 - 2ax_iy_i - 2by_i + a^2x_i^2 + 2abx_i + b^2)$$

오차의 제곱을 전개하면 위 수식이 된다.

$$= \frac{1}{n}\sum_{i=1}^{n}(-2y_i + 2ax_i + 2b)$$

b로 미분하면 b가 없는 항은 상수항이므로 사라지고 위 수식이 된다.

$$\therefore -\frac{1}{n}\sum_{i=1}^{n}y_i + a\frac{1}{n}\sum_{i=1}^{n}x_i + \frac{1}{n}\sum_{i=1}^{n}b = 0 \quad (\tfrac{1}{n}\sum_{i=1}^{n} \text{는 평균})$$
$$\therefore -\overline{y} + a\overline{x} + b = 0$$

전개를 하고 전체의 합을 전체 개수로 나누는 것이 평균이므로 구한 식을 이항하면 $\therefore b = \overline{y} - a\overline{x}$ 라는 위에서 실습했던 공식이 나온다.

 TIP

$\frac{1}{n}\sum_{i=1}^{n}x_i$는 x_1부터 x_n까지 더한 뒤 n으로 나누므로 x의 평균을 의미하고 $\overline{x}$라고 표현한다.

다음은 앞의 증명을 정리한 것이다.

 최소제곱법 $b = \overline{y} - a\overline{x}$ 증명 정리

$$MSE(a,b) = \frac{1}{n}\sum_{i=1}^{n}(y_i - (ax_i + b))^2$$

$$\frac{\theta}{\theta b}MSE(a,b) = \frac{\theta}{\theta b}\frac{1}{n}\sum_{i=1}^{n}(y_i^2 - 2ax_iy_i - 2by_i + a^2x_i^2 + 2abx_i + b^2)$$

$$= \frac{1}{n}\sum_{i=1}^{n}(-2y_i + 2ax_i + 2b)$$

$$= \frac{2}{n}\sum_{i=1}^{n}(-y_i + ax_i + b) = 0$$

$$\therefore -\frac{1}{n}\sum_{i=1}^{n}y_i + a\frac{1}{n}\sum_{i=1}^{n}x_i + \frac{1}{n}\sum_{i=1}^{n}b = 0$$

$$\therefore -\overline{y} + a\overline{x} + b = 0$$

$$\therefore b = \overline{y} - a\overline{x}$$

이번에는 a(기울기)를 구하는 공식을 증명해 보자.

$$\frac{\theta}{\theta a}MSE(a,b) = \frac{\theta}{\theta a}\frac{1}{n}\sum_{i=1}^{n}(y_i^2 - 2ax_iy_i - 2by_i + a^2x_i^2 + 2abx_i + b^2)$$

$$= \frac{1}{n}\sum_{i=1}^{n}(-2x_iy_i + 2ax_i^2 + 2bx_i)$$

$$= \frac{2}{n}\sum_{i=1}^{n}(ax_i + b - y_i)x_i = 0$$

마찬가지로 평균제곱오차를 a로 미분하고 정리하면 위 식과 같다.

$$\therefore a\sum_{i=1}^{n}x_i^2 + \sum_{i=1}^{n}(\overline{y}-a\overline{x})x_i - \sum_{i=1}^{n}x_iy_i = 0$$

전개하고 b 대신에 앞서 증명한 $\overline{y}-a\overline{x}$를 대입하면 위 식과 같다.

$$\therefore a\left(\sum_{i=1}^{n}x_i^2 - \sum_{i=1}^{n}\overline{x}x_i\right) = \sum_{i=1}^{n}x_iy_i - \sum_{i=1}^{n}x_i\overline{y}$$

a로 묶으면 위 식, a만 남기면 아래 식과 같다.

$$\therefore a = \frac{\displaystyle\sum_{i=1}^{n}x_iy_i - \sum_{i=1}^{n}x_i\overline{y}}{\displaystyle\sum_{i=1}^{n}x_i^2 - \sum_{i=1}^{n}\overline{x}x_i}$$

여기서 한 가지 알아야 할 식이 있다. $\overline{x}\,\overline{y}$는 평균 즉, 상수이기 때문에 $\displaystyle\sum_{i=1}^{n}\overline{x}\,\overline{y}$는 $n\overline{x}\,\overline{y}$와 같다. 그리고 $n\overline{x}$는 $n\times\frac{1}{n}\displaystyle\sum_{i=1}^{n}x_i$와 같기 때문에 아래의 식이 성립한다.

$$\therefore n\overline{x}\,\overline{y} = \sum_{i=1}^{n}\overline{x}\,\overline{y} = \sum_{i=1}^{n}\overline{x}y_i = \sum_{i=1}^{n}x_i\overline{y}$$

앞의 식을 이용하여 치환하면 아래와 같다.

$$\therefore\ a = \frac{\displaystyle\sum_{i=1}^{n} x_i y_i - \sum_{i=1}^{n} x_i \overline{y}}{\displaystyle\sum_{i=1}^{n} x_i^2 - \sum_{i=1}^{n} \overline{x} x_i} = \frac{\displaystyle\sum_{i=1}^{n} x_i y_i - n\overline{x}\,\overline{y}}{\displaystyle\sum_{i=1}^{n} x_i^2 - n\overline{x}\,\overline{x}}$$

마지막으로 아래 식처럼 만들고 인수분해하면 a의 증명이 끝난다.

$$\therefore\ a = \frac{\displaystyle\sum_{i=1}^{n}(x_i y_i - \overline{x}\,\overline{y} + 2\overline{x}\,\overline{y} - \overline{x} y_i - x_i \overline{y})}{\displaystyle\sum_{i=1}^{n}(x_i^2 - \overline{x}^2 - 2x_i\overline{x} + 2\overline{x}^2)} = \frac{\displaystyle\sum_{i=1}^{n}(x_i - \overline{x})(y_i - \overline{y})}{\displaystyle\sum_{i=1}^{n}(x_i - \overline{x})^2}$$

① $a = \dfrac{\displaystyle\sum_{i=1}^{n} x_i y_i - \sum_{i=1}^{n} x_i \overline{y}}{\displaystyle\sum_{i=1}^{n} x_i^2 - \sum_{i=1}^{n} \overline{x} x_i} = \dfrac{\displaystyle\sum_{i=1}^{n} x_i y_i - n\overline{x}\,\overline{y}}{\displaystyle\sum_{i=1}^{n} x_i^2 - n\overline{x}\,\overline{x}}$

② $a = \dfrac{\displaystyle\sum_{i=1}^{n}(x_i y_i - \overline{x}\,\overline{y} + 2\overline{x}\,\overline{y} - \overline{x} y_i - x_i \overline{y})}{\displaystyle\sum_{i=1}^{n}(x_i^2 - \overline{x}^2 - 2x_i\overline{x} + 2\overline{x}^2)} = \dfrac{\displaystyle\sum_{i=1}^{n}(x_i - \overline{x})(y_i - \overline{y})}{\displaystyle\sum_{i=1}^{n}(x_i - \overline{x})^2}$

③ $\left(\because n\overline{x}\,\overline{y} = \displaystyle\sum_{i=1}^{n} \overline{x}\,\overline{y} = \sum_{i=1}^{n} \overline{x} y_i = \sum_{i=1}^{n} x_i \overline{y}\right)$

한 가지 잘 이해가 안 되는 부분은 바로 ①식에서 ②식으로 넘어가는 부분이다. ①식에서 ②식을 증명하려면 '천재 할아버지'가 와도 힘들다. 하지만 거꾸로 ②식에서 ①식으로 하면 보다 쉽게 증명할 수 있다. ②식을 전개하면 아래 식이 되고 ③식으로 정리하면 ①식의 우항이 나온다.

$$a = \frac{\displaystyle\sum_{i=1}^{n} x_i y_i + \sum_{i=1}^{n}(-\overline{x}\,\overline{y} + 2\overline{x}\,\overline{y} - \overline{x} y_i - x_i \overline{y})}{\displaystyle\sum_{i=1}^{n} x_i^2 + \sum_{i=1}^{n}(\overline{x}^2 - 2x_i\overline{x} + 2\overline{x}^2)}$$

이 모든 식을 정리하면 다음과 같다.

$$\frac{\theta}{\theta a} MSE(a,b) = \frac{\theta}{\theta a} \frac{1}{n} \sum_{i=1}^{n} (y_i^2 - 2ax_iy_i - 2by_i + a^2x_i^2 + 2abx_i + b^2)$$

$$= \frac{1}{n} \sum_{i=1}^{n} (-2x_iy_i + 2ax_i^2 + 2bx_i)$$

$$= \frac{2}{n} \sum_{i=1}^{n} (ax_i + b - y_i)x_i = 0$$

$$\therefore a \sum_{i=1}^{n} x_i^2 + \sum_{i=1}^{n} (\overline{y} - a\overline{x})x_i - \sum_{i=1}^{n} x_iy_i = 0$$

$$\therefore a \left(\sum_{i=1}^{n} x_i^2 - \sum_{i=1}^{n} \overline{x}x_i \right) = \sum_{i=1}^{n} x_iy_i - \sum_{i=1}^{n} x_i\overline{y}$$

$$\therefore a = \frac{\sum_{i=1}^{n} x_iy_i - \sum_{i=1}^{n} x_i\overline{y}}{\sum_{i=1}^{n} x_i^2 - \sum_{i=1}^{n} \overline{x}x_i} = \frac{\sum_{i=1}^{n} x_iy_i - n\overline{x}\,\overline{y}}{\sum_{i=1}^{n} x_i^2 - n\overline{x}\,\overline{x}}$$

$$\left(\because n\overline{x}\,\overline{y} = \sum_{i=1}^{n} \overline{x}\,\overline{y} = \sum_{i=1}^{n} \overline{x}y_i = \sum_{i=1}^{n} x_i\overline{y} \right)$$

$$\therefore a = \frac{\sum_{i=1}^{n} (x_iy_i - \overline{x}\,\overline{y} + 2\overline{x}\,\overline{y} - \overline{x}y_i - x_i\overline{y})}{\sum_{i=1}^{n} (x_i^2 - \overline{x}^2 - 2x_i\overline{x} + 2\overline{x}^2)} = \frac{\sum_{i=1}^{n} (x_i - \overline{x})(y_i - \overline{y})}{\sum_{i=1}^{n} (x_i - \overline{x})^2}$$

$$\therefore a = \frac{\sum_{i=1}^{n} (x_i - \overline{x})(y_i - \overline{y})}{\sum_{i=1}^{n} (x_i - \overline{x})^2}$$

❿ 최소제곱법 정리

$$a = \frac{\sum_{i=1}^{n}(y_i - \overline{y})(x_i - \overline{x})}{\sum_{i=1}^{n}(x_i - \overline{x})^2} \text{ 이며 } \quad b = \overline{y} - a\overline{x}$$

우리가 힘들게 증명한 최소제곱법은 위처럼 간단한 수식으로 표현된다. 하지만 그 안에는 데이터의 오차가 가장 작고 그 데이터를 대표하는 선을 찾는 방법이 있다.

오차가 제일 작은 회귀선을 통해 데이터 간의 상관관계를 찾는 것이 회귀 분석이지만 데이터의 양을 증가시키고 발 크기와 같은 한 가지 속성이 아니라 여러 가지 속성으로 확장한다면 상관관계를 넘어 특정 수치를 예측할 수 있다. 이는 통계적 기법이 인공지능 즉, 머신러닝으로 확장될 수 있음을 의미한다.

01 (   )은/는 통계학에서의 (   )(Regression Analysis)을/를 말하며 독립 변수와 종속 변수 사이의 관계를 분석하는 방법을 의미하고 이를 통해 실생활의 상관관계를 알아볼 수 있다.

02 인공지능을 실행하기 위해 필요한 세 가지 준비 사항이 있다. (   ), (   ), (   )이/가 그것이다.

03 (   )은/는 수치적 연산 기능, (   )은/는 데이터 처리 기능, (   )은/는 시각화 기능이 담겨 있는 파이썬 패키지이다.

04 (   )은/는 데이터 분석 과정의 하나로, 수집한 데이터에서 필요한 부분만 선택하기 위해 정제하고 용도에 맞게 가공하는 단계이다.

05 (   )은/는 머신러닝의 기본 바탕이고 오차가 가장 작은 선을 찾는 것이 중요하다. 오차가 가장 작은 선을 찾는 방법은 평균제곱오차의 미분 값이 0인 a(기울기)와 b(절편)를 구하는 것이다. 이 방법의 공식이 (   )이다.

정답
283쪽 참고

02 전복 순살 무게 예측

🔑 문제 발견

수산시장이나 대형 마트에서 흔히 볼 수 있는 전복은 크기와 가격대가 다양하다. 우리나라는 전복을 판매할 때, '미'(尾, 물고기나 벌레 따위를 셀 때 씀)라는 단위로 판매하는데, '1kg당 마리 수'라고 생각하면 된다. 예를 들어 10미라고 하면 1kg에 10마리라는 의미이다. 그러니까 미의 계수가 커질수록 전복의 수는 많지만 크기는 작고, 계수가 작으면 전복의 수는 적지만 크기는 크다. 전복의 크기가 작으면 순살이 적어 먹는 양이 줄어들고 크기가 너무 크면 식감이 질기기 때문에 적당한 크기를 선택해야 한다.

전복의 순살 무게를 인공지능으로 예측할 수 있다면, 적당한 크기의 전복을 선택하는데 도움이 되지 않을까?

그림 2-1 적당한 크기의 전복

🔓 해결 모델은?

이 Unit에서는 전복의 여러 가지 속성을 가진 데이터를 선형 회귀로 학습시켜 전복의 순살 무게를 예측하는 인공지능 모델을 제작해 보려고 한다.

• 회귀를 이용한 머신러닝 알고리즘 중 선형 회귀에 대해 이해한다.
• 머신러닝뿐만 아니라 딥러닝으로 모델을 만들어 비교해 본다.

❶ 인공지능 알고리즘: 선형 회귀란?

회귀 분석을 바탕으로 한 머신러닝 알고리즘이 선형 회귀(Linear Regression)이다. 이전에는 발 크기 하나의 독립 변수를 다루었다면 머신러닝의 선형 회귀는 여러 개의 독립 변수와 대량의 데이터를 주로 다룬다(물론 회귀 분석도 여러 개의 독립 변수를 다루기도 한다). 또한 변수 간 상관관계를 찾는 것을 목적으로 하는 회귀 분석과 달리 선형 회귀는 상관관계를 바탕으로 특정한 수치를 예측하는 것을 목적으로 한다.

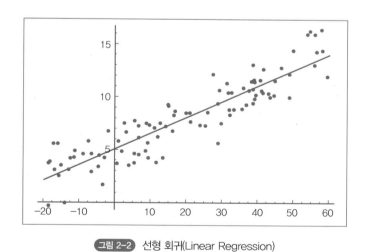

그림 2-2 선형 회귀(Linear Regression)

❷ 초기 설정하기

전복 순살 무게 예측 머신러닝 모델을 만들기 전, 먼저 필요한 설정을 해야 한다. 머신러닝은 데이터를 학습시키므로 데이터 처리를 위한 '삼대장'(Numpy, Pandas, Matplotlib)을 불러온다. 이후 넘파이 랜덤 seed를 고정해 준다. 0이든 다른 숫자든 상관없다.

　인공지능 프로그래밍을 할 때 랜덤(난수)을 많이 쓰지만 실행을 할 때마다 값이 달라지므로 처음 실행할 때만 랜덤이고 그 이후에 계속 고정된 숫자를 쓰기 위해 seed를 고정하는 것이다.

```python
import numpy as np
import pandas as pd
import matplotlib.pyplot as plt
```

```python
# seed 값 설정
seed = 0
np.random.seed(seed)
```

코드 2-1　초기 설정

❸ 데이터 불러오기

　머신러닝에 알맞은 데이터들이 모여 있는 UCI Machine Learning Repository에서 총 4,177 마리의 전복 데이터를 수집했다. 수집한 전복 데이터에는 여덟 가지 속성이 있다.

　삼양미디어 고객센터 자료실(https://www.samyangm.com/shop/bbs/board.php?bo_table=shop_data)에 준비된 데이터를 불러온다.

```python
#전복 빅데이터 4177개 여덟 가지 속성
#0 – 길이, 1 – 직경, 2 – 높이, 3 – 중량, 4 – 내장 무게, 5 – 껍데기 무게, 6 – 나이테, 7 – 순살 무게
url = 'https://drive.google.com/uc?export=download&id=16zMF1Rdmil–LZocLknjgPk12kee3jJiK'
df = pd.read_csv(url, delimiter=",")
```

```python
print(df.info())
print(df.head())
```

코드 2-2　데이터 불러오기

[코드 2-2]의 url은 전복 데이터 링크이다(데이터를 코랩으로 가져오는 방법은 Chapter 03. Unit 01. 171쪽 더 알아보기에 자세히 설명되어 있다). 전복 데이터 링크를 판다스의 csv 파일을 불러오는 read_csv( ) 함수를 통해 불러와 df 변수에 저장한다.

데이터 불러오기가 잘 되었는지 확인하기 위해 데이터의 정보와 맨 처음 5개의 데이터를 각각 info( ) 함수와 head( ) 함수로 확인하면 [그림 2-3]과 같이 4,177개의 여덟 가지 전복 속성 데이터를 확인할 수 있다.

```
〈class 'pandas.core.frame.DataFrame'〉
RangeIndex: 4177 entries, 0 to 4176
Data columns (total 8 columns):
 #   Column    Non-Null Count   Dtype
---  -------   --------------   ------
 0   길이        4177 non-null    float64
 1   직경        4177 non-null    float64
 2   두께        4177 non-null    float64
 3   전체 무게     4177 non-null    float64
 4   내장 무게     4177 non-null    float64
 5   껍데기 무게   4177 non-null    float64
 6   나이테       4177 non-null    int64
 7   순살 무게     4177 non-null    float64
dtypes: float64(7), int64(1)
memory usage: 261.2 KB
None
```

	길이	직경	두께	전체 무게	내장 무게	껍데기 무게	나이테	순살 무게
0	0.455	0.365	0.095	0.5140	0.1010	0.150	15	0.2245
1	0.350	0.265	0.090	0.2255	0.0485	0.070	7	0.0995
2	0.530	0.420	0.135	0.6770	0.1415	0.210	9	0.2565
3	0.440	0.365	0.125	0.5160	0.1140	0.155	10	0.2155
4	0.330	0.255	0.080	0.2050	0.0395	0.055	7	0.0895

그림 2-3 전복 데이터 불러오기 실행 결과

전복(abalone) 데이터로 다중 회귀 분석

- Abalone Dataset: 1994년 4177개 전복의 여덟 가지 속성을 나타냄

- 속성(feature)은 여덟 가지
  - Length: 길이 / 최장 셀 측정
  - Diameter: 직경 / 길이에 수직
  - Height: 두께 / 껍데기와 살 포함
  - Whole weight: 전체 무게 / 그램 단위
  - Viscera weight: 내장 무게 / 장 무게(출혈 후)
  - Shell weight: 껍데기 무게 / 건조 후
  - Rings: 껍데기의 구멍 수 / 평균 1.5년에 1개씩 생김
  - Shucked weight: 순살 무게 / 그램 단위

- 참고 자료(UCI 저장소)
  - http://archive.ics.uci.edu/ml/datasets/Abalone

그림 2-4 전복 데이터 정보

csv(comma-separated values) 파일은 각각의 데이터 값을 쉼표(, 콤마)로 구분한 텍스트 데이터 파일 형식이다. 해당 파일을 더블 클릭하면 엑셀 프로그램에서 열 수 있고, 엑셀 파일처럼 사용할 수 있다.

❹ 데이터 전처리하기

데이터를 불러왔으니 머신러닝 알고리즘으로 학습하기 알맞게 전처리를 해 주어야 한다.

[코드 2-3] 첫 번째 줄처럼 전복 데이터의 값들만 데이터 세트(dataset) 변수에 저장해 주고 독립 변수와 종속 변수를 나누어 준다. 길이, 직경, 두께, 전체 무게, 내장 무게, 껍데기 무게, 나이테는 독립 변수로 X에 저장해 주고 순살 무게는 종속 변수이므로 Y에 저장해 준다.

```
#데이터 값 입력
dataset = df.values
X = dataset[0:4177 , 0:7] #X = dataset[ : , :7]
Y = dataset[ : , 7] #Y = dataset[0:4177, 7]과 같은 코드
```

코드 2-3 독립 변수(X)와 종속 변수(Y) 나누기

데이터 값이 들어 있는 데이터 세트의 0번부터 4,177번 미만까지 데이터와 0번부터 7번 미만까지 속성을 가지고 와서 X에 저장하는 것이 [코드 2-3]의 두 번째 줄이며, 데이터 세트의 0번부터 4,177번 미만까지 데이터와 7번 속성만 가져와 Y에 저장하는 코드가 세 번째 줄이다. 참고로 처음과 마지막을 가리킬 땐 생략해도 된다. 우리는 독립 변수(X)와 종속 변수(Y)로 데이터를 나누었고 X를 통해 Y를 예측해 볼 것이다.

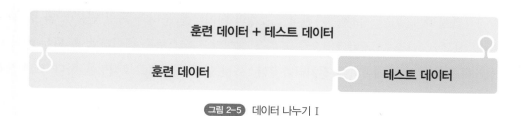

그림 2-5 데이터 나누기 I

앞에서 데이터 속성을 나누었다면 이번에는 개수를 나누어야 한다. 만약 100개의 문제를 공부하고 시험을 본다고 하면 교과서 문제 100개만 공부하는 것보다 교과서 문제 70개를 공부한 후 모의고사 문제 30개를 풀어 보고 최종 시험을 보러 가는 것이 효과적이다. 이와 비슷하게 모든 데이터를 가지고 학습하고 이후 평가하는 것보다, 일부 데이터로 학습하고 나머지로 평가를 하는 것이 새로운 데이터에 대처하기 좋다.

```python
#훈련 데이터 70%, 테스트 데이터 30%로 나누기
from sklearn.model_selection import train_test_split
X_train, X_test, Y_train, Y_test = train_test_split(X, Y, test_size=0.3, random_state = seed)
```

코드 2-4 훈련 데이터와 테스트 데이터로 나누기

머신러닝 관련 파이썬 라이브러리인 사이킷런(Scikit-learn, 줄여서 sklearn이라고 쓴다)에서는 여러 가지 인공지능 관련 기능을 제공한다. 그중 train_test_split은 데이터를 원하는 비율로 나누어 주는 기능을 제공한다. [코드 2-4] 첫 번째 줄과 같이 해당 모듈을 불러오고 X와 Y를 훈련(train) 데이터는 70%, 테스트(test) 데이터는 30%로 나누어 준다.

마찬가지로 처음에만 랜덤으로 나누어 주고 그 다음 실행부터는 이전과 같게 나누어 실행 결과가 같도록 random_state를 고정하면, [코드 2-5]와 같이 훈련 데이터(X_train과 Y_train)는 2,923 개, 테스트 데이터(X_test, Y_test)는 1,254개로, 7:3으로 잘 나누어진 것을 확인할 수 있다.

```
X_train.shape, X_test.shape, Y_train.shape, Y_test.shape
```

결과

```
((2923, 7), (1254, 7), (2923,), (1254,))
```

코드 2-5   훈련 데이터와 테스트 데이터 확인하기

우리는 지금까지 여덟 가지 속성을 가진 4,177개의 데이터를 불러와 독립 변수(X)와 종속 변수(Y)로 나누고 이를 [그림 2-6]처럼 7:3으로 훈련용 데이터와 테스트용 데이터로 또 나누었다. 이렇게 머신러닝 학습에 알맞게 데이터를 전처리하였다. 사실 인공지능 프로그래밍을 하다 보면 오히려 인공지능 모델 학습보다 데이터를 찾고 전처리하는 과정이 더 힘들다.

TIP

데이터를 나눌 때 꼭 7:3으로 나눌 필요는 없다. 정답은 없지만 주로 7:3 아니면 8:2로 나누는 것이 일반적이다. 데이터 나누는 비율과 같이 인공지능 프로그래밍은 임의(랜덤)로 이루어진 것이 많아 여러 번 수정하면서 최적화하는 작업이 중요하다.

그림 2-6   데이터 나누기 Ⅱ

❺ 선형 회귀 알고리즘으로 학습시키기

앞에서 나눈 데이터를 가지고 이제는 선형 회귀 알고리즘으로 학습시킬 것이다. 앞서 선형 회귀 원리를 설명하였으니 사이킷런(sklearn)에서 제공하는 함수로 바로 학습시켜 보자.

```
#머신러닝-지도 학습-회귀 인공지능 모델
from sklearn.linear_model import LinearRegression
lin_reg = LinearRegression(fit_intercept=True)
```

코드 2-6 선형 회귀 알고리즘 불러오기

[코드 2-6] 첫 번째 줄과 같이 사이킷런 패키지에서 선형 회귀(Linear Regression) 모듈을 불러와 lin_reg라는 변수 안에 알고리즘을 저장한다. 우리는 절편이 있는 선을 사용할 것이므로 fit_intercept를 True로 설정한다.

[코드 2-7]처럼 설정한 알고리즘에 훈련 데이터를 각각 넣고 학습시켜 모델에 저장한다. 이렇게 단 3줄로 전복 순살 무게 예측 머신러닝 알고리즘은 끝난다. 이후에는 머신러닝을 확인하는 과정이 남았을 뿐이다. 앞서 말한 것처럼 데이터를 수집하고 전처리하는 것이 어렵지 막상 학습시키는 것은 쉽다.

```
#모델 학습
model = lin_reg.fit(X_train, Y_train)
```

코드 2-7 선형 회귀 알고리즘으로 학습시키기

전복 순살 무게 예측 머신러닝 모델을 만들어 보았으니 이제 정확도를 확인해 보자.

model.score( ) 함수는 머신러닝 모델의 정확도를 0과 1 사이로 표현해 주는 R^2를 출력해 준다. [코드 2-8]과 같이 정확도 확인 결과 약 96.8%가 나왔다. 데이터를 처리하는 데 조금 힘이 들었지만 단 3줄의 코드로 96.8% 정확도의 전복 순살 무게 예측 인공지능을 만든 것이다.

 TIP

R^2(R Squared, 결정계수): 0과 1 사이로 예측 정확도를 표현한 회귀 평가 지표 중 하나로 1에 가까울수록 성능이 우수하다.

$$R^2 = \frac{\sum_{i=1}^{n}(오차)^2}{\sum_{i=1}^{n}(y_i - \bar{y})^2}$$

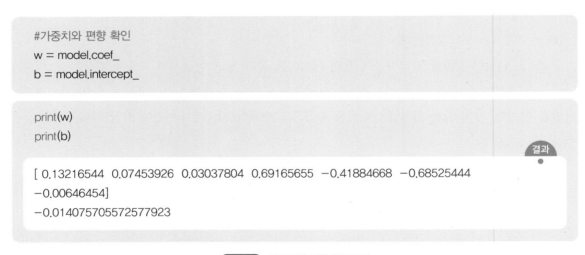

```
#정확도 확인
print("정확도(R^2) =", model.score(X_train, Y_train))
```

```
정확도(R^2) = 0.9683422099452302
```

코드 2-8 선형 회귀 알고리즘으로 학습하기

우리가 만든 머신러닝도 독립 변수마다 기울기가 있고 절편이 존재하는 하나의 회귀선이다. 다만 변수가 많은 고차원 선이라 시각화를 할 수 없지만, 그 값을 확인할 수는 있다. 인공지능에서는 기울기를 가중치(Weight), 절편을 편향(Bias)이라고 한다.

[코드 2-9]와 같이 모델의 coef_와 intercept_로 가중치(w)와 편향(b)을 확인할 수 있으며 출력하면 일곱 가지 독립 변수에 대한 가중치와 편향이 나온다.

```
#가중치와 편향 확인
w = model.coef_
b = model.intercept_
```

```
print(w)
print(b)
```

```
[ 0.13216544  0.07453926  0.03037804  0.69165655 -0.41884668 -0.68525444
 -0.00646454]
-0.0140757055572577923
```

코드 2-9 가중치와 편향 확인하기

인공지능에서 '모델'이라는 용어를 자주 쓰는데, 가중치와 편향으로 이루어진 선이 이번 Unit에서 만든 인공지능 '모델'인 것이다. 각각 가중치에 변수를 곱하고 편향까지 합하면 아래 [수식 2-1]처럼 전복 순살 무게가 나온다. 주변 마트나 시장에서 전복을 사서 일곱 가지 속성의 변수를 측정하면 순살 무게를 평균 96.8%의 정확도로 예측할 수 있다.

전복 순살 무게=(0.13216544×길이)+(0.07453926×직경)+(0.03037804×두께)+(0.69165655×전체 무게)-(0.41884668×내장 무게)-(0.68525444×껍데기 무게)-(0.00646454×나이테)-0.0140757055572577923

수식 2-1 전복 순살 무게 예측 선형 회귀 모델

❻ 머신러닝 모델 테스트하기

　모델과 정확도를 확인했으니 얼마나 잘 예측하는지 테스트해 볼 필요가 있다. 70%의 데이터로 학습을 했고 아직 선형 회귀 모델이 접하지 않은 나머지 30%의 테스트 데이터로 [코드 2-10]과 같이 predict( ) 함수에 넣어 테스트를 해 본다. Y_prediction이 모델에 테스트 데이터를 넣어 나온 예측 무게이고 Y_test[i]가 실제 순살 무게이다. Y_prediction의 결과가 2차원 배열이라서 flatten( ) 함수로 1차원으로 바꿔준다. 반복문으로 10개만 살펴보면 몇 그램 차이가 나지 않는다는 것을 알 수 있다.

　이렇게 우리는 4,177개의 전복 데이터를 가져와 전처리하고 선형 회귀 알고리즘으로 학습시켜 순살 무게를 예측하는 머신러닝을 만들어 보았다.

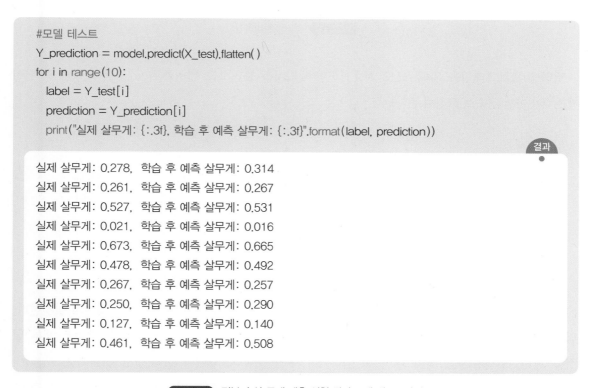

```
#모델 테스트
Y_prediction = model.predict(X_test).flatten( )
for i in range(10):
    label = Y_test[i]
    prediction = Y_prediction[i]
    print("실제 살무게: {:.3f}, 학습 후 예측 살무게: {:.3f}".format(label, prediction))
```

결과

실제 살무게: 0.278, 학습 후 예측 살무게: 0.314
실제 살무게: 0.261, 학습 후 예측 살무게: 0.267
실제 살무게: 0.527, 학습 후 예측 살무게: 0.531
실제 살무게: 0.021, 학습 후 예측 살무게: 0.016
실제 살무게: 0.673, 학습 후 예측 살무게: 0.665
실제 살무게: 0.478, 학습 후 예측 살무게: 0.492
실제 살무게: 0.267, 학습 후 예측 살무게: 0.257
실제 살무게: 0.250, 학습 후 예측 살무게: 0.290
실제 살무게: 0.127, 학습 후 예측 살무게: 0.140
실제 살무게: 0.461, 학습 후 예측 살무게: 0.508

코드 2-10 전복 순살 무게 예측 선형 회귀 모델 테스트하기

TIP

　인공지능은 정답을 찾는 것이 아니라 정답과 가까워지는 것이다. 96.8%의 정확도를 가진 머신러닝 모델을 만들었지만 더 정확도가 높은 모델이 있을 수 있다. 그래서 여러 가지 알고리즘으로 학습할 수 있어야 하고 정교하게 데이터 처리를 해서 그 데이터에 맞게 최적화할 줄 알아야 한다.

❼ 딥러닝으로 발전시키기

이번에는 한 번 더 발전시켜 같은 데이터로 딥러닝 모델을 만들 것이다. 머신러닝 때는 사이킷런 (sklearn)을 주로 사용했다면 딥러닝은 케라스(keras)와 텐서플로(tensorflow) 패키지를 주로 사용할 것이다.

```
from keras.models import Sequential
from keras.layers import Dense
import tensorflow as tf

tf.random.set_seed(3)
```

코드 2-11 딥러닝 준비하기

딥러닝 프로그래밍을 위해 [코드 2-11]처럼 패키지를 불러오고 텐서플로 seed를 고정해 준다(이 때는 0이 아닌 정수로 고정해 준다).

```
model = Sequential( )
model.add(Dense(28, input_dim=7, activation='relu'))
model.add(Dense(7, activation='relu'))
model.add(Dense(1))
```

코드 2-12 딥러닝 모델

Sequential( ) 함수는 딥러닝 모델 층을 만들어 주고 add( ) 함수로 몇 층을 할 것인지 설정한다. 입력층 1개, 은닉층 1개, 출력층 1개, 총 3개의 층으로 모델을 구성하고 Dense( ) 함수로 세부 설정을 한다. 입력층을 설정할 때만 속성의 개수가 몇 개인지 넣어야 한다. [코드 2-12] input_dim=7이 그 역할이다. 28, 7, 1개는 퍼셉트론(인공신경세포) 개수이다. 층을 몇 개로 할지와 층 안에 퍼셉트론을 몇 개로 할지 정답은 없다. 여러 가지 인공지능 모델을 만들어 보면서 감으로 익혀야 한다.

활성화 함수는 출력층을 제외하고 모두 'relu' 함수로 하면 되고 마지막 출력층은 전복 순살 무게 수치가 나와야 하므로 퍼셉트론이 1개이고 활성화 함수는 없다(활성화 함수는 57쪽 '더 알아보기'

에서 다룬다).

우리가 만든 딥러닝 모델을 시각화 하면 [그림 2-7]과 같다. 3개의 층과 퍼셉트론으로 이루어져 있지만 x'처럼 퍼셉트론 하나하나마다 많은 층과 연결되어 있어 엄청난 연산이 이루어진다.

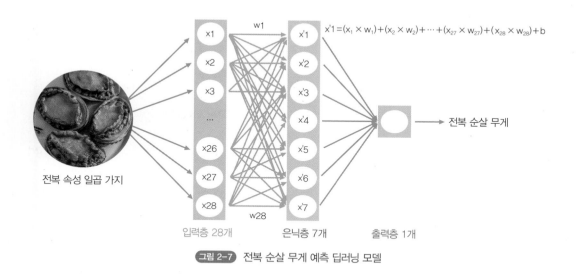

$$x'1 = (x_1 \times w_1) + (x_2 \times w_2) + \cdots + (x_{27} \times w_{27}) + (x_{28} \times w_{28}) + b$$

전복 속성 일곱 가지

입력층 28개   은닉층 7개   출력층 1개

그림 2-7 전복 순살 무게 예측 딥러닝 모델

이제는 딥러닝 모델을 [코드 2-13]처럼 컴파일한다.

오차는 최소제곱법(mean squared error)으로 구하고 통계학에서 일반적으로 많이 쓰는 경사하강법인 'adam'(152쪽 참고)을 optimizer(최적화)로 하고 모델의 performance(수행)를 확인하기 위해 정확도(accuracy)를 체크할 수 있도록 설정한다.

```
model.compile(loss='mean_squared_error', optimizer='adam', metrics=['accuracy'])
```

코드 2-13 딥러닝 모델 컴파일

딥러닝 모델 컴파일 이후에는 데이터(X_train, Y_train)를 학습시키는 과정을 거친다. epochs는 학습 횟수, batch_size는 데이터 소그룹을 의미하며 2,000개가 넘는 훈련 데이터를 한 번에 학습할 수 없어 batch_size로 나누어 학습을 진행한다.

그리고 모델 기능 향상을 위해 일종의 모의시험을 치르게 하는데, 여기서 사용되는 검증 데이터의 비율 설정 부분이 validation_split이다.

```
history = model.fit(X_train, Y_train, epochs=15, batch_size=10, validation_split=0.25)
```

```
Epoch 1/15
220/220 [==============================] – 2s 7ms/step – loss: 0.0571 – accuracy: 0.0000e+00 – val_loss: 0.0110 – val_accuracy: 0.0000e+00
Epoch 2/15
220/220 [==============================] – 1s 6ms/step – loss: 0.0049 – accuracy: 0.0000e+00 – val_loss: 0.0029 – val_accuracy: 0.0000e+00
Epoch 3/15
220/220 [==============================] – 1s 5ms/step – loss: 0.0026 – accuracy: 0.0000e+00 – val_loss: 0.0026 – val_accuracy: 0.0000e+00
Epoch 4/15
220/220 [==============================] – 1s 5ms/step – loss: 0.0025 – accuracy: 0.0000e+00 – val_loss: 0.0025 – val_accuracy: 0.0000e+00
Epoch 5/15
220/220 [==============================] – 1s 5ms/step – loss: 0.0025 – accuracy: 0.0000e+00 – val_loss: 0.0025 – val_accuracy: 0.0000e+00
Epoch 6/15
220/220 [==============================] – 1s 6ms/step – loss: 0.0025 – accuracy: 0.0000e+00 – val_loss: 0.0028 – val_accuracy: 0.0000e+00
Epoch 7/15
220/220 [==============================] – 1s 7ms/step – loss: 0.0025 – accuracy: 0.0000e+00 – val_loss: 0.0023 – val_accuracy: 0.0000e+00
Epoch 8/15
220/220 [==============================] – 1s 6ms/step – loss: 0.0024 – accuracy: 0.0000e+00 – val_loss: 0.0023 – val_accuracy: 0.0000e+00
Epoch 9/15
220/220 [==============================] – 1s 6ms/step – loss: 0.0023 – accuracy: 0.0000e+00 – val_loss: 0.0031 – val_accuracy: 0.0000e+00
Epoch 10/15
220/220 [==============================] – 2s 7ms/step – loss: 0.0025 – accuracy: 0.0000e+00 – val_loss: 0.0036 – val_accuracy: 0.0000e+00
Epoch 11/15
220/220 [==============================] – 1s 6ms/step – loss: 0.0024 – accuracy: 0.0000e+00 – val_loss: 0.0021 – val_accuracy: 0.0000e+00
Epoch 12/15
220/220 [==============================] – 2s 10ms/step – loss: 0.0023 – accuracy: 0.0000e+00 – val_loss: 0.0021 – val_accuracy: 0.0000e+00
Epoch 13/15
220/220 [==============================] – 3s 12ms/step – loss: 0.0022 – accuracy: 0.0000e+00 – val_loss: 0.0021 – val_accuracy: 0.0000e+00
Epoch 14/15
220/220 [==============================] – 2s 8ms/step – loss: 0.0024 – accuracy: 0.0000e+00 – val_loss: 0.0020 – val_accuracy: 0.0000e+00
Epoch 15/15
220/220 [==============================] – 2s 7ms/step – loss: 0.0023 – accuracy: 0.0000e+00 – val_loss: 0.0020 – val_accuracy: 0.0000e+00
```

코드 2-14 딥러닝 모델 학습

[코드 2-14]와 같이 딥러닝 모델 학습 결과, 평균제곱오차(loss)가 2.3g이고 검증 데이터 평균제곱오차(val_loss)는 2g으로 매우 높은 정확도를 보여 준다.

 TIP

loss(평균제곱오차)는 얼마나 차이가 나는지 평균을 구하고, accuracy(정확도)는 맞은 경우를 전체로 나눈 값이다. 그래서 yes/no나 어떤 그룹에 속해 있는지 맞히는 지도 학습-분류와 다르게 수치를 예측하는 지도 학습-회귀는 0.0001이라도 다르면 틀린 것이므로, accuracy(정확도)가 0으로 나오게 된다. 회귀 딥러닝 모델은 오차(loss)만 평가 지표로 활용할 수 있다.

딥러닝 모델은 많이 학습할수록 좋은 것만은 아니다. [코드 2-15]는 학습 횟수에 따른 오차를 그래프로 나타낸 것이다. 대부분의 데이터가 일정 수준 이상 학습이 이루어지면 오차가 비슷해진다. 학습을 하더라도 더 이상 오차가 줄어들지 않고 오히려 훈련 데이터에만 너무 최적화 되어, 테스트 데이터나 다른 외부 데이터를 예측했을 때 정확도가 떨어지는 경우가 있다. 이를 '과적합(Overfitting)'이라고 한다. 그래서 여러 번 실행해 본 후 적당한 학습 횟수를 찾는 것이 중요하다.

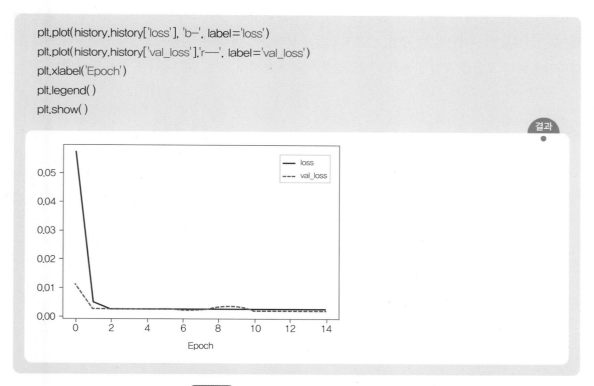

```python
plt.plot(history.history['loss'], 'b-', label='loss')
plt.plot(history.history['val_loss'],'r—', label='val_loss')
plt.xlabel('Epoch')
plt.legend()
plt.show()
```

코드 2-15 딥러닝 학습 횟수(Epoch)에 따른 오차 딥러닝 모델도 마찬가지로 [코드 2-10]을 동일하게 실행하면 실제 순살 무게와 예측 순살 무게를 비교할 수 있다. 또한 [코드 2-16]처럼 evaluate() 함수에 테스트 데이터를 넣어 새로운 데이터로 예측했을 때 오차를 확인할 수 있다. 역시 2g 정도로 아주 낮은 오차가 나왔다.

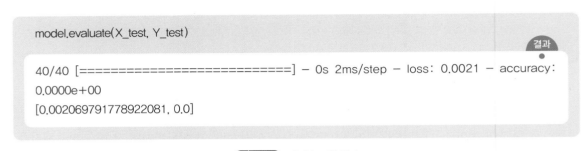

model.evaluate(X_test, Y_test)

결과

```
40/40 [==========================] - 0s 2ms/step - loss: 0.0021 - accuracy:
0.0000e+00
[0.002069791778922081, 0.0]
```

코드 2-16 딥러닝 모델 평가

'인공지능'이라고 하면 로봇, 메타버스, 가상현실(VR) 등 첨단 기술이 먼저 떠오르게 마련이지만, 데이터를 학습해서 예측을 가능하게 하는 모델을 만드는 알고리즘이 바로 인공지능이다.

4,177개라는 대량의 데이터와 알맞은 속성들이 있어 높은 정확도의 머신러닝, 딥러닝 모델을 만들 수 있었다. 머신러닝이 더 좋은 인공지능인지 딥러닝이 더 좋은 인공지능인지 단언하기 어렵다. 데이터에 따라 모델을 직접 만들고 알고리즘을 비교해 보면서 그때그때 더 나은 것을 판단해야 한다.

활성화 함수

신경망을 본떠 만든 딥러닝은 여러 인공세포 즉, 퍼셉트론이 모여 인공신경망을 이룬다. 퍼셉트론에서는 들어온 값을 처리하여 바로 다음 퍼셉트론에 전달하는 것이 아니라 비선형 함수(Nonlinear function)를 통과시킨 후 전달한다. 이때 사용하는 함수를 '활성화 함수'라고 부른다. 여기서는 딥러닝에서 자주 사용되는 활성화 함수들에 대하여 알아본다.

1 시그모이드 함수

신경망을 본뜬 딥러닝답게 실제 +와 − 막전위 차이로 다음 세포에 자극을 전달하는 것처럼 0과 1로 출력하게 해 주는 함수가 '시그모이드(Sigmoid) 함수'이고, 식은 $\sigma(x) = \dfrac{1}{1+e^{-x}}$이다. 시그모이드 함수를 그래프로 나타내면 [그림 2-8]과 같이 0과 1로 나누게 되는 비선형 함수이다.

시그모이드 함수는 함수 값이 0과 1로 제한되고 중간 값이 0.5, 매우 큰 값은 1, 매우 작은 값은 0인 특징을 가지고 있어 딥러닝 초기에는 많이 사용되었지만, 미분 값이 최대 0.3을 넘지 못해 몇 번의 학습만으로도 값이 소실되는 치명적인 문제점을 가지고 있어 지금은 거의 쓰이지 않는다. 이항 분류(116쪽 참고)에서 마지막 두 가지 카테고리로 분류할 때의 활성화 함수로만 주로 이용한다.

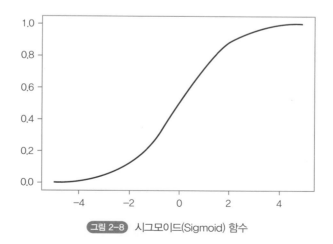

그림 2-8 시그모이드(Sigmoid) 함수

2 렐루 함수

시그모이드(Sigmoid) 함수의 치명적인 단점을 보완한 함수가 바로 '렐루(ReLU) 함수'이다. 음수일 때는 0을, 양수일 때는 입력 값을 그대로 출력하는 함수로, 양수일 때 미분 값이 1이므로 값을 그대로 전달하여 몇 번을 학습해도 값이 소실되지 않아 딥러닝 즉, 깊은 학습을 가능하게 한다. 따라서 인공신경망에서 가장 널리 사용하

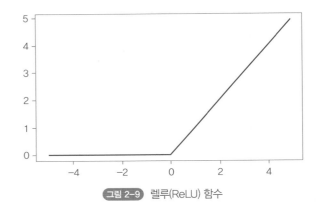

그림 2-9) 렐루(ReLU) 함수

는 함수이다. 수식은 $f(x) = \max(0, x)$로 아주 간단하다.

3 소프트맥스 함수

마지막으로 '소프트맥스(Softmax) 함수'는 세 개 이상으로 분류하는 다항 분류에 사용되는 활성화 함수로, n개로 분류할 때 n차원의 벡터를 입력받아 각 클래스에 속할 확률을 추정한다.

예를 들어 장미, 코스모스, 튤립 세 개로 분류한다고 가정하면 장미일 확률, 코스모스일 확률, 튤립일 확률을 각각 출력하게 해 주는 것이 소프트맥스 함수이고 가장 높은 확률의 카테고리로 분류한다.

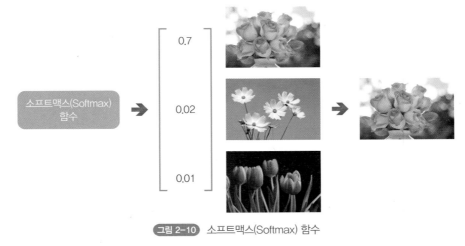

그림 2-10) 소프트맥스(Softmax) 함수

01 회귀 분석을 바탕으로 한 머신러닝 알고리즘을 (   )(이)라고 한다. 변수 간 상관관계를 찾는 것을 목적으로 하는 회귀 분석과 달리, (   )은/는 상관관계를 바탕으로 특정한 수치를 (   )하는 것을 목적으로 한다.

02 (   )(결정계수)은/는 0과 1 사이로 예측 정확도를 표현한 회귀 평가 지표 중 하나로 1에 가까울수록 성능이 우수하다.

03 인공지능에서는 (   )을/를 가중치(Weight), (   )을/를 편향(Bias)이라고 한다.

04 인공지능에서 '모델'이라는 단어를 자주 쓰는데 (   )와/과 (   )(으)로 이루어진 선이 인공지능 '모델'인 것이다.

05 (   )은/는 정답을 찾는 것이 아니라 정답과 가까워지는 것이다.

06 (   ) 모델은 많이 학습할수록 좋은 것만은 아니다. 대부분의 데이터가 일정 수준 이상 학습이 이루어지면 오차가 비슷해진다. 학습을 하더라도 더 이상 오차가 줄어들지 않고 오히려 학습 데이터에만 너무 최적화 되어 평가 데이터나 다른 외부 데이터를 예측했을 때 정확도가 떨어지는 경우가 있다. 이를 (   )(이)라고 한다.

정답
283쪽 참고

CHAPTER 02

지도 학습

분류

지도 학습으로 해결할 수 있는 대표적인 문제에는 분류와 예측(회귀)이 있다. 그중 분류(Classification)는 미리 정의되어 있는 범주 중 데이터가 어디에 속하는지 구별하는 것이다.

이번 챕터에서는 지도 학습 중 분류를 이용한 머신러닝 모델을 제작해 본다.

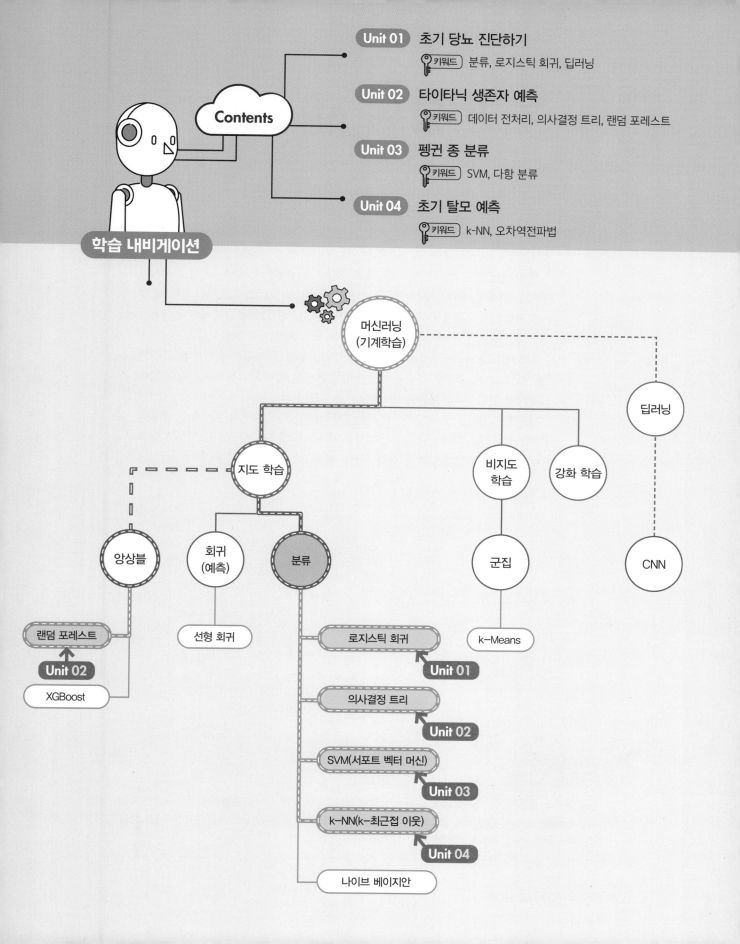

학습 내비게이션

머신러닝
(기계학습)

지도 학습

딥러닝

비지도
학습

강화 학습

앙상블

회귀
(예측)

분류

군집

CNN

랜덤 포레스트

Unit 02

XGBoost

선형 회귀

로지스틱 회귀

Unit 01

의사결정 트리

Unit 02

SVM(서포트 벡터 머신)

Unit 03

k-NN(k-최근접 이웃)

Unit 04

나이브 베이지안

k-Means

UNIT 01 초기 당뇨 진단하기

🔒 문제 발견

　세계비만연맹이 2017년 발표한 '세계 비만 지도(World Obesity Atlas)' 보고서에 따르면 2030년 비만 인구의 비율은 전체 성인의 18%인 10억 2,500만 명이 될 것으로 전망했다. 이는 2010년 5억 명의 두 배이다. [그림 1-1]과 같이 비만과 상관관계가 있는 당뇨 진단 환자도 증가하면서 당뇨 위험 문제도 부각되고 있다.

　2020년 9월 통계청에서 발표한 '2019년 사망 원인 통계 결과'에 따르면, 2019년 1월부터 2020년 4월까지 국내 사망 원인을 조사한 결과 당뇨병으로 인한 사망이 전체 사망 원인 6위에 기록되기도 했다.

　당뇨병은 혈당을 낮추는 역할을 하는 생체 호르몬인 인슐린의 분비 또는 수용에 장애가 발생하는 대사질환이다. 당뇨병은 관리하지 않으면 심근경색, 협심증 등의 심혈관 질환과 뇌혈관 질환 등 여러 심각한 합병증을 유발할 수 있다.

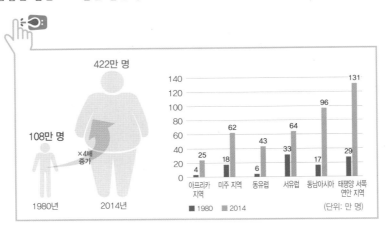

그림 1-1 전 세계 당뇨 진단 환자 통계

🔓 해결 모델은?

　생활 습관과 식습관 관리가 중요한 당뇨는 현재 혈당 측정으로 진단한다. 하지만 병원에 가지 않으면 측정이 힘들기 때문에 우리는 당뇨와 관련 있는 열다섯 가지 속성을 로지스틱 회귀 알고리즘으로 학습하여 초기 당뇨병을 진단할 수 있는 머신러닝 모델을 제작하려고 한다.

• 지도 학습 모델 중 분류의 개념을 이해한다.
• 분류를 이용한 머신러닝 모델 중 로지스틱 회귀에 대해 이해한다.
• 모델 제작을 통해 머신러닝의 문제해결 방법을 이해한다.

❶ 인공지능 알고리즘: 로지스틱 회귀란?

지도 학습으로 해결할 수 있는 대표적인 문제로 회귀와 분류가 있다. 그중 분류(classification)는 미리 정의되어 있는 범주 중 데이터가 어디에 속하는지 구별하는 것이다. 강아지와 고양이를 분류하거나 세 가지 품종의 붓꽃을 분류하는 등 제한된 수의 카테고리(범주)로 구별하는 것이 지도 학습의 분류이다.

이 Unit에서는 지도 학습 분류에 해당하는 로지스틱 회귀(Logistic Regression) 알고리즘으로 학습하여 당뇨의 양성(1)과 음성(0)을 분류(Classification)하는 머신러닝 모델을 만들 것이다.

앞에서 회귀(Regression)는 분류가 아닌 수치를 예측하는 알고리즘이라고 언급했다. 로지스틱 회귀 명칭에 '회귀'가 들어 있어 수치를 예측하는 알고리즘이라고 혼동할 수 있지만, 로지스틱 회귀는 선형 회귀(Linear Regression) 알고리즘으로 만든 분류 알고리즘이다. 즉, 수치를 예측하는 회귀 알고리즘은 선형 회귀 하나이고, 이 선형 회귀 알고리즘으로 분류 알고리즘을 만든 것이 로지스틱 회귀이다.

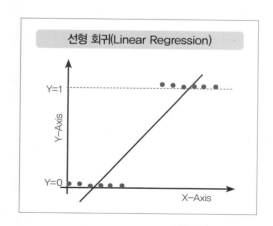
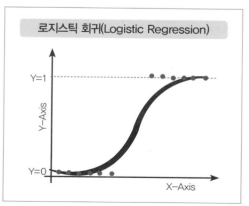

그림 1-2 선형 회귀(왼쪽)와 로지스틱 회귀

❷ 데이터 불러오기

머신러닝에 알맞은 데이터들이 모여 있는 사이트 UCI Machine Learning Repository를 통해서 총 520명의 당뇨 환자 데이터를 수집했다. 수집한 당뇨 환자 데이터에는 당뇨의 증상들을 나타내거나 당뇨와 상관관계가 있는 열다섯 가지의 속성(features)과 당뇨의 양성(1)과 음성(0)을 나타내는 한 개의 클래스(class)가 포함되어 있다.

UCI Machine Learning Repository에서 직접 데이터를 받아도 되지만 책과 함께 제공하는 예제 파일(삼양미디어 고객센터 자료실(https://www.samyangm.com/shop/bbs/board.php?bo_table=shop_data))에 속성 이름을 넣은 당뇨 데이터 파일이 있다. 준비된 데이터를 불러와 들여다보자.

```
import numpy as np
import matplotlib.pyplot as plt
import pandas as pd
```

```
#1. 데이터 세트 불러오기(diabetes_data.csv)
url = 'https://drive.google.com/uc?export=download&id=1zs-H7slk3aAkGNsg7TFxK2sS7OjHxeku'
df = pd.read_csv(url)
print(df.shape)
df.head()
```

코드 1-1 당뇨 데이터 불러오기

데이터 처리를 위한 모듈인 넘파이(numpy), 맷플롯립(matplotlib), 판다스(pandas)를 호출하고 데이터를 불러온다. 판다스에서 제공하는 read_csv() 함수로 csv 파일을 쉽게 불러올 수 있다. 데이터를 불러오고 출력하면 다음과 같이 520명의 16가지 정보(열다섯 가지 속성, 한 개의 클래스)가 담긴 데이터가 있다.

결과

(520, 16)

	Gender	Polyuria	Polydipsia	sudden weight loss	weakness	Polyphagia	Genital thrush	visual blurring	Itching	Irritability	delayed healing	partial paresis	muscle stiffness	Alopecia	Obesity	class
0	1	0	1	0	1	0	0	0	1	0	1	0	1	1	1	1
1	1	0	0	0	1	0	0	1	0	0	0	1	0	1	0	1
2	1	1	0	0	1	1	0	0	1	0	1	0	1	1	0	1
3	1	0	0	1	1	1	1	0	1	0	1	0	0	0	0	1
4	1	1	1	1	1	1	0	1	1	1	1	1	1	1	1	1

코드 1-2 당뇨 데이터 확인

Diabetes Dataset: 520명의 열다섯 가지 당뇨 연관 속성, 한 개의 클래스

- ☑ Gender(성별): 1(남성), 2(여성)

- ☑ Polyuria(다뇨증), Polydipsia(조갈증), Sudden weight loss(급격한 체중 감소), Weakness(기저 질환), Polyphagia(다식증), Genital thrush(생식기 염증), Visual blurring(시각적 흐릿함), Itching(가려움), Irritability(과민성), Delayed healing(지연 치유), Partial paresis(부분 마비), Muscle stiffness(근육 긴장), Alopecia(탈모), Obesity(비만): 0(없음), 1(있음)

- ☑ Class(당뇨 여부): 1(양성), 0(음성)

데이터 각각의 속성별 배경 지식을 자세히 알 필요는 없지만 항상 머신러닝 모델을 만들기 위해서는 데이터를 잘 살펴보아야 한다. 시본(seaborn, 파이썬의 시각화 라이브러리) 모듈을 활용해 데이터의 상관관계를 파악해 보자.

```
#히트맵
import seaborn as sns
plt.figure(figsize=(15,12)) #표 사이즈 설정
sns.heatmap(df.corr( ), linewidth=0.1, vmax=1, cmap=plt.cm.YlOrRd, linecolor='white', annot=True)
plt.show( )
```

코드 1-3 시본(seaborn)으로 데이터 상관관계 파악하기

시본(seaborn) 모듈의 heatmap( ) 함수를 활용하면 [그림 1-3]과 같이 데이터의 상관관계를 파악할 수 있다. 색깔이 진할수록 관계가 깊고 연할수록 관계가 깊지 않다. 당뇨 여부를 나타내는 class 속성의 가로줄을 보면 Polyuria(다뇨증)와 Polydipsia(조갈증)가 다른 속성들보다 당뇨병과 상관관계가 높은 것을 알 수 있다. 결과를 바탕으로 할 때 갈증을 많이 느끼거나 화장실을 자주 가면 당뇨를 의심해 볼 필요가 있다.

TIP **히트맵(heatmap)**

데이터의 값을 색깔로 표현하여 시각적으로 분석하는 데이터 시각화 기법이다. 보통 데이터 상관관계가 높으면 진한 색을, 상관관계가 낮으면 연한 색을 나타낸다. 시본(seaborn의 모듈을 활용하면 된다.

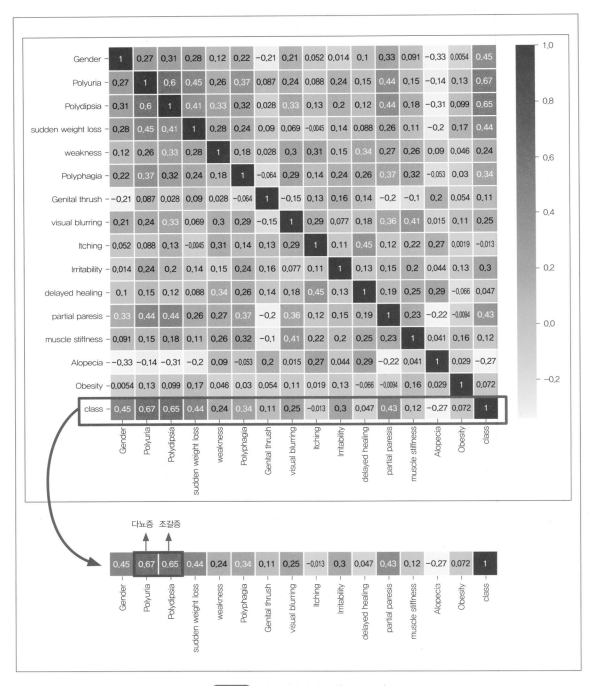

그림 1-3 당뇨 데이터 히트맵(heatmap)

다음으로 데이터를 훈련 데이터와 테스트 데이터로 나누어 준다. '전복 순살 무게 예측' 모델에서는 train_test_split( ) 함수로 나누었지만 이번에는 함수를 사용하지 않고 나누어 보자. 함수를 쓰면 편하지만 깊게 알지 못하는 경우가 많다. 깊게 알아야 넓게 쓸 수 있다.

```
#2. 데이터 및 레이블 분리하기
lim = int(len(df)*0.7)
train_x = df.iloc[:lim, 0:15].to_numpy( )
test_x = df.iloc[lim:, 0:15].to_numpy( )
train_y = df.iloc[:lim, 15].to_numpy( )
test_y = df.iloc[lim:, 15].to_numpy( )
```

코드 1-4 훈련(Train) 데이터와 테스트(Test) 데이터 분리하기

lim에 데이터의 70% 지점을 정수로 저장한다. 그리고 train_x, test_x, train_y, test_y로 데이터를 나눈다. 우리는 성별, 다뇨증, 조갈증 등 열다섯 가지 연관 속성 결과를 가지고 당뇨 여부를 진단한다. 그래서 열다섯 가지 속성은 x, 당뇨 여부는 y가 된다. 처음부터 70% 미만까지, 0번 속성부터 15번 미만 속성까지 데이터가 train_x가 된다. 그리고 70%부터 끝까지, 0번 속성부터 15번 미만 속성까지 데이터는 test_x가 된다. 비슷한 형식으로 처음부터 70% 미만까지 15번 속성은 train_y가 되고 70%부터 끝까지 15번 속성 데이터는 test_y가 된다.

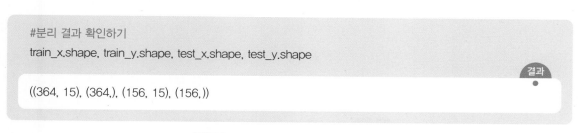

```
#분리 결과 확인하기
train_x.shape, train_y.shape, test_x.shape, test_y.shape
```
결과
```
((364, 15), (364,), (156, 15), (156,))
```

코드 1-5 분리된 훈련 데이터와 테스트 데이터

[코드 1-5]처럼 데이터가 분리된 것을 확인할 수 있다. train_x는 열다섯 가지 속성(성별, 다뇨증, 조갈증 등)으로 된 364개(70%) 데이터, train_y는 한 가지 속성(당뇨 여부)으로 된 364개(70%) 데이터, test_x는 열다섯 가지 속성(성별, 다뇨증, 조갈증 등)으로 된 156개(30%) 데이터, test_y는 한 가지 속성(당뇨 여부)으로 된 156개(30%) 데이터이다. 우리는 이렇게 520명의 열다섯 가지 당뇨 연관 속성에 대한 답과 한 가지의 당뇨 양성 여부 데이터를 불러와 상관관계를 파악하고 7:3으로 훈련 데이터와 테스트 데이터를 나누었다. 이렇게 초기 당뇨 진단 머신러닝 모델 제작을 위한 데이터 준비를 끝냈다.

❸ 초기 당뇨 진단 모델 제작하기

분리한 데이터를 사용해 로지스틱 회귀 알고리즘으로 학습시켜 보자. 사이킷런(sklearn) 모듈에서는 여러 가지 머신러닝 알고리즘을 함수로 제공한다. [코드 1-6]처럼 로지스틱 회귀(Logistic Regression) 함수를 import하고 log_reg에다가 알고리즘을 저장한다. 로지스틱 회귀 알고리즘에는 여러 가지 유형이 있는데 'liblinear', 'newton-cg', 'lbfgs', 'sag', 'saga'가 있고 가장 최적화된 유형은 'lbfgs'이다.

```
#3. 머신러닝_지도 학습_분류(이항 분류) 모델 구성하기
from sklearn.linear_model import LogisticRegression
log_reg = LogisticRegression(solver='lbfgs')
#lbfgs => 최적화 알고리즘
#로지스틱 회귀 제공 알고리즘 : 'liblinear', 'newton-cg', 'lbfgs', 'sag', 'saga'
```

코드 1-6 로지스틱 회귀 알고리즘 불러오기

불러온 로지스틱 회귀 모델에 훈련 데이터(train_x, train_y)를 넣어 학습한다. 3줄의 코드면 로지스틱 회귀 머신러닝 모델이 모두 만들어진다.

```
#4. 로지스틱 회귀 학습하기
model = log_reg.fit(train_x, train_y)
```

코드 1-7 로지스틱 회귀 알고리즘으로 학습하기

머신러닝은 데이터를 학습하여 오차가 가장 작은 선을 찾는 일이라고 할 수 있다. 이 선을 찾으면 어떤 데이터든 적용하여 결과를 도출할 수 있다. 학습의 결과인 다항의 선을 확인해 보자. [코드 1-8]과 같이 가중치(기울기)는 coef_로, 편향(절편)은 intercept_로 확인할 수 있다. 각 속성에 가중치를 곱하고 편향과 함께 더하면 값이 나오고, 이 값을 통해 당뇨 여부를 진단한다.

```
#5. 로지스틱 회귀 학습 결과
w = model.coef_
b = model.intercept_
print(w)
print(b)
```

결과

```
[[ 2.40995192    2.46696383    2.54071842    0.46080374    0.33958916    0.65359499
   1.0902921    0.44062807    -1.10708967   1.08060712   -0.39961669   0.72347822
  -0.457545    -0.10556601    0.10743005]]
[-4.60337024]
```

코드 1-8 로지스틱 회귀 모델 확인하기

자세히 말하면 다음의 식을 얻게 된다.

당뇨 여부=(성별×2.40995192)+(다뇨증×2.46696383)+(조갈증×2.54071842)+(갑작스러운 체중 감소×0.46080374)+(기저질환×0.33958916)+(다식증×0.65359499)+(생식기 염증×1.0902921)+(시각적 흐릿함×0.44062807)−(가려움×10708967)+(과민성×1.08060712)−(지연 치유×0.39961669)+(부분 마비×0.72347822)−(근육 긴장도×0.457545)−(탈모×0.10556601)+(비만×0.10743005)−4.60337024

수식 1-1 당뇨 여부 진단 로지스틱 회귀 모델

당뇨와 연관된 열다섯 가지 속성의 답을 각각 식에 대입해서 나온 결과 값이 0.5 이상이면 당뇨이고 0.5 미만이면 당뇨가 아닌 것이다. 우리는 위에서 확인한 다항의 식을 모델이라고 일컫는다.

완성된 머신러닝 모델의 식을 자세히 살펴봤으니 실제로 잘 예측했는지 확인해 볼 필요가 있다. predict( ) 함수에 테스트 데이터를 넣으면 예측 값을 알 수 있다. 이것을 실제 값인 test_y와 비교해 보면 된다.

```
#6. 모델 테스트
Y_prediction = model.predict(test_x).flatten( )
for i in range(10):
    label = test_y[i]
    prediction = Y_prediction[i]
    print("실제 당뇨 여부: {:.0f}, 학습 후 예측 당뇨 여부: {:.0f}".format(label, prediction))
```

실제 당뇨 여부: 1, 학습 후 예측 당뇨 여부: 1
실제 당뇨 여부: 1, 학습 후 예측 당뇨 여부: 1
실제 당뇨 여부: 1, 학습 후 예측 당뇨 여부: 1
실제 당뇨 여부: 1, 학습 후 예측 당뇨 여부: 1
실제 당뇨 여부: 1, 학습 후 예측 당뇨 여부: 1
실제 당뇨 여부: 0, 학습 후 예측 당뇨 여부: 0
실제 당뇨 여부: 0, 학습 후 예측 당뇨 여부: 0
실제 당뇨 여부: 0, 학습 후 예측 당뇨 여부: 0
실제 당뇨 여부: 0, 학습 후 예측 당뇨 여부: 1
실제 당뇨 여부: 0, 학습 후 예측 당뇨 여부: 0

코드 1-9 로지스틱 회귀 모델 결과 확인하기

일단 10개의 데이터를 실제 값인 test_y와 예측 값인 Y_prediction을 비교해 보니 9번째 데이터만 틀리고 나머지는 잘 진단한 것을 확인할 수 있다. range를 10에서 더 큰 수로 변경해서 더 많은 데이터를 확인해 보면 전체적으로 높은 정확도로 당뇨를 진단한 것을 알 수 있다. 또한 얼마나 정확히 진단했는지 확인할 수도 있다.

예측 값(y_pred)과 실제 값(test_y)이 일치한 경우를 전체 경우로 나누면 즉, 평균을 계산하면 93%의 정확도가 나온다. 놀랍게도 데이터를 잘 처리해서 학습시키니 100명 중 93명을 정확히 진단하는 머신러닝 모델을 만든 것이다. 이 정확도는 score( ) 함수로도 가능하다.

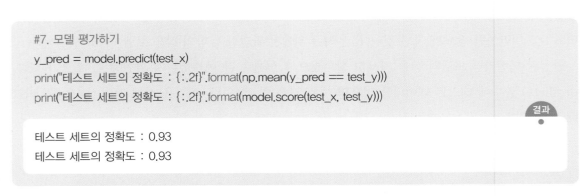

```
#7. 모델 평가하기
y_pred = model.predict(test_x)
print("테스트 세트의 정확도 : {:.2f}".format(np.mean(y_pred == test_y)))
print("테스트 세트의 정확도 : {:.2f}".format(model.score(test_x, test_y)))
```

테스트 세트의 정확도 : 0.93
테스트 세트의 정확도 : 0.93

코드 1-10 로지스틱 회귀 모델 결과 확인하기

❹ 딥러닝으로 발전시키기

이번에는 당뇨 진단 딥러닝 모델을 만들어 볼 것이다. 딥러닝을 실제로 구현하기는 어렵지만 텐서플로(tensorflow, 머신러닝과 딥러닝 등에 활용할 수 있는 오픈소스 소프트웨어 라이브러리)의 기능들을 활용하면 쉽게 구현할 수 있다. 딥러닝 모델에서는 Sequential( ) 함수로 모델을 층층이 쌓을 것이다. 데이터가 그리 많지 않고 속성들이 많아 두 개의 층으로만 학습시키도록 한다. add( ) 함수로 두 층을 만들고 Dense( ) 안에 딥러닝 모델을 설정한다. 입력층은 30개의 인공신경세포를 넣고 속성 열다섯 가지를 받아들이고 출력층은 당뇨 여부만을 알려주기 때문에 한 개의 인공신경세포를 넣는다. 출력층은 sigmoid 함수를, 나머지 층은 relu 함수를 활성화 함수로 설정한다.

```
#1. 딥러닝 모델 구성하기
from tensorflow.keras.models import Sequential
from tensorflow.keras.layers import Dense

model = Sequential( )
model.add(Dense(30, input_dim=15, activation='relu'))
model.add(Dense(1, activation='sigmoid'))
```

코드 1-11 딥러닝 모델 만들기

다음 과정은 딥러닝 모델을 컴파일하는 것이다. 모델의 오차를 주로 MSE(평균제곱오차)로 많이 측정하지만 두 가지 중 한 가지로 분류하는 이항 분류 모델은 binary_crossentropy로 오차를 측정한다. 나머지 설정은 53쪽 [코드 2-13]과 같다.

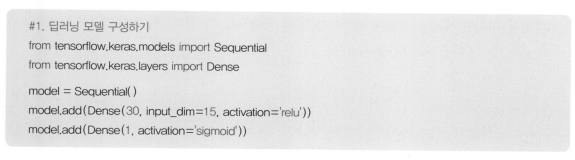

```
#2. 모델 컴파일
model.compile(loss='binary_crossentropy', optimizer='adam', metrics=['accuracy'])
               #loss='mse'
model.summary( )
```

결과

```
Model: "sequential"
_____
  Layer (type)            Output Shape              Param #
```

```
===============================================================
dense (Dense)              (None, 30)              480

dense_1 (Dense)            (None, 1)               31


===============================================================
Total params: 511
Trainable params: 511
Non-trainable params: 0
---------------------------------------------------------------
```

코드 1-12 딥러닝 모델 컴파일하기

컴파일을 마치면 딥러닝 모델에 데이터를 넣고 학습시킬 수 있다. 학습 데이터인 train_x와 train_y로 100번 학습(epochs)을 시킨다.

```
#3. 모델 학습
history = model.fit(train_x, train_y, epochs=100, batch_size=10, validation_split=0.25)
```

코드 1-13 딥러닝 모델 학습하기

이 딥러닝 모델로 학습을 하면 처음에는 오차(loss)가 0.5901, 정확도(accuracy)가 0.6520으로 부정확한 모델이지만 100번 학습을 마친 후 오차는 0.0398, 정확도는 무려 1.0임을 확인할 수 있다.

```
Epoch 1/100
28/28 [==============================] - 2s 21ms/step - loss: 0.5901 - accuracy: 0.6520 - val_loss: 0.8669 - val_accuracy: 0.3407
Epoch 2/100
28/28 [==============================] - 0s 3ms/step - loss: 0.4167 - accuracy: 0.8132 - val_loss: 1.0137 - val_accuracy: 0.2857
Epoch 3/100
28/28 [==============================] - 0s 3ms/step - loss: 0.3717 - accuracy: 0.8168 - val_loss: 1.0630 - val_accuracy: 0.2857
Epoch 4/100
28/28 [==============================] - 0s 3ms/step - loss: 0.3521 - accuracy: 0.8168 - val_loss: 1.0478 - val_accuracy: 0.2857
Epoch 5/100
28/28 [==============================] - 0s 4ms/step - loss: 0.3351 - accuracy: 0.8168 - val_loss: 0.9917 - val_accuracy: 0.2857
Epoch 6/100
28/28 [==============================] - 0s 4ms/step - loss: 0.3171 - accuracy: 0.8205 - val_loss: 0.9550 - val_accuracy: 0.2857
Epoch 7/100
28/28 [==============================] - 0s 3ms/step - loss: 0.2990 - accuracy: 0.8205 - val_loss: 0.8960 - val_accuracy: 0.3077
```

```
Epoch 91/100
28/28 [==============================] − 0s 6ms/step − loss: 0.0481 − accuracy: 1.0000 − val_loss: 0.3857 − val_accuracy: 0.8681
Epoch 92/100
28/28 [==============================] − 0s 3ms/step − loss: 0.0475 − accuracy: 1.0000 − val_loss: 0.3684 − val_accuracy: 0.8681
Epoch 93/100
28/28 [==============================] − 0s 3ms/step − loss: 0.0466 − accuracy: 1.0000 − val_loss: 0.4004 − val_accuracy: 0.8681
Epoch 94/100
28/28 [==============================] − 0s 3ms/step − loss: 0.0449 − accuracy: 1.0000 − val_loss: 0.3772 − val_accuracy: 0.8681
Epoch 95/100
28/28 [==============================] − 0s 4ms/step − loss: 0.0439 − accuracy: 1.0000 − val_loss: 0.3853 − val_accuracy: 0.8681
Epoch 96/100
28/28 [==============================] − 0s 3ms/step − loss: 0.0429 − accuracy: 1.0000 − val_loss: 0.3977 − val_accuracy: 0.8681
Epoch 97/100
28/28 [==============================] − 0s 3ms/step − loss: 0.0420 − accuracy: 1.0000 − val_loss: 0.3977 − val_accuracy: 0.8681
Epoch 98/100
28/28 [==============================] − 0s 3ms/step − loss: 0.0419 − accuracy: 1.0000 − val_loss: 0.3989 − val_accuracy: 0.8681
Epoch 99/100
28/28 [==============================] − 0s 3ms/step − loss: 0.0406 − accuracy: 1.0000 − val_loss: 0.3943 − val_accuracy: 0.8681
Epoch 100/100
28/28 [==============================] − 0s 3ms/step − loss: 0.0398 − accuracy: 1.0000 − val_loss: 0.3960 − val_accuracy: 0.8681
```

그림 1-4 딥러닝 모델 학습하기

검증 그래프를 시각화하면 학습이 진행될수록 정확도가 점점 높아지는 것을 확인할 수 있다. 훈련 데이터로 100번을 학습하면서 그 데이터에만 한정되어 정확하게 진단할 수도 있다. 따라서 학습에 사용하지 않은 테스트 데이터를 활용하여 검증할 필요가 있다.

```
#4. 검증 그래프 시각화
plt.figure(figsize=(12, 4))
plt.subplot(1,2,1)
plt.plot(history.history['loss'], 'b-', label='loss')
plt.plot(history.history['val_loss'], 'r--', label='val_loss')
plt.xlabel('epoch')
plt.legend()

plt.subplot(1,2,2)
plt.plot(history.history['accuracy'], 'b-', label='accuracy')
plt.plot(history.history['val_accuracy'], 'r--', label='val_accuracy')
plt.xlabel('epoch')
plt.legend()
plt.show()
```

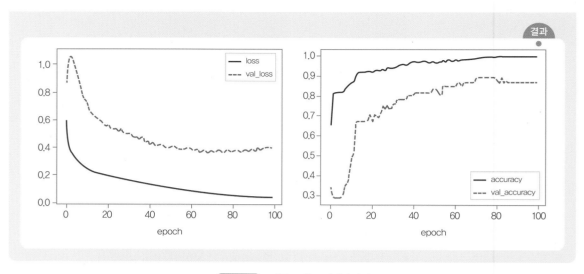

검증 그래프 시각화하기

딥러닝으로 만든 모델을 테스트 데이터로 적용해 본 결과 오차는 0.2387, 정확도는 0.9231이 나왔다. 앞서 만든 머신러닝 모델보다 0.007 정도 떨어진 정확도이다. 이처럼 딥러닝이 무조건 좋은 알고리즘이라고 할 수 없다.

코드 1-15 딥러닝 모델 검증하기

데이터의 특성과 양을 고려해서 최적의 알고리즘으로 학습하는 것이 중요하다. 우리는 이렇게 520명의 당뇨 데이터를 불러와 로지스틱 회귀 알고리즘의 머신러닝 모델을 만들고 발전시켜 딥러닝 모델을 만들어 보았다. 이 모델을 통해 의학적 데이터가 아닌 당뇨와 연관된 속성만으로도 90% 이상의 정확도로 당뇨를 진단할 수 있다. 이처럼 인공지능은 복잡한 절차를 대체할 수 있다.

'같지만 다른' 데이터의 역할

훈련 데이터, 테스트 데이터에 검증 데이터까지…. 같은 데이터를 가지고 여러 가지로 나누어 학습시키는 과정이 다소 혼란스러웠을 것이다. 그래서 데이터의 역할을 짚고 넘어가 보려고 한다.

훈련 데이터, 테스트 데이터, 검증 데이터

훈련 데이터는 말 그대로 인공지능 알고리즘으로 모델을 학습시키는 재료가 되는 데이터이다. 테스트 데이터는 학습이 끝난 모델을 평가하기 위한 데이터이다. 검증 데이터는 이 중간의 데이터로 학습도 하지만 테스트도 한다.

인공지능 모델을 학습시키는 동안 중간 중간 모델의 정확도를 확인하기 위한 용도로 검증 데이터를 사용한다. 테스트 데이터가 훈련을 마친 후 최종 평가를 위한 데이터라면 검증 데이터는 중간 평가를 위한 데이터이다. 또한 테스트 데이터는 마지막에 모델 평가만 하고 모델에 영향을 주지 않지만, 검증 데이터는 중간 평가를 진행하고 이를 바탕으로 모델의 학습을 수정하고 조정하는 등 영향을 미친다.

검증 데이터 비율은 fit( ) 함수에서 validation_split로 설정할 수 있다. 72쪽 [코드 1-13]을 보면 초기 당뇨 진단 모델은 훈련 데이터의 25%를 검증 데이터로 이용했다.

또한 73쪽 [코드 1-14]와 같이, history['val_loss']와 history['val_accuracy']로 검증 데이터의 오차(loss)와 정확도(accuracy)를 확인할 수 있다. 훈련 데이터로만 측정한 오차나 정확도보다 검증 데이터로 측정한 val_loss와 val_accuracy의 오차와 정확도가 실제 낯선 데이터를 적용했을 때 얼마나 잘 예측하는지를 더 잘 표현한다고 볼 수 있다.

전체 데이터

훈련 데이터		테스트 데이터
훈련 데이터	검증 데이터	테스트 데이터

그림 1-5 훈련 데이터, 검증 데이터, 테스트 데이터

이전 Unit의 회귀 인공지능 모델과 이번 Unit의 분류 인공지능 모델에서의 성능 평가 차이를 눈여겨보아야 한다. '전복 순살 무게 예측'에서는 accuracy(정확도)가 계속 0으로 나와 loss와 val_loss로만 성능을 평가하였고 '초기 당뇨 진단하기'에서는 loss, val_loss, accuracy, val_accuracy 네 가지를 모두 평가하였다.

'1-오차=정확도'라는 착각

훈련 데이터와 검증 데이터의 차이를 알았으니 오차와 정확도에 대해 자세히 알아보자.

일반적으로 흔히 범하는 인지적 오류는 '1-오차=정확도'라는 착각이다. 정확도와 오차의 합이 1이 나오지 않는 이유를 알아야 오차와 정확도의 의미를 깨달을 수 있다.

오차는 우리가 [코드 1-8]과 같이 인공지능 모델에 적용한 값 즉, 당뇨인지 아닌지를 분류하기 위한 값에 대한 차이를 말한다. 예를 들어 인공지능 모델에 0 아니면 1로 되어 있는 데이터를 넣어 0.9876이 나왔다면 당뇨로 예측한다.

당뇨로 예측하기 전 0.9876과 같은 값이 실제 값과 얼마나 차이 나는지가 오차(loss)이고 당뇨가 맞는지 아닌지에 대한 전체 평균을 구한 것이 정확도(accuracy)이다. 순살 무게의 경우, 0.000001g이라도 차이가 발생하므로 정확한 순살 무게를 맞히지 못해 회귀 인공지능 프로그램은 정확도가 0으로 나온다.

정리하자면 오차는 실제 값과 예측 값 사이의 차이(거리)이고 정확도는 전체 데이터 중 몇 개를 맞혔는가 하는 점이다.

> **TIP**
>
> 인공지능뿐만 아니라 모든 지식을 습득할 때 그 내용의 흐름은 매우 중요하다. 인공지능 관련 서적과 교육 콘텐츠를 살펴보면 분류 실습이 회귀 실습보다 선행되어 있는 경우가 많다. 분류는 객관식, 회귀는 주관식으로 비유한다면 주관식보다 객관식이 더 쉽다고 여겨 분류 내용이 앞에 오는 경우가 많은 것 같다. 하지만 인공지능 흐름을 생각할 때는 회귀를 먼저 배우고 그 다음 분류를 배워야 한다.
>
> 통계적 기법의 회귀 분석을 기반으로 발전된 것이 지도 학습의 회귀이고 '회귀의 값을 어떤 기준으로 구분하느냐'가 지도 학습 분류의 기본 원리이다. '초기 당뇨 진단하기' 모델 또한 회귀 기반의 인공지능 모델로 값을 구한 뒤 분류 알고리즘으로 구분하는 것이다. 예를 들어 1에 가까운 값이 나오면 당뇨로 진단하고 0에 가까운 값이 나오면 정상으로 판단하는 것처럼 회귀는 분류보다 선행되어야 하며 이러한 인공지능 학습의 흐름을 인지하면서 배우는 것이 중요하다.

01 머신러닝의 지도 학습으로 해결할 수 있는 대표적인 문제로 (   )
와/과 (   )이/가 있다. 그중 (   )은/는 미리 정의되어 있
는 범주 중 데이터가 어디에 속하는지 구별하는 것이다.

02 (   )은/는 선형 회귀(Linear Regression) 알고리즘으로 만든
(   ) 알고리즘이다. 수치를 예측하는 회귀 알고리즘은 선형 회귀
하나이고, 이 선형 회귀 알고리즘으로 (   ) 알고리즘을 만든 것이
(   )이다.

03 (   )은/는 인공지능 알고리즘으로 모델을 학습시키는 재료가 되는
데이터이다.

04 (   )은/는 학습이 끝난 모델을 평가하기 위한 데이터로, 마지막에
모델 평가만 하고 모델에 영향을 주지 않는다.

05 (   )은/는 인공지능 모델을 학습시키는 동안 중간 중간 모델의 정
확도를 확인하기 위한 용도로 사용한다. 중간 평가를 진행하고 이를 바탕으
로 모델의 학습을 수정하고 조정하는 등 영향을 미친다.

정답
283쪽 참고

UNIT
02 '타이타닉' 생존자 예측

문제 발견

1998년 영화 〈타이타닉〉이 개봉해 큰 인기를 끌었다.

실제 북대서양에 떠내려온 빙산에 부딪혀 침몰한 타이타닉호 사고를 바탕으로 한 영화 〈타이타닉〉은 사람들 기억 속에서 점점 희미해지고 있지만 타이타닉호에 탑승한 승객의 정보와 생존 여부를 나타내는 데이터는 인공지능 모델 학습을 위한 대중적인 데이터로 다시 한 번 널리 알려지고 있다.

타이타닉호처럼 침몰을 앞둔 여객선의 승객 생존 확률을 어떻게 예측할 수 있을까?

노약자와 여성을 먼저 구출한다면 노인과 아이, 여성의 생존율이 높을 것이다. 좌석 등급을 기준으로 한다면, 3등석보다는 1등석 승객의 생존율이 높을 것이라 추측할 수 있다. 영화에서도 3등석 표를 가지고 승선한 남자 주인공 잭(Jack)은 죽고, 귀족 가문의 딸로 1등석에 승선한 여자 주인공 로즈(Rose)는 결국

그림 2-1 빙산에 부딪혀 침몰한 타이타닉호

살아남았다. 이 밖에도 동반 가족 여부, 여행사 등 다양한 기준을 통해 데이터 분석 및 생존 예측이 가능하다.

해결 모델은?

인공지능 모델을 제작하기 위해서는 알맞은 데이터가 필요하지만 우리 주변에 있는 데이터는 목적에 잘 맞지 않아 전처리(수집한 데이터를 정제하고 용도에 맞게 가공하는 작업. 28쪽 Tip 참고)가 필요하다. 이번 Unit에서는 다양한 데이터 전처리 방법을 살펴보고, 성별, 나이, 좌석 등급 등 분기가 확실한 데이터 학습에 특화된 의사결정 트리와 랜덤 포레스트 알고리즘으로 인공지능 모델을 제작하고 서로 비교해 본다.

🔑 키워드 데이터 전처리, 의사결정 트리, 랜덤 포레스트

학습 목표

- 머신러닝 모델 중 의사결정 트리와 랜덤 포레스트에 대해 이해한다.
- 여러 가지 데이터 전처리 방법을 이해하고 인공지능 학습에 맞게 처리한다.
- 모델 제작을 통해 의사결정 트리와 랜덤 포레스트를 비교 분석한다.

❶ 인공지능 알고리즘: 의사결정 트리와 랜덤 포레스트

지도 학습 모델 중 분류를 수행하기 위한 대표적인 알고리즘으로는 로지스틱 회귀(Logistic Regression)를 비롯해 의사결정 트리(Decision Tree), 랜덤 포레스트(Random Forest), 서포트 벡터 머신(SVM: Support Vector Machine), k-최근접 이웃(kNN: k-Nearest Neighbor) 등이 있다. 그 중에서도 기준이 다소 명확해 보이는 데이터에 많이 쓰이는 의사결정 트리와 랜덤 포레스트 알고리즘에 대하여 알아보자.

의사결정 트리는 데이터의 패턴을 학습한 후 트리(Tree) 형태로 규칙을 나열한 것이다. 비가 오는지 맑은지 또는 유아인지, 노인인지 등 분기를 스스로 찾아내 해결하는 것과 같다.

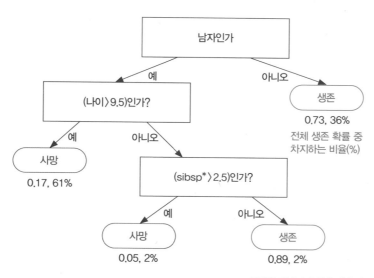

그림 2-2 타이타닉 생존자 예측에 대한 의사결정 트리

[그림 2-2]처럼 의사결정 트리는 나무를 거꾸로 세운 것과 같은 모양이고 하향식으로 if~else와 같이 조건을 O/X로 분류한다. 그래서 이해하기 쉽고 직관적으로 데이터 구조를 파악할 수 있다. 키가 작고 가지가 없는 의사결정 트리 모델이 최적이고 연산 속도가 빠른 장점이 있지만 가지가 너무 많아지면 '과대 적합' 문제가 있고, 가지가 한쪽으로 너무 많은 '높은 분산' 형태이면 데이터에 작은 변화가 와도 트리 전체 구조와 모델 예측에 커다란 변화를 주는 등의 단점이 있다.

이러한 의사결정 트리의 단점을 보완한 알고리즘이 랜덤 포레스트(Random Forest)이다. [그림 2-3]처럼 의사결정 트리가 여러 개 모여 숲(Forest)을 이룬 것으로, 여러 개의 의사결정 트리 결과 예측 값 중 가장 많이 나온 값을 최종 결과로 본다.

서로 다른(또는 같은) 여러 머신러닝 알고리즘이 결합된 것을 앙상블(Ensemble)이라고 하는데, 랜덤 포레스트는 서로 같은 여러 개의 의사결정 트리가 결합된 앙상블의 한 예이다. 과대 적합과 높은 분산 등 의사결정 트리의 단점을 해결하기 위한 모델이지만 데이터가 적을 경우에는 다수의 트리를 만들기 어렵기 때문에 응용하기 쉽지 않다.

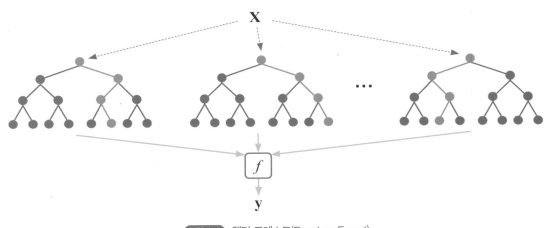

그림 2-3 랜덤 포레스트(Random Forest)

❷ 데이터 불러오고 '결측치' 확인하기

타이타닉 승객 정보 데이터는 널리 알려진 데이터로 국내외 여러 데이터 사이트에서 검색하면 쉽게 얻을 수 있다. 인공지능 모델 제작을 위한 데이터들이 모여 있는 사이트로 유명한 캐글(kaggle)에서 'Titanic'을 검색해 받은 데이터를 불러오고, df_titanic 변수에 저장한 후 맨 앞 5개 데이터를 확인해 보자. 또는 삼양미디어 고객센터 자료실(http://samyangm.com/shop/bbs/board.php?bo_table=shop_data)에서 받을 수 있다.

```
import numpy as np
import pandas as pd
```

```
#타이타닉 승객 데이터 불러오기
url = 'https://drive.google.com/uc?export=download&id=1HgtDFM9SzxviOCYrSkRcxw2QlOMgxlgF'
df_titanic = pd.read_csv(url)
print(df_titanic.shape)
df_titanic.head( )
```

결과

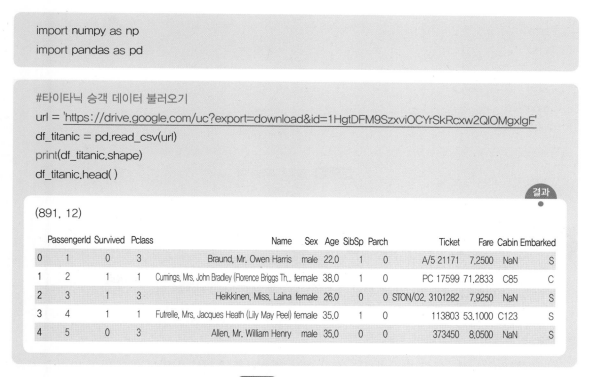

(891, 12)

	PassengerId	Survived	Pclass	Name	Sex	Age	SibSp	Parch	Ticket	Fare	Cabin	Embarked
0	1	0	3	Braund, Mr. Owen Harris	male	22.0	1	0	A/5 21171	7.2500	NaN	S
1	2	1	1	Cumings, Mrs. John Bradley (Florence Briggs Th…	female	38.0	1	0	PC 17599	71.2833	C85	C
2	3	1	3	Heikkinen, Miss. Laina	female	26.0	0	0	STON/O2. 3101282	7.9250	NaN	S
3	4	1	1	Futrelle, Mrs. Jacques Heath (Lily May Peel)	female	35.0	1	0	113803	53.1000	C123	S
4	5	0	3	Allen, Mr. William Henry	male	35.0	0	0	373450	8.0500	NaN	S

코드 2-1 데이터 불러오기

데이터를 불러오면 승객 891명의 열두 가지 정보가 담겨 있는 것을 확인할 수 있다. 앞에서 실습한 데이터들과 달리 타이타닉 승객 데이터는 중간에 없는 값도 많고 형태도 제각각으로 정리되지 않아서 인공지능 모델을 학습시키기 어려운 데이터이다. 우리가 수집하는 데이터는 대부분 타이타닉 승객 데이터처럼 많은 처리가 필요한 데이터들이다.

데이터를 불러왔을 때 일부 데이터의 값이 존재하지 않는 경우가 있다. 이러한 데이터를 '결측치'라고 한다. [코드 2-2]와 같이 isnull( ) 함수를 이용하면 결측치를 확인할 수 있고 sum( ) 함수로 속성마다 결측치가 몇 개 있는지 알 수 있다.

```
#결측치 개수 확인
df_titanic.isnull( ).sum( )
```

```
PassengerId      0
Survived         0
Pclass           0
Name             0
Sex              0
Age            177
SibSp            0
Parch            0
Ticket           0
Fare             0
Cabin          687
Embarked         2
dtype: int64
```

코드 2-2   결측치 확인하기

❸ 데이터 전처리 ①: 결측치 처리하기

결측치를 처리하는 방법 중 가장 간단한 방법은 결측치가 포함된 데이터를 삭제하는 것이다.

Embarked(승선 항구) 속성에 결측치가 2개 밖에 없으므로 [코드 2-3]과 같이 dropna( ) 함수를 이용해 결측치를 제거하면 된다.

프로그래밍에서 0도 하나의 값이므로 값이 없는 결측치를 표현하기 위해 여러 가지 방법을 사용한다. 대표적으로 'Not a Number'의 줄임말 'NaN'으로 표현한다. dropna는 'Not Available한 데이터를 drop한다'라는 뜻이다.

dropna( ) 함수의 파라미터를 살펴보면 subset는 기준 속성을 뜻하고 axis는 0이면 NaN 값이 포함된 row(행)를 제거, 1이면 column(열)을 제거한다. inplace는 갱신 여부이며 True일 경우 NaN 값을 제거하고 그 결과를 다시 df_titanic에 저장한다. 결측치 제거 후 다시 확인해 보면 Embarked 속성의 결측치 데이터가 없는 것을 확인할 수 있다.

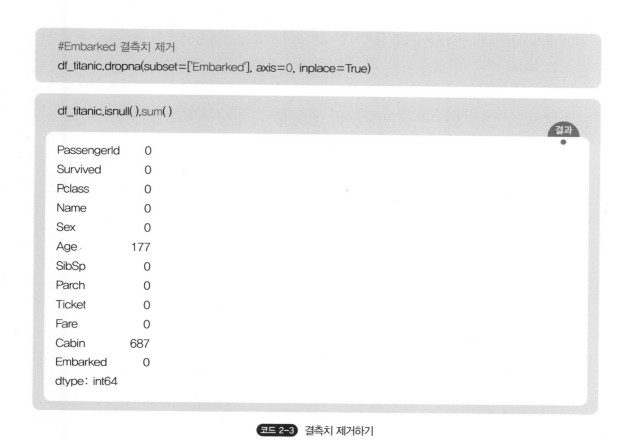

```
#Embarked 결측치 제거
df_titanic.dropna(subset=['Embarked'], axis=0, inplace=True)
```

```
df_titanic.isnull( ).sum( )
```

> 결과

```
PassengerId      0
Survived         0
Pclass           0
Name             0
Sex              0
Age            177
SibSp            0
Parch            0
Ticket           0
Fare             0
Cabin          687
Embarked         0
dtype: int64
```

코드 2-3 결측치 제거하기

결측치를 처리하는 다른 방법은 평균값으로 대체하는 것이다. Age(나이) 속성의 177개 결측치를 평균 나이로 대체하기 위해 [코드 2-4]처럼 평균 나이를 구하고 int( ) 함수로 정수화한다.

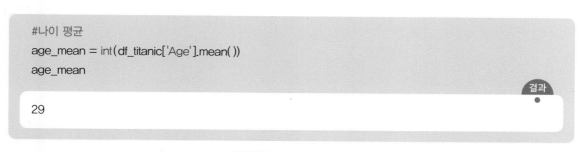

```
#나이 평균
age_mean = int(df_titanic['Age'].mean( ))
age_mean
```

> 결과

```
29
```

코드 2-4 평균 나이 구하기

df_titanic['Age']로 나이 데이터만 출력하면 888번에 저장된 승객의 나이가 NaN으로 표시된다. 이미 구한 평균값으로 채워 넣기 위해 fillna( ) 함수를 사용하면 되고 마찬가지로 inplace=True를 해 데이터를 갱신하여 다시 출력하면 888번 데이터가 평균값으로 대체된다. 또한 isnull( ).sum( ) 코드를 한 번 더 실행시키면 Age 속성 결측치가 모두 대체된 것을 확인할 수 있다.

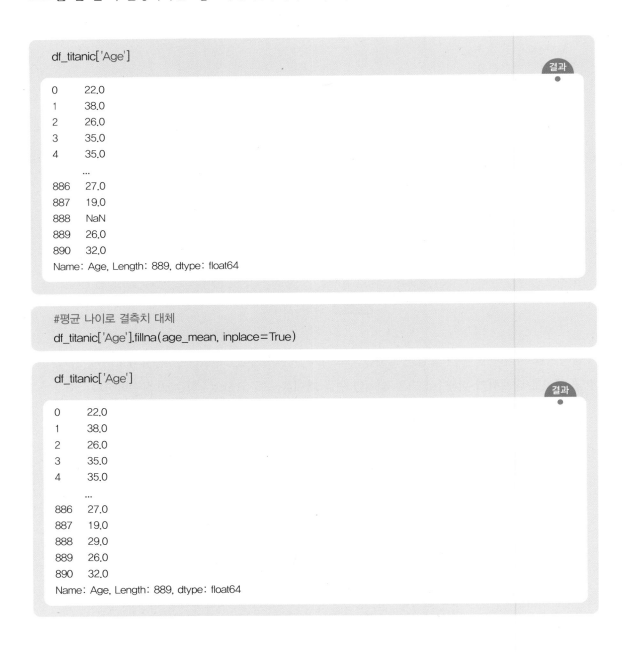

df_titanic['Age']

결과

```
0      22.0
1      38.0
2      26.0
3      35.0
4      35.0
        ...
886    27.0
887    19.0
888    NaN
889    26.0
890    32.0
Name: Age, Length: 889, dtype: float64
```

```
#평균 나이로 결측치 대체
df_titanic['Age'].fillna(age_mean, inplace=True)
```

df_titanic['Age']

결과

```
0      22.0
1      38.0
2      26.0
3      35.0
4      35.0
        ...
886    27.0
887    19.0
888    29.0
889    26.0
890    32.0
Name: Age, Length: 889, dtype: float64
```

```
df_titanic.isnull( ).sum( )
```

결과

```
PassengerId    0
Survived       0
Pclass         0
Name           0
Sex            0
Age            0
SibSp          0
Parch          0
Ticket         0
Fare           0
Cabin        687
Embarked       0
dtype: int64
```

```
df_titanic.head(10)
```

코드 2-5 결측치 평균 나이로 채우기

④ 데이터 전처리 ②: 특정 조건의 속성 추출 및 묶기

앞서 결측치를 제거하고 상위 데이터 10개를 표시해 보았다. 아직 인공지능 모델 학습을 하기에는 한참 부족한 데이터이다. 가장 눈에 띄는 속성은 바로 'Name(이름)'이다. 각기 다른 이름은 타이타닉 생존자 예측을 하는 데 관련이 없어 보인다. 이런 속성 데이터는 삭제하는 것이 좋지만 이름 안에서도 'Title(호칭)'과 같이 의미 있는 데이터를 추출할 수 있으므로 삭제하지 않는다.

```
df_titanic.head(10)
```

결과

	PassengerId	Survived	Pclass	Name	Sex	Age	SibSp	Parch	Ticket	Fare	Cabin	Embarked
0	1	0	3	Braund, Mr. Owen Harris	male	22.0	1	0	A/5 21171	7.2500	NaN	S
1	2	1	1	Cumings, Mrs. John Bradley (Florence Briggs Th...	female	38.0	1	0	PC 17599	71.2833	C85	C
2	3	1	3	Heikkinen, Miss. Laina	female	26.0	0	0	STON/O2. 3101282	7.9250	NaN	S

3	4	1	1	Futrelle, Mrs. Jacques Heath (Lily May Peel)	female	35.0	1	0	113803	53.1000	C123	S
4	5	0	3	Allen, Mr. William Henry	male	35.0	0	0	373450	8.0500	NaN	S
5	6	0	3	Moran, Mr. James	male	29.0	0	0	330877	8.4583	NaN	Q
6	7	0	1	McCarthy, Mr. Timothy J	male	54.0	0	0	17463	51.8625	E46	S
7	8	0	3	Palsson, Master. Gosta Leonard	male	2.0	3	1	349909	21.0750	NaN	S
8	9	1	3	Johnson, Mrs. Oscar W (Elisabeth Vilhelmina Berg)	female	27.0	0	2	347742	11.1333	NaN	S
9	10	1	2	Nasser, Mrs. Nicholas (Adele Achem)	female	14.0	1	0	237736	30.0708	NaN	C

코드 2-6 결측치를 제거한 타이타닉 승객 데이터

라틴어 Magister에 어원을 둔 Mater라는 호칭은 학사와 박사 중간의 석사를 의미하는 호칭으로 사용된다. Mr, Mrs, Dr 등 주로 공적인 자리에서 상대방을 높일 때 사용하는 호칭은 그 사람의 정보를 포함하고 있다. 따라서 무의미하고 연관성 없는 Name(이름) 데이터와는 달리 Title(호칭)만 추출하면 생존 여부와 연관성 있는 유의미한 데이터가 될 수 있다.

특정한 조건의 문자를 간편하게 검색하거나 치환하는 방법을 '정규 표현식'이라고 한다. 이러한 정규 표현식과 관련된 파이썬 내장 함수를 이용하여 호칭을 추출해 보자.

```
#이름 대신 Title(호칭) 가져오기
df_titanic['Title'] = df_titanic['Name'].str.extract('([A-Za-z]+)₩.')
```

코드 2-7 이름에서 호칭만 추출해서 저장하기

str.extract()는 특정 조건의 문자를 추출해 준다. 이름 속성의 데이터인 df_titanic['Name']에서 특정 조건 문자를 추출하기 위해 정규 표현식을 사용한다.

[A-Za-z]는 알파벳으로 이루어진 문자를 의미하고 +는 1번 이상 반복된 것을 의미한다. 또한 ₩.은 .(온점)을 특정한다. 따라서 ([A-Za-z]+)₩.은 '.(온점)과 그 앞에 있는 알파벳으로 이루어진 한 단어'를 의미하며 호칭 뒤에 .(온점)을 찍는 규칙을 통해 호칭만을 추출할 수 있게 하는 정규 표현식이다.

```
#성별에 따른 호칭
pd.crosstab(df_titanic['Title'],df_titanic['Sex'])
```

코드 2-8 추출한 호칭 성별로 나타내기

Name(이름) 속성에서 호칭만을 추출하여 Title 속성에 잘 저장되어 있는지 확인하고 해당 데이터를 살펴보기 위해 판다스 모듈의 crosstab( ) 함수를 사용한다. crosstab( ) 함수는 범주형 변수를 기준으로 개수를 파악할 수 있다. 개수를 파악할 속성인 df_titanic['Title']과 기준인 성별 속성 df_titanic['sex']를 넣으면 [그림 2-4]와 같이 나타난다.

같은 특성 혹은 부류로 묶인 범주형 데이터는 범주가 너무 많으면 인공지능 학습에 오히려 방해가 된다. 특정 값을 나타내는 수치형 데이터와 다르게 범주형 데이터는 범주가 많지 않게 해 주는 것이 중요하다.

Mlle과 Ms는 Miss로 Mme는 Mrs로 의미가 같은 호칭은 하나로 통일해 주고 사회적 지휘를 나타내는 호칭은 Other로 묶어 준다. Title(호칭) 속성은 Other, Miss, Mrs, Mr, Master 다섯 가지 범주로 나누어 준다.

Title	Sex female	male
Capt	0	1
Col	0	2
Countess	1	0
Don	0	1
Dr	1	6
Jonkheer	0	1
Lady	1	0
Major	0	2
Master	0	40
Miss	181	0
Mlle	2	0
Mme	1	0
Mr	0	517
Mrs	124	0
Ms	1	0
Rev	0	6
Sir	0	1

그림 2-4 추출한 호칭 성별로 나타내기

```
#범주 묶기
df_titanic['Title'] = df_titanic['Title'].replace('Mlle', 'Miss')
df_titanic['Title'] = df_titanic['Title'].replace('Mme', 'Mrs')
df_titanic['Title'] = df_titanic['Title'].replace('Ms', 'Miss')
df_titanic['Title'] = df_titanic['Title'].replace(['Capt', 'Col', 'Countess', 'Don', 'Dona', 'Dr', 'Jonkheer', 'Lady',
                                                   'Major', 'Rev', 'Sir'], 'Other')

df_titanic['Title']
```

결과

```
0       Mr
1       Mrs
2       Miss
3       Mrs
4       Mr
        ...
886     Other
887     Miss
888     Miss
889     Mr
890     Mr
Name: Title, Length: 889, dtype: object
```

코드 2-9 Title 속성 묶어 주기

❺ 데이터 전처리 ③: 데이터 삭제 및 숫자로 변환

```
#인공지능 학습에 필요 없는 속성 제거
df_titanic.drop('PassengerId', axis=1, inplace=True)
df_titanic.drop('Name', axis=1, inplace=True)
df_titanic.drop('Ticket', axis=1, inplace=True)
df_titanic.drop('Cabin', axis=1, inplace=True)
```

코드 2-10 불필요한 속성 데이터 제거

데이터 처리를 한 후 여러 가지 이유로 인공지능 모델 학습에 무의미하거나 다른 영향을 끼치는 속성 데이터는 삭제해야 한다.

처음부터 끝까지 단순히 순서를 나타내는 PassengerID 속성과 Title 속성으로 대체된 Name 속성은 무의미하므로 삭제한다. 결측치가 너무 많은 Cabin(선실) 속성과 다양한 방식으로 부여된 Ticket 속성은 의도하지 않거나 악영향을 끼칠 수 있어 drop() 함수로 삭제한다. 해당 row(행)를 제거하는 결측치 처리 때와 다르게 의미 없는 속성을 제거하기 위해서는 columns(열)를 제거해야 하므로 axis=1로 설정한다.

df_titanic

결과

	Survived	Pclass	Sex	Age	SibSp	Parch	Fare	Embarked	Title
0	0	3	male	22.0	1	0	7.2500	S	Mr
1	1	1	female	38.0	1	0	71.2833	C	Mrs
2	1	3	female	26.0	0	0	7.9250	S	Miss
3	1	1	female	35.0	1	0	53.1000	S	Mrs
4	0	3	male	35.0	0	0	8.0500	S	Mr
...	...	...	...	...	...	...	...	...	...
886	0	2	male	27.0	0	0	13.0000	S	Other
887	1	1	female	19.0	0	0	30.0000	S	Miss
888	0	3	female	29.0	1	2	23.4500	S	Miss
889	1	1	male	26.0	0	0	30.0000	C	Mr
890	0	3	male	32.0	0	0	7.7500	Q	Mr

889 rows × 9 columns

코드 2-11 불필요한 속성 데이터 제거 결과

불필요한 속성 데이터까지 제거한 후 출력하니 [코드 2-11]과 같이 많이 다듬어진 데이터가 되었다. 이제는 인공지능의 특성을 고려해 문자 데이터를 숫자 데이터로 변환하는 라벨링 작업을 해주어야 한다.

[코드 2-12]와 같이 단순하게 성별 데이터는 남자는 1, 여자는 2와 같은 식으로 replace( ) 함수를 사용해 범주마다 숫자로 대체해 주면 된다.

```
#성별 데이터 숫자로 변환
df_titanic['Sex'] = df_titanic['Sex'].replace('male', 1)
df_titanic['Sex'] = df_titanic['Sex'].replace('female', 2)
```

```
#승선 항구 데이터 숫자로 변환
df_titanic['Embarked'] = df_titanic['Embarked'].replace('S', 1)
df_titanic['Embarked'] = df_titanic['Embarked'].replace('C', 2)
df_titanic['Embarked'] = df_titanic['Embarked'].replace('Q', 3)
```

```
#호칭 데이터 숫자로 변환
df_titanic['Title'] = df_titanic['Title'].replace('Other', 0)
df_titanic['Title'] = df_titanic['Title'].replace('Miss', 1)
df_titanic['Title'] = df_titanic['Title'].replace('Mrs', 2)
df_titanic['Title'] = df_titanic['Title'].replace('Mr', 3)
df_titanic['Title'] = df_titanic['Title'].replace('Master', 4)
```

코드 2-12 문자형 데이터를 숫자형 데이터로 변환

모든 데이터 전처리 과정을 끝마치고 출력하면 Survived(생존 여부), Pclass(선실 등급), Sex(성별), Age(나이), SibSp(동반한 형제자매 혹은 배우자), Parch(동반한 부모 혹은 자식), Fare(운임), Embarked(승선 항구), Title(호칭) 등 9개의 속성으로 다듬어진 타이타닉 데이터가 나온다.

TIP

이번 Unit에서 주로 다루는 주제 중 하나는 데이터 전처리이다. 전처리 방법에는 여러 가지가 있어 다양한 인공지능 모델을 만들면서 경험을 쌓는 것이 중요하다. 인공지능 모델 학습 과정보다 데이터 전처리 과정이 인공지능 모델 정확도와 더 밀접하기 때문이다. 다양한 방법으로 데이터 전처리를 잘 해놓아야 정확도가 높은 의미 있는 인공지능 모델을 만들 수 있다.

df_titanic

	Survived	Pclass	Sex	Age	SibSp	Parch	Fare	Embarked	Title
0	0	3	1	22.0	1	0	7.2500	1	3
1	1	1	2	38.0	1	0	71.2833	2	2
2	1	3	2	26.0	0	0	7.9250	1	1
3	1	1	2	35.0	1	0	53.1000	1	2
4	0	3	1	35.0	0	0	8.0500	1	3
...	...	...	...	...	...	...	...	...	...
886	0	2	1	27.0	0	0	13.0000	1	0
887	1	1	2	19.0	0	0	30.0000	1	1
888	0	3	2	29.0	1	2	23.4500	1	1
889	1	1	1	26.0	0	0	30.0000	2	3
890	0	3	1	32.0	0	0	7.7500	3	3

889 rows × 9 columns

코드 2-13 데이터 전처리 과정이 끝난 타이타닉 데이터

⑥ 의사결정 트리 모델 만들기

길었던 전처리 과정을 끝냈으니 인공지능 모델을 만들어 보자. 순서는 이전 인공지능 모델 제작
과 동일하다. 먼저 독립 변수와 종속 변수로 데이터를 나누어야 한다. [코드 2-14]와 같이 생존 여
부를 예측하기 위해 Survived(생존 여부) 속성을 Y에 저장하고 df_titanic에서 Survived 속성만
제거해 종속 변수를 X에 저장한다. 그 후 훈련 데이터와 테스트 데이터를 각각 7:3으로 나누어 X_
train, X_test, Y_train, Y_test에 저장한다.

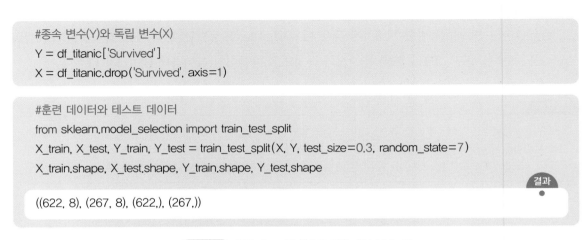

```
#종속 변수(Y)와 독립 변수(X)
Y = df_titanic['Survived']
X = df_titanic.drop('Survived', axis=1)
```

```
#훈련 데이터와 테스트 데이터
from sklearn.model_selection import train_test_split
X_train, X_test, Y_train, Y_test = train_test_split(X, Y, test_size=0.3, random_state=7)
X_train.shape, X_test.shape, Y_train.shape, Y_test.shape
```

((622, 8), (267, 8), (622,), (267,))

코드 2-14 인공지능 모델 학습을 위한 데이터 나누기

사이킷런(sklearn)에서 제공하는 의사결정 트리 알고리즘을 불러와 dt에 저장하고 X_train 데이터와 Y_train 데이터를 넣어 주면 학습이 끝난다.

```
#의사결정 트리 알고리즘 호출 및 학습
from sklearn.tree import DecisionTreeClassifier
dt = DecisionTreeClassifier( )
dt.fit(X_train, Y_train)
```
결과
```
DecisionTreeClassifier( )
```

코드 2-15 의사결정 트리로 데이터 학습

❼ 의사결정 트리 모델 평가하기

학습이 끝난 데이터에 predict( ) 함수로 테스트 데이터를 넣으면 예측 값이 나온다. 이를 실제 값인 Y_test 값과 accuracy_score( ) 함수로 비교하면 모델의 정확도가 나온다.

우리가 만든 타이타닉 생존 여부 의사결정 트리 모델 정확도는 약 77.9% 정도임을 알 수 있다.

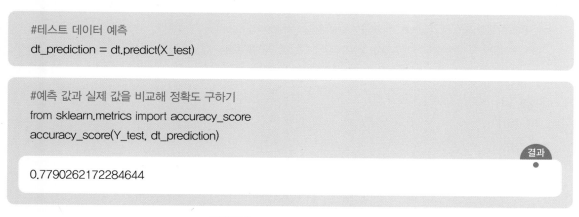

```
#테스트 데이터 예측
dt_prediction = dt.predict(X_test)
```

```
#예측 값과 실제 값을 비교해 정확도 구하기
from sklearn.metrics import accuracy_score
accuracy_score(Y_test, dt_prediction)
```
결과
```
0.7790262172284644
```

코드 2-16 의사결정 트리 모델 평가 I

정확도가 높지 않아 모델을 더 자세히 살펴보도록 하자.

confusion_matrix( )에 실제 값(Y_test)과 예측 값(df_prediction)을 넣으면 '혼동 행렬'이 출력된다. 혼동 행렬(Confusion Matrix)은 머신러닝의 성능을 평가할 때 활용되는 지표로서, 오류 행렬(error matrix)이라고도 한다. [그림 2-5]와 같이 실제 값이 어떤 범주로 분류되었는지 나타난다.

		실제 값	
		True	False
분류 결과 (예측 값)	True	True Positive	False Positive
	False	False Negative	True Negative

그림 2-5　혼동 행렬(Confusion Matrix)

[코드 2-17]의 출력 첫 부분을 확인해 보면 사망자를 사망자라고 맞게 예측한 수가 129건, 생존자를 생존자로 맞게 예측한 수가 79건으로 총 267명의 테스트 데이터 중 208명을 맞게 예측했음을 알 수 있다. 또한 classification_report( ) 함수를 통해 종합적인 정확도를 살펴보았을 때 사망자의 예측 정확도가 생존자의 예측 정확도보다 높은 것으로 나왔다.

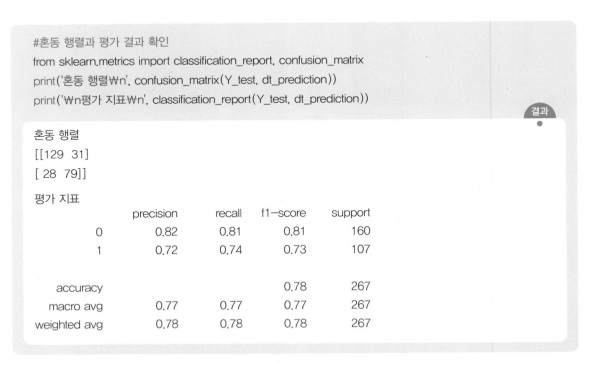

```
#혼동 행렬과 평가 결과 확인
from sklearn.metrics import classification_report, confusion_matrix
print('혼동 행렬\n', confusion_matrix(Y_test, dt_prediction))
print('\n평가 지표\n', classification_report(Y_test, dt_prediction))
```

결과

```
혼동 행렬
[[129  31]
 [ 28  79]]
평가 지표
               precision    recall   f1-score    support

          0         0.82      0.81       0.81        160
          1         0.72      0.74       0.73        107

   accuracy                              0.78        267
  macro avg         0.77      0.77       0.77        267
weighted avg        0.78      0.78       0.78        267
```

코드 2-17　의사결정 트리 모델 평가 II

Unit 01의 초기 당뇨 예측 모델의 경우 각 속성의 가중치와 편향(절편)을 일차함수 형태로 나타내 모델을 확인할 수 있었다. 의사결정 트리의 경우는 일차함수 형태로 모델을 확인할 수 없으며 분기로 나누어진 트리 형태로 모델을 확인할 수 있다.

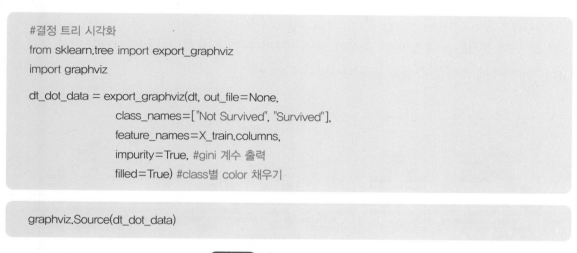

```
#결정 트리 시각화
from sklearn.tree import export_graphviz
import graphviz

dt_dot_data = export_graphviz(dt, out_file=None,
                class_names=["Not Survived", "Survived"],
                feature_names=X_train.columns,
                impurity=True, #gini 계수 출력
                filled=True) #class별 color 채우기
```

```
graphviz.Source(dt_dot_data)
```

코드 2-18 의사결정 트리 모델 확인

사이킷런(sklearn)에서 제공하는 graphviz 모듈은 의사결정 트리 모델을 트리 형태로 시각화하여 한눈에 보여 준다. export_graphviz() 함수를 사용하며, out_file에 이름을 넣으면 dot 파일을 생성하며 class_names와 feature_names에 종속 변수와 독립 변수 속성을 넣어준다. impurity는 Gini 계수 출력 여부를, filled는 class별 색 채우기 여부를 의미한다.

Gini 계수(97쪽 더 알아보기 참고)는 경제학 분야에서 소득 분배의 불평등성을 나타내는 지표로 주로 쓰이는데, 1에 가까울수록 소수의 사람이 대부분의 부를 나누어 가지고 0에 가까울수록 많은 사람이 부를 골고루 나누어 가짐을 의미한다. 의사결정 트리에서는 0에 가까울수록 데이터가 잘 분산되었음을 의미한다.

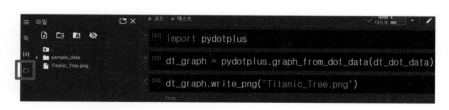

코드 2-19 타이타닉 생존자 예측 의사결정 트리 모델 png 파일로 저장

[코드 2-18] 실행 후 의사결정 트리 모델을 살펴보면 창 크기가 너무 커서 불편함을 느낀다. 그래서 dot 형식의 파일을 다룰 수 있게 도와주는 'pydotplus' 모듈을 불러온 후 png 파일로 저장한다.

[코드 2-19]와 같이 왼쪽 폴더 모양의 아이콘을 눌러주면 png 형식으로 저장된 의사결정 트리 모델 파일이 생성된다. 오른쪽 마우스를 클릭해서 그 파일을 다운로드하면 [그림 2-6]과 같은 그림을 확인할 수 있다.

맨 첫 번째 분기는 Y(종속 변수) 속성인 생사 여부이다. 그 다음부터는 성별, 나이, 선실 등급 등 Gini 계수가 0에 가까운 속성을 골라 나누어지게 된다.

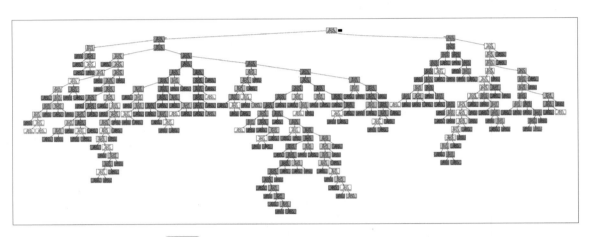

그림 2-6 타이타닉 생존자 예측 의사결정 트리 모델 png 파일

⑧ 랜덤 포레스트 모델로 학습하기

[그림 2-6]과 같이 의사결정 트리를 시각화한 결과를 자세히 살펴보면 왼쪽의 가지가 더 많고 층도 깊은 것을 알 수 있다. 의사결정 트리는 이러한 높은 분산 문제와 과대 적합 경향이 있어 이를 보완한 랜덤 포레스트(Random Forest) 알고리즘으로 머신러닝 모델을 만들어 보자.

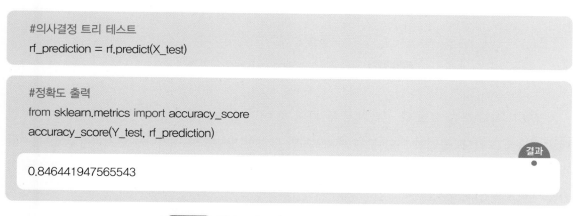

```
#랜덤 포레스트 모델 정의
from sklearn.ensemble import RandomForestClassifier

#트리 개수 최대 50개
rf = RandomForestClassifier(n_estimators=50, max_features=8, random_state=7)
rf.fit(X_train, Y_train)
```

결과
```
RandomForestClassifier(max_features=8, n_estimators=50, random_state=7)
```

코드 2-20 랜덤 포레스트(Random Forest) 학습

사이킷런(sklearn) 모듈에서 제공하는 RandomForestClassifier() 함수로 랜덤 포레스트 알고리즘을 불러온다. n_estimators는 트리 개수이며 최대 50개까지 가능하다. max_features에는 속성의 수를 입력하고 X_train과 Y_train 데이터로 학습시키면 된다.

```
#의사결정 트리 테스트
rf_prediction = rf.predict(X_test)
```

```
#정확도 출력
from sklearn.metrics import accuracy_score
accuracy_score(Y_test, rf_prediction)
```

결과
```
0.846441947565543
```

코드 2-21 랜덤 포레스트(Random Forest) 모델 평가 I

랜덤 포레스트 알고리즘으로 학습한 결과 정확도가 84.6%로 의사결정 트리 모델보다 6.7% 상승했다. [코드 2-22]를 통해 세부 결과를 확인했을 때도 세부적으로 정밀도(precision)가 상승했음을 확인할 수 있다. 의사결정 트리 모델보다 랜덤 포레스트 모델이 사망자는 5% 상승한 87%의 정밀도로 예측하고 생존자 예측은 무려 10% 상승한 82%의 정밀도를 보여 준다.

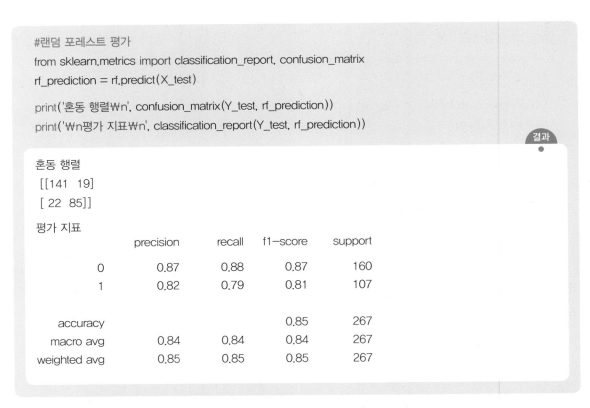

```
#랜덤 포레스트 평가
from sklearn.metrics import classification_report, confusion_matrix
rf_prediction = rf.predict(X_test)

print('혼동 행렬\n', confusion_matrix(Y_test, rf_prediction))
print('\n평가 지표\n', classification_report(Y_test, rf_prediction))
```

결과

```
혼동 행렬
[[141  19]
 [ 22  85]]
평가 지표
```

	precision	recall	f1-score	support
0	0.87	0.88	0.87	160
1	0.82	0.79	0.81	107
accuracy			0.85	267
macro avg	0.84	0.84	0.84	267
weighted avg	0.85	0.85	0.85	267

코드 2-22 랜덤 포레스트(Random Forest) 모델 평가 Ⅱ

지금까지 지도 학습 모델 중 분류에서 두 가지 중 어느 하나로 분류하는 이항 분류 예제를 두 번째로 실습해 보았다. 동일한 이항 분류 예제이지만 다양한 방법으로 데이터를 전처리하였고, 분기가 뚜렷한 데이터를 학습할 때 많이 쓰이는 의사결정 트리와 랜덤 포레스트 두 가지 알고리즘으로 학습시켜 비교하였다.

완전 자율주행자동차 기술이 곧 완성될 것처럼 뉴스에 등장하지만, 아직 기술은 완성되지 않고 있다. 인공지능의 발전이 생각보다 빠르지 않은 것은 인간의 지능을 연구하는 뇌과학 분야의 발전이 컴퓨터 과학의 발전에 비해 더디기 때문이라고 말하는 전문가들이 있다. 아직 명확하지 않은 부분이 많은 인공지능 분야에서 다양한 데이터 전처리 방법과 인공지능 알고리즘 학습 방법을 익혀 인공지능에 대한 '감'을 늘려가는 것이 중요하다.

Gini 계수 이해하기

의사결정 트리는 '물음표 살인마'라는 별명이 있다. 질문을 계속 던져 가지를 나누고 트리를 만들기 때문이다. 의사결정 트리와 이를 여러 개 결합한 랜덤 포레스트 알고리즘은 트리의 가지치기처럼 분기 결정이 핵심인 알고리즘이다. 앞에서 설명했듯이 Gini 계수가 0에 가까울수록 데이터를 더 잘 나눌 수 있기 때문에 Gini 계수가 가장 낮은 조건으로 분기를 결정한다. 그럼 Gini 계수는 어떻게 산출되는지 알아보자.

$$GINI(t) = 1 - \sum [p(j|t)]^2$$

※ t = 전체 수, j = 각 범주별 수

수식 2-1 Gini 계수 공식

Gini 계수는 [수식 2-1]과 같이 각 범주별 수를 전체 수로 나눈 값을 제곱한 뒤 합을 구해 1에서 빼주는 식으로 산출된다. 의사결정 트리의 첫 번째 트리는 종속 변수 속성을 분기로 설정한다.
[그림 2-6]의 타이타닉 생존자 예측 의사결정 트리 모델의 트리 중 가장 첫 번째 분기를 확대시킨 것이 [그림 2-7]이다. 첫 번째 트리는 종속 변수의 속성이기 때문에 생존자와 사망자로 나뉘게 된다.

```
Sex <= 1.5
gini = 0.469
samples = 622
value = [389, 233]
class = Not Survived
```

그림 2-7 타이타닉 생존자 예측 의사결정 트리 모델 첫 번째 분기

[코드 2-23]과 같이 622명 훈련 데이터에 'Survived' 속성을 추가하고 Y_train의 값을 넣어 train_data에 저장한다. 그리고 'Survived' 속성으로 묶은 후 성별 개수를 파악하면 사망자는 남녀 합쳐 389명, 생존자는 233명이다.

```
#X_train 데이터와 Y_train 데이터 합치기
train_data = X_train
train_data['Survived'] = Y_train.values
```

```
#생존 여부로 묶은 후 데이터 수 출력
train_data.groupby('Survived')['Sex'].count()
```

결과

```
Survived
0    389
1    233
Name: Sex, dtype: int64
```

코드 2-23 훈련 데이터 성별 분포

이는 [그림 2-7]의 Value 값을 의미하며 Gini 계수 공식에 대입하면 $1-((\frac{389}{622})^2+(\frac{233}{622})^2)$으로 계산하면 약 0.469가 나오고 [그림 2-7]의 Gini 계수와 같다.

이후 X_train 데이터 중 가장 낮은 Gini 계수를 지닌 분기로 나뉘게 된다. [그림 2-7] 첫 번째 줄에서 확인할 수 있듯이 성별이 1.5보다 낮으면(남성) 왼쪽으로, 높으면(여성) 오른쪽으로 데이터가 나뉜다.

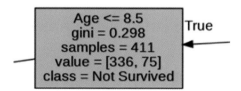

그림 2-8 타이타닉 생존자 예측 의사결정 트리 모델 두 번째 분기 왼쪽 부분

왼쪽 두 번째 분기의 정보가 [그림 2-8]과 같이 나와 있다. 411개의 데이터이고 [코드 2-24]와 같이 성별 기준으로 훈련 데이터의 생존 여부를 나누면 남성의 경우 사망자가 336명, 생존자가 75명으로 두 번째 분기의 value와 일치한다.

Gini 계수 역시 $1-((\frac{336}{411})^2+(\frac{75}{411})^2)$로 약 0.2983이 나와 일치함을 확인할 수 있다. 이런 방식으로 분기를 설정하고 데이터를 나누어 주고 그 다음 분기가 0에 가까운 속성으로 나누어 주는 것을 반복하면 Gini 계수가 0에 가까워지고 인공지능 모델이 완성된다.

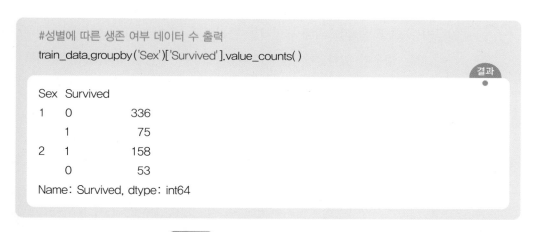

```
#성별에 따른 생존 여부 데이터 수 출력
train_data.groupby('Sex')['Survived'].value_counts()
```
결과

```
Sex  Survived
1    0           336
     1            75
2    1           158
     0            53
Name: Survived, dtype: int64
```

코드 2-24 훈련 데이터 성별에 따른 생존 여부

이처럼 의사결정 트리와 랜덤 포레스트 모델 제작 및 비교뿐만 아니라 알고리즘의 핵심인 분기 설정을 Gini 계수를 이해하면서 함께 알아보았다. 다양한 데이터 처리 방법과 알고리즘 핵심 개념 이해는 인공지능 프로그래밍의 가장 기본이라고 할 수 있다.

정리하기 다음 빈칸에 알맞은 단어를 채우며 학습한 내용을 정리해 보세요.

01 (   )와/과 (   )은/는 지도 학습 모델 중 분류를 수행하기 위한 알고리즘으로, 기준이 다소 명확해 보이는 데이터에 많이 쓰인다.

02 서로 다른(또는 같은) 여러 머신러닝 알고리즘이 결합된 것을 (   )(이)라고 하는데, (   )은/는 서로 같은 여러 개의 의사결정 트리가 결합된 (   )의 한 예이다.

03 인공지능 모델 제작을 위해 데이터를 불러왔을 때 일부 데이터의 값이 존재하지 않는 경우가 있다. 이러한 데이터를 (   )(이)라고 한다. 이를 처리하는 방법 중 가장 간단한 방법은 이것이 포함된 데이터를 삭제하는 것이고 다른 방법은 평균값으로 대체하는 것이다.

04 (   )은/는 기계학습의 성능을 평가할 때 활용되는 지표로서, 오류 행렬이라고도 한다.

05 (   )은/는 경제학 분야에서 소득 분배의 불평등성을 나타내는 지표로 주로 쓰이는데, 1에 가까울수록 소수의 사람이 대부분의 부를 나누어 가지고 0에 가까울수록 많은 사람이 부를 골고루 나누어 가짐을 의미한다. 의사결정 트리에서는 0에 가까울수록 데이터가 잘 분산되었음을 의미한다.

정답 283쪽 참고

· MEMO ·

UNIT 03 펭귄 종 분류

🔒 문제 발견

지난 50여 년 동안 지구 온난화가 진행되며 남극은 약 3도가 올랐다. 이로 인해 남극에 있는 많은 동물들이 피해를 입고 있다. 동물들의 서식지와 먹이가 줄어 생존의 위협을 받는 것이다. 지구 온난화의 피해를 유독 많이 입고 있는 동물이 있다. 바로 펭귄이다. 남극의 해빙(바다 얼음) 감소뿐만 아니라 기온 변화로 인해 눈보다 비가 내리는 날이 많아 방수 기능이 없는 솜털을 가진 새끼 펭귄들이 저체온증으로 목숨을 잃는 것이다.

우리나라 남극세종과학기지 주변에 무리 지어 번식하는 펭귄은 크게 세 종류가 있다. 먼저 턱에 검은 선이 그어진 턱끈 펭귄(Chinstrap Penguin)은 50년 만에 개체 수가 60% 감소하였고, 행동이 고약하여 '악마 펭귄'이라는 별명을 가진 아델리 펭귄(Adelie Penguin)은 10년 만에 둥지 수가 43% 감소했다는 연구 결과가 발표되었다.

하지만 젠투 펭귄(Gentoo Penguin)은 2020년 '적색 취약종'에서 '최소 관심종'으로 멸종 위험 등급이 하향됐는데 줄어든 해빙으로 서식지를 극지로 옮겨 천적을 피해 개체 수가 늘었기 때문이다.

기후 변화에 대처하는 펭귄들의 생존 방법이 다른 만큼 펭귄을 보호하는 방법도 종에 따라 달라야 한다.

그림 3-1 왼쪽부터 턱끈 펭귄, 젠투 펭귄, 아델리 펭귄

🔒 해결 모델은?

지구 온난화로 생존을 위협 받는 펭귄을 보호하고 관찰하기 위해 종 분류가 필요하다.

이번 Unit에서는 펭귄에 관한 몇 가지 간단한 수치 데이터만으로 종을 분류하는 인공지능을 만들어 본다.

지도 학습 중 분류 알고리즘인 SVM(Support Vector Machine)에 대하여 탐구하고, 펭귄 데이터를 학습한 후 딥러닝으로도 발전시켜 이항 분류와 다항 분류의 차이점을 파악한다.

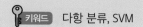

• 지도 학습 분류 알고리즘 중 SVM(Support Vector Machine)에 대하여 이해한다.
• 모델 제작을 통해 이항 분류와 다항 분류를 비교·분석한다.

❶ 인공지능 알고리즘: SVM(Support Vector Machine)

　지도 학습 중 분류 알고리즘에 속하는 SVM(Support Vector Machine, 서포트 벡터 머신)에 대하여 알아보자.

　SVM은 딥러닝이 등장하기 전까지는 가장 성능 좋은 머신러닝 알고리즘이었다. 이름 그대로 경계가 되는 두 벡터(Support Vector)를 선정하고 중간에 결정 경계를 구한다. 그러면 그 결정 경계를 중심으로 클래스(class)가 분류되는 것이다.

　결정 경계와 벡터 사이의 거리를 'Margin(마진)'이라고 하고 두 점 사이의 거리를 구하는 '유클리드 거리 공식'과 점과 직선 사이 거리를 구하는 공식을 바탕으로 두 벡터와 결정 경계를 구한다.

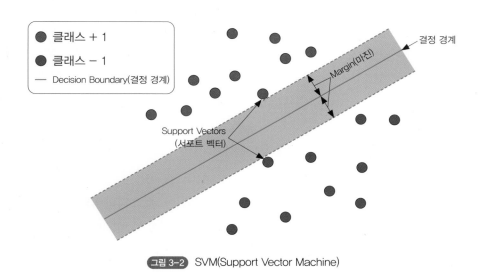

그림 3-2　SVM(Support Vector Machine)

❷ 데이터 불러오기

펭귄 데이터(penguins.csv)는 [코드 3-1]의 구글 다이렉트 다운로드 링크 또는 삼양미디어 고객센터 자료실(http://samyangm.com/shop/bbs/board.php?bo_table=shop_data)에서 받을 수 있다. 데이터 처리에 필요한 모듈을 불러와서 펭귄 데이터를 읽고 상위 5개 데이터를 확인한다.

```
import pandas as pd
import numpy as np
from matplotlib import pyplot as plt
import seaborn as sns
```

```
#펭귄 데이터 불러오기
df = pd.read_csv("https://drive.google.com/uc?export=download&id=1YlKB81mzkV_udQXVHgam_
PqAeMsxnXTi")
```

```
df.head( )
```

	species	island	bill_length_mm	bill_depth_mm	flipper_length_mm	body_mass_g	sex
0	Adelie	Torgersen	39.1	18.7	181.0	3750.0	male
1	Adelie	Torgersen	39.5	17.4	186.0	3800.0	female
2	Adelie	Torgersen	40.3	18.0	195.0	3250.0	female
3	Adelie	Torgersen	NaN	NaN	NaN	NaN	NaN
4	Adelie	Torgersen	36.7	19.3	193.0	3450.0	female

코드 3-1 데이터 불러오기

위 데이터는 미국의 팔머 연구소(palmer station)에서 수집한 총 344마리의 펭귄 정보 데이터로, 종(species), 서식지(island), 부리의 길이(bill_length_mm), 부리의 두께(bill_depth_mm), 물갈퀴의 길이(flipper_length_mm)와 체중(body_mass_g), 성별(sex)이 담겨 있다.

각 종류별 개수를 출력해 주는 value_counts( )로 몇 가지 속성의 개수를 출력하면 아델리 펭귄(Adelie Penguin), 젠투 펭귄(Gentoo Penguin), 턱끈 펭귄(Chinstrap Penguin) 세 가지 종이 있고 Biscoe, Dream, Torgersen 세 군데 서식지가 있음을 알 수 있다.

또한 성별은 수컷, 암컷 균등하게 존재하지만 총 개수 344마리가 아니라 333마리로 카운트 된 것으로 보아 결측치가 존재함을 알 수 있다.

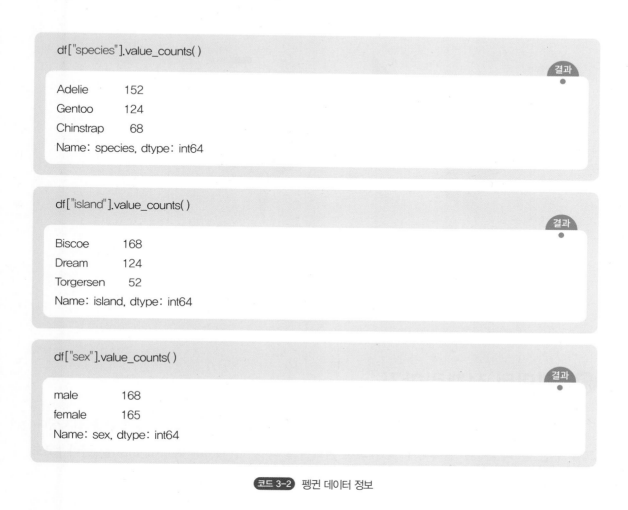

```
df["species"].value_counts( )
```

결과

```
Adelie        152
Gentoo        124
Chinstrap      68
Name: species, dtype: int64
```

```
df["island"].value_counts( )
```

결과

```
Biscoe        168
Dream         124
Torgersen      52
Name: island, dtype: int64
```

```
df["sex"].value_counts( )
```

결과

```
male          168
female        165
Name: sex, dtype: int64
```

코드 3-2 펭귄 데이터 정보

Unit 01의 '초기 당뇨 진단하기'에서 당뇨와의 상관관계를 파악할 때 시본(seaborn) 모듈을 사용했다. 이번에는 시본의 바이올린플롯(violinplot, 데이터의 분포와 범위를 한눈에 보기 쉽게 나타내는 그래프 형식)을 이용해 카테고리별로 어떻게 분포되어 있는지 살펴보자.

x축은 펭귄의 종, y축은 펭귄의 체중, 그리고 분포하고자 하는 카테고리(hue)를 성별로 설정한다. split 옵션을 추가하면 새 바이올린플롯을 그리는 게 아니라 hue 값에 따라 나뉜 바이올린플롯을 시각화한다. [코드 3-3]과 같이 성별에 따른 종과 체중 바이올린플롯을 보면 카테고리(성별)별 체중 분포를 한눈에 파악할 수 있다. 대체로 암컷보다는 수컷이, 다른 종보다는 젠투 펭귄이 체중이 더 많이 나가는 것을 확인할 수 있다.

```
sns.violinplot(x="species", y="body_mass_g", hue="sex", data=df, split=True)
```

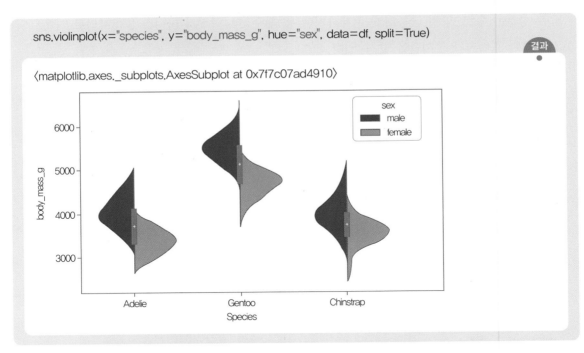

〈matplotlib.axes._subplots.AxesSubplot at 0x7f7c07ad4910〉

코드 3-3 펭귄 데이터 바이올린플롯(violinplot)

❸ 데이터 전처리하기

앞(105쪽)에서 데이터 전체 개수와 성별 개수가 다름을 확인하고 결측치가 존재함을 인지했다. 그럼 우선 각 속성마다 결측치가 몇 개인지 파악하고 속성 한 개(bill_length_mm)를 골라 [코드 3-4]와 같이 NaN 값이 있는 데이터를 출력해 보자.

```
df.isnull().sum()
```

```
species             0
island              0
bill_length_mm      2
bill_depth_mm       2
flipper_length_mm   2
body_mass_g         2
sex                11
dtype: int64
```

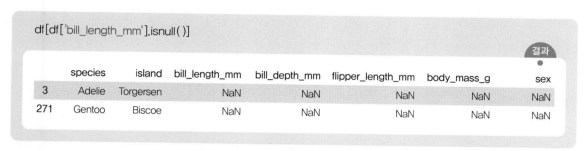

```
df[df['bill_length_mm'].isnull()]
```

	species	island	bill_length_mm	bill_depth_mm	flipper_length_mm	body_mass_g	sex
3	Adelie	Torgersen	NaN	NaN	NaN	NaN	NaN
271	Gentoo	Biscoe	NaN	NaN	NaN	NaN	NaN

코드 3-4 결측치 확인하기

3번 행과 271번 행의 데이터는 종과 서식지를 제외한 모든 데이터가 NaN 값으로 이루어져 있다. 그래서 이 2개의 데이터를 dropna()로 제거하면 성별을 제외한 다른 속성의 NaN 값이 모두 사라진다. subset으로 특정 속성을 선택해서 dropna()를 하면 해당 속성의 NaN 값이 있는 행이 삭제된다. 이 삭제된 데이터를 다시 df에 저장하여 덮어쓰기 해도 되지만 inplace=True를 하면 알아서 갱신된다. 그리고 성별이 분명하지 않은 나머지 7개의 데이터는 fillna() 함수로 'unknow'를 넣어준다. 이렇게 하면 9개의 결측치 처리가 완료된다.

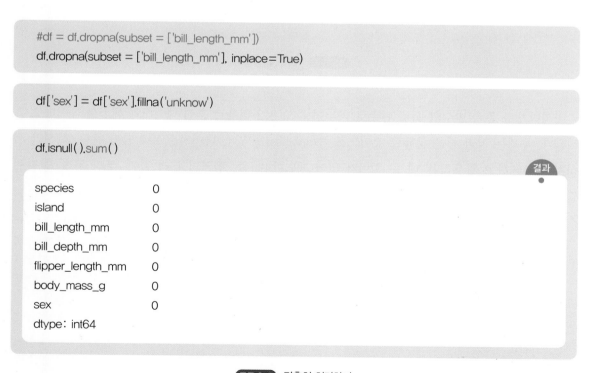

```
#df = df.dropna(subset = ['bill_length_mm'])
df.dropna(subset = ['bill_length_mm'], inplace=True)
```

```
df['sex'] = df['sex'].fillna('unknow')
```

```
df.isnull().sum()
```

```
species              0
island               0
bill_length_mm       0
bill_depth_mm        0
flipper_length_mm    0
body_mass_g          0
sex                  0
dtype: int64
```

코드 3-5 결측치 처리하기

이번에는 학습하기 알맞은 형태로 데이터를 처리해 주어야 한다. 펭귄 데이터에서 숫자가 아닌 문자로 이루어진 데이터는 학습을 위해 숫자로 라벨링해 준다. map() 함수는 단어 그대로 특정 데이터를 특정 값으로 매핑해 준다. 펭귄의 종, 서식지, 성별 데이터를 불러와 각각 0, 1, 2로 라벨링해 준다.

```
df['species'] = df['species'].map({"Adelie":0, "Gentoo":1, "Chinstrap":2})
df['island'] = df['island'].map({"Biscoe":0, "Dream":1, "Torgersen":2})
df['sex'] = df['sex'].map({"male":0, "female":1, "unknow":2})
```

df.head()

결과 ●

	species	island	bill_length_mm	bill_depth_mm	flipper_length_mm	body_mass_g	sex
0	0	2	39.1	18.7	181.0	3750.0	0
1	0	2	39.5	17.4	186.0	3800.0	1
2	0	2	40.3	18.0	195.0	3250.0	1
4	0	2	36.7	19.3	193.0	3450.0	1
5	0	2	39.3	20.6	190.0	3650.0	0

코드 3-6 데이터 라벨링

마지막으로 종속 변수와 독립 변수로 나누어 주고 8:2 비율로 훈련 데이터와 테스트 데이터로 분리한다. 우리는 펭귄 종을 분류할 것이므로 종(species)을 Y에, 나머지를 X에 담아 준다. 하지만 서식지는 분류하고 활용하는 데 큰 의미가 없어 제외한다. 즉, 펭귄의 부리 길이, 부리 두께, 물갈퀴 길이, 체중, 성별로 펭귄의 종을 분류하는 인공지능을 만들기 위해 데이터를 분리해 준다.

```
dataset = df.values
X = dataset[ : , 2:]
Y = dataset[ : , 0]
X = np.asarray(X)
```

```
from sklearn.model_selection import train_test_split
X_train, X_test, Y_train, Y_test = train_test_split(X, Y, test_size=0.2, random_state=3)
```

코드 3-7 훈련 데이터와 테스트 데이터로 나누기

④ SVM 모델 학습하기

사이킷런에서 제공하는 SVM(Support Vector Machine) 알고리즘을 호출한 후 X_train과 Y_train 훈련 데이터로 학습시킨다. SVC는 SVM의 끝 단어 Machine을 Classification(분류)으로 바꾼 것이다.

SVM 알고리즘의 핵심은 Vector 경계인 선을 찾는 것인데 부리의 길이, 부리의 두께, 물갈퀴의 길이, 체중, 성별 등 속성의 개수가 늘어날수록 선의 차원도 늘어난다. 차원이 늘어날수록 계산량이 증가하는 부작용이 생기고 이를 해결해 주는 것이 '커널(kernel) 함수'이다.

커널 함수는 분류를 위한 경계를 찾기 위해 적절한 형태로 변환해 계산량 증가를 막아 준다. 커널은 선형(linear)과 비선형(rbf, radial basis function)을 많이 사용한다. 선형 분류가 효율적이고 잘 작동하지만 작동하지 않을 경우 비선형으로 분류한다.

```
import sklearn.svm as svm
svm_model = svm.SVC(kernel = 'linear')
```

```
svm_model.fit(X_train, Y_train)
```
결과
```
SVC(kernel='linear')
```

코드 3-8 SVM(Support Vector Machine) 모델 학습

학습이 끝난 SVM 모델의 정확도를 보니 100%가 나왔다. 또한 X_test로 예측한 결과와 실제 값(Y_test) 상위 10개 데이터를 비교해 보니 전부 일치한다.

```
svm_model.score(X_train, Y_train)
```
결과
```
1.0
```

```
#모델 테스트
Y_prediction = svm_model.predict(X_test).flatten()
for i in range(10):
    label = Y_test[i]
    prediction = Y_prediction[i]
    print("실제: {:.0f}, 예측: {:.0f}".format(label, prediction))
```

결과

```
실제: 2, 예측: 2
실제: 2, 예측: 2
실제: 2, 예측: 2
실제: 0, 예측: 0
실제: 1, 예측: 1
실제: 0, 예측: 0
실제: 1, 예측: 1
실제: 2, 예측: 2
실제: 0, 예측: 0
실제: 1, 예측: 1
```

코드 3-9 SVM 모델 평가

이번에도 혼동 행렬과 구체적인 정밀도를 살펴보자. SVM 역시 0번(아델리 펭귄)을 예측한 정밀도(precision)가 다른 종 분류보다 낮지만 정밀도는 94%이고, 나머지 두 종의 분류 정밀도는 100%로 평균 97%의 높은 정밀도로 분류하였다.

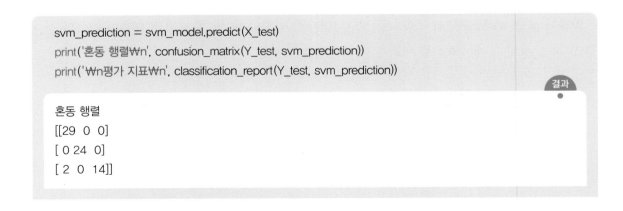

```
svm_prediction = svm_model.predict(X_test)
print('혼동 행렬\n', confusion_matrix(Y_test, svm_prediction))
print('\n평가 지표\n', classification_report(Y_test, svm_prediction))
```

결과

```
혼동 행렬
[[29  0  0]
 [ 0 24  0]
 [ 2  0 14]]
```

평가 지표

	precision	recall	f1-score	support
0.0	0.94	1.00	0.97	29
1.0	1.00	1.00	1.00	24
2.0	1.00	0.88	0.93	16
accuracy			0.97	69
macro avg	0.98	0.96	0.97	69
weighted avg	0.97	0.97	0.97	69

코드 3-10 SVM 모델 혼동 행렬

[코드 3-10]의 다양한 '분류 평가 지표'에 대해서는 112쪽을 참고하기 바란다.

❺ 다항 분류 딥러닝 모델 학습하기

3번째 분류 실습을 하고 있지만 앞서 2번의 실습과 다른 점이 있다. Unit 01에서는 당뇨인지 아닌지, Unit 02에서는 생존자인지 아닌지 두 가지 중 하나로 분류하는 이항 분류였지만, 이번은 세 가지의 종을 분류하는 다항 분류이다. 다항 분류 딥러닝 모델을 만들기 위해서는 한 가지 알아야 할 개념이 있다.

[그림 3-4]와 같이 다항 분류 딥러닝은 훈련 데이터로 학습을 끝마치면 각각 카테고리로 분류 예측 정도를 나타내는 벡터 값이 출력된다. 그 세 가지 벡터 값 중에서 가장 큰 값이 있는 카테고리로 분류하는 것이다. 그러기 위해서는 독립 변수 값이 0이나 1, 2와 같은 값이 아닌 3개의 가중치를 가진 리스트 형태이어야 한다.

분류 평가 지표

분류 인공지능 모델을 객관적으로 평가하기 위한 지표에는 여러 가지가 있다. 지금까지 세 가지 주제의 실습에서 언급한 정확도는 가장 일반적인 것으로, 맞게 분류한 것을 전체로 나눈 수치이고 Accuracy(정확도) 혹은 Classification Accuracy(분류 정확도), 줄여서 CA라고 한다.

널리 쓰이는 분류 정확도 이외에도 다른 평가 지표에 대하여 알아보고, [코드 3-10]의 출력 결과와 앞으로의 분류 평가 지표를 자세히 살펴보겠다.

		실제 값	
		True	False
분류 결과 (예측 값)	True	**T**rue **P**ositive	**F**alse **P**ositive
	False	**F**alse **N**egative	**T**rue **N**egative

그림 3-3 혼동 행렬(Confusion Matrix)

이전 Unit에서 설명한 혼동 행렬(92쪽)을 다시 떠올리면서 분류 정확도를 알아보자. CA 이외에도 평가 지표로 Precision(정밀도), Recall(재현율), F1 Score 등이 많이 쓰인다.

· Accuracy(CA, 분류 정확도): 전체 중에 맞게 분류한 것의 비율

$$Accuracy = \frac{TP + TN}{전체}$$

· Precision(정밀도): 모델이 True라고 분류한 것 중에서 실제 True인 것의 비율

$$Precision = \frac{TP}{TP + FP}$$

· Recall(재현율): 실제 True인 것 중에서 모델이 True라고 분류한 것의 비율

$$Recall = \frac{TP}{TP + FN}$$

· F1 Score: Precision과 Recall의 조화 평균

$$F1\ Score = 2 \times \frac{1}{\frac{1}{Precision} + \frac{1}{Recall}} = 2 \times \frac{Precision \times Recall}{Precision + Recall}$$

한 가지 더, 분류 성능 지표 중 여러 임계값들의 기준으로 변화를 시각화한 그래프의 면적을 AUC(Area Under Curve)라고 한다. 하지만 가끔 AUC를 Accuracy의 약자로 인지하고 분류 정확도라고 잘못 사용하는 경우가 있으니 주의해야 한다.

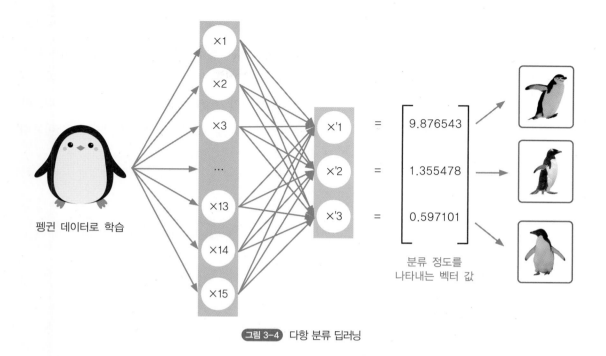

그림 3-4 다항 분류 딥러닝

　　[코드 3-11]과 같이 np_utils 모듈의 to_categorical( ) 함수를 이용하면 Y값이 세 가지 값으로 분류된다. 처음 아델리 펭귄은 0, 젠투 펭귄 1, 턱끈 펭귄 2로 라벨링해 주었지만 이번에는 아델리 펭귄은 [1, 0, 0], 젠투 펭귄은 [0, 1, 0], 턱끈 펭귄은 [0, 0, 1]로 변환해 준다. 이처럼 0으로 이루어진 벡터에 유일한 1로 해당 데이터를 분류하는 것을 '원-핫 인코딩(One-Hot Encoding)'이라고 한다.

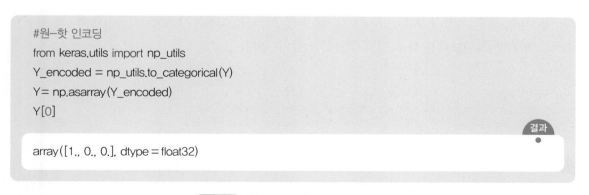

```
#원-핫 인코딩
from keras.utils import np_utils
Y_encoded = np_utils.to_categorical(Y)
Y= np.asarray(Y_encoded)
Y[0]
```

결과

```
array([1., 0., 0.], dtype = float32)
```

코드 3-11 원-핫 인코딩(One-Hot Encoding)

원-핫 인코딩을 적용한 Y데이터를 포함해 다시 8:2 비율로 훈련 데이터와 테스트 데이터로 나누어 주고 딥러닝 모델을 만든다. 훈련 데이터가 200여 개로 많지 않으므로 은닉층 없이 입력층과 출력층으로만 구성한다. input_dim에 속성 개수를 넣고 이와 연관해서 인공신경세포 개수를 설정한다. 각 카테고리로 분류 정도를 나타나게 하는 활성화 함수가 'softmax 함수'(58쪽 참고)이다. 따라서 이항 분류와 다르게 다항 분류 딥러닝 모델은 마지막 출력층의 인공신경세포 개수를 카테고리 수로 넣고 활성화 함수를 softmax 함수로 설정해야 한다.

```
from sklearn.model_selection import train_test_split
X_train, X_test, Y_train, Y_test = train_test_split(X, Y, test_size=0.2, random_state=3)
```

```
import tensorflow as tf
from tensorflow.keras.models import Sequential
from tensorflow.keras.layers import Dense
tf.random.set_seed(3)
model = Sequential( )
model.add(Dense(15, input_dim=5, activation='relu'))
model.add(Dense(3, activation='softmax'))
```

코드 3-12 다항 분류 딥러닝 모델 만들기

활성화 함수뿐만 아니라 컴파일에서 loss를 'categorical_crossentropy'로 설정해야 다항 분류 오차를 구할 수 있다. 컴파일 후 훈련 데이터로 200번 학습한 후 evaluate( ) 함수에 테스트 데이터로 테스트한 결과 오차가 0.24, 정확도가 92.75% 나왔다. 정확도가 높은 편이지만 SVM 알고리즘으로 학습한 모델보다는 다소 떨어지는 것을 알 수 있다.

```
model.compile(loss='categorical_crossentropy', optimizer='adam', metrics=['accuracy'])
```

TIP

원-핫 인코딩(One-Hot Encoding)은 k개의 리스트로 변환해 주기도 하지만 숫자가 가지고 있는 수치적 가중치도 제거해 준다. 우리는 1보다는 10이 더 가중치가 많다고 느낀다. 인공지능도 0보다는 1에, 1보다는 2에 더 가중치를 느낀다. 0, 1, 2 또는 가, 나, 다와 같은 단순 라벨링의 수치적 가중치는 오히려 학습을 방해하지만 원-핫 인코딩한 경우 학습이 더 잘된다.

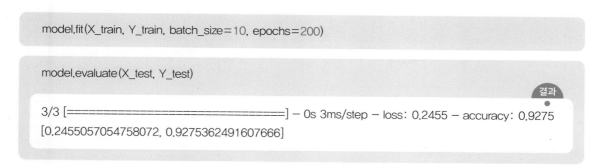

```
model.fit(X_train, Y_train, batch_size=10, epochs=200)
```

```
model.evaluate(X_test, Y_test)
```

결과
```
3/3 [==============================] - 0s 3ms/step - loss: 0.2455 - accuracy: 0.9275
[0.2455057054758072, 0.9275362491607666]
```

코드 3-13 다항 분류 딥러닝 모델 학습 및 평가

마지막으로 predict() 함수로 나온 예측 값과 실제 값을 비교해 보자. 실제 값이 [1, 0, 0]인 아델리 펭귄의 데이터 예측 결과 아델리 펭귄으로 분류하는 벡터 값이 9.69 정도로 가장 높았다. 이렇게 다항 분류는 학습 후 카테고리별 분류 정도 벡터 값을 출력하고 가장 큰 벡터 값으로 분류한다.

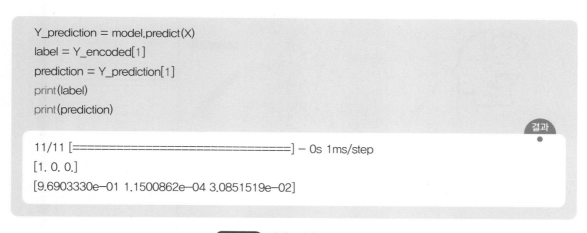

```
Y_prediction = model.predict(X)
label = Y_encoded[1]
prediction = Y_prediction[1]
print(label)
print(prediction)
```

결과
```
11/11 [==============================] - 0s 1ms/step
[1. 0. 0.]
[9.6903330e-01 1.1500862e-04 3.0851519e-02]
```

코드 3-14 카테고리별 분류 벡터 값

지금까지 진행한 실습을 크게 세 가지로 나누면, 주식이나 성적 등 어떠한 수치를 예측하는 회귀, 'Yes or No', 또는 '죽느냐, 사느냐'처럼 두 가지 중 하나로 분류하는 이항 분류, 0~9까지 필기체 구별 등 세 가지 이상의 카테고리로 분류하는 다항 분류가 있다.

회귀, 이항 분류, 다항 분류에 따라 알고리즘과 매개 변수가 바뀌는데, 먼저 머신러닝에서 회귀 알고리즘은 선형 회귀 하나뿐이다. 나머지 머신러닝 알고리즘 SVM, k-NN, 로지스틱 회귀, 나이브 베이지안 등은 분류(이항 분류와 다항 분류 둘 다)에 사용되는 알고리즘이다.

또한 랜덤 포레스트와 같이 다수의 알고리즘이 결합된 앙상블 알고리즘은 회귀와 분류 모두에 사용되기도 한다.

		머신러닝	딥러닝
지도 학습	회귀(예측)	선형 회귀	출력층 인공신경세포 개수 1, 출력층 활성화 함수 없음
	분류 — 이항 분류	SVM, k-NN, 로지스틱 회귀, 나이브 베이지안 등	출력층 인공신경세포 개수 1, 출력층 활성화 함수 'sigmoid'
	분류 — 다항 분류		출력층 인공신경세포 개수 k개(카테고리 개수), 출력층 활성화 함수 'softmax'

표 3-1 지도 학습 종류별 머신러닝과 딥러닝 비교

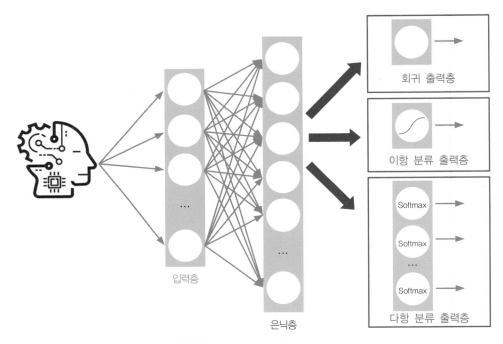

그림 3-5 지도 학습 종류별 딥러닝 구별

[표 3-1]과 같이 딥러닝은 출력층을 통해 구별할 수 있다. 출력층의 인공신경세포 개수가 1개이고 활성화 함수를 넣지 않으면 마지막 출력층 1개에서 수치가 나오기 때문에 회귀가 된다. 출력층 인공신경세포가 1개이지만 활성화 함수가 'sigmoid'이면 그 1개의 수치를 0과 1로 나누게 되므로 둘 중 하나로 분류하는 이항 분류 딥러닝이 된다.

```
#회귀 딥러닝 예시
model=Sequential( )
model.add(Dense(n, input_dim=속성 개수, activation='relu')) #입력층
model.add(Dense(m, activation='relu')) #은닉층
model.add(Dense(1)) #출력층
```

```
#이항 분류 딥러닝 예시
model=Sequential( )
model.add(Dense(n, input_dim=속성 개수, activation='relu')) #입력층
model.add(Dense(m, activation='relu')) #은닉층
model.add(Dense(1, activation='sigmoid')) #출력층
```

```
#다항 분류 딥러닝 예시
model=Sequential( )
model.add(Dense(n, input_dim=속성 개수, activation='relu')) #입력층
model.add(Dense(m, activation='relu')) #은닉층
model.add(Dense(k, activation='softmax')) #출력층
```

(※ [코드 3-15]에서 n, m은 임의의 수임.)

코드 3-15 지도 학습 종류별 딥러닝 예시

마지막으로 카테고리 개수만큼 출력층 인공신경세포 개수를 k개로 설정하고 활성화 함수를 'softmax'로 설정하면 k개의 수치 중 가장 큰 쪽으로 분류하는 다항 분류 딥러닝이 된다.

SVM 경계 탐구

  SVM(Support Vector Machine) 모델을 학습할 때 사이킷런(sklearn)에서 만들어진 모듈을
사용했다. 모듈을 사용하면 편리하지만 깊게 이해하고 넓게 응용하는 데 힘들 수 있다. 그러므로
SVM 알고리즘의 경계 설정에 대해 더 탐구해 보자.

  SVM 알고리즘 경계 탐구 전에 몇 가지 시각화 방법으로 데이터 분포를 확인하기 위해 데이터
를 새로 불러오고 펭귄의 종류와 나머지 속성으로 분리해 준다.

```python
svm_data = pd.read_csv('https://drive.google.com/uc?export=download&id=1YlKB81mzk
V_udQXVHgam_PqAeMsxnXTi')
```

```python
svm_y = svm_data['species']
svm_x = svm_data.drop('species', axis=1)
```

코드 3-16 펭귄 데이터 불러오고 전처리하기

  펭귄 종별로 데이터를 그룹화하고 가장 대표적인 속성인 부리의 길이와 두께를 그룹화한 종별
로 시각화해 보자. 그룹화한 데이터를 subplots()로 세 번 출력한다. linestyle을 공백으로 설정
한 후 plot 그래프로 시각화하면 scatter plot(산점도)과 같은 그래프로 출력된다.

```python
groups = svm_data.groupby('species')

fig, ax = plt.subplots()
for name, group in groups:
    ax.plot(group.bill_length_mm,
            group.bill_depth_mm,
            marker='o',
            linestyle=' ',
            label=name)
```

```
ax.legend(fontsize=10, loc='lower right')
plt.title('Scatter Plot of Pingouins', fontsize=20)
plt.xlabel('bill_length_mm', fontsize=14)
plt.ylabel('bill_depth_mm', fontsize=14)
plt.show( )
```

코드 3-17 펭귄 종별 부리 길이와 두께 시각화

[코드 3-17]과 같이 실행하면 [그림 3-6]과 같이 출력된다. 출력 결과를 살펴보면 부리의 길이와 두께만으로 펭귄 종별로 그룹이 형성되는 것을 확인할 수 있다.

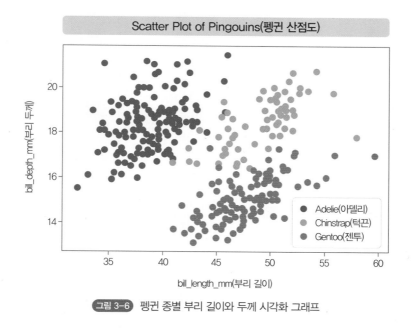

그림 3-6 펭귄 종별 부리 길이와 두께 시각화 그래프

수치적 데이터가 아닌 카테고리 데이터인 서식지와 성별 속성을 제거한 뒤 데이터 간의 모든 상관관계를 한 번에 보여 주는 'pairplot'을 이용해 펭귄 종을 기준으로 시각화한다. 부리의 길이와

두께 시각화 때처럼 하나하나 시각화할 필요 없이 각 속성마다 종별로 그룹을 형성해 시각화하여 한눈에 보여 준다. [코드 3-18] 실행 결과를 보면 각 속성마다 종별로 그룹을 형성해 모여 있는 것을 알 수 있다. SVM은 데이터 간의 상관관계를 바탕으로 종별로 그룹의 경계를 구분하여 분류한다.

```
svm_x2 = svm_data.drop(['island', 'sex'], axis=1)
sns.pairplot(svm_x2, hue="species", palette='bright')
```

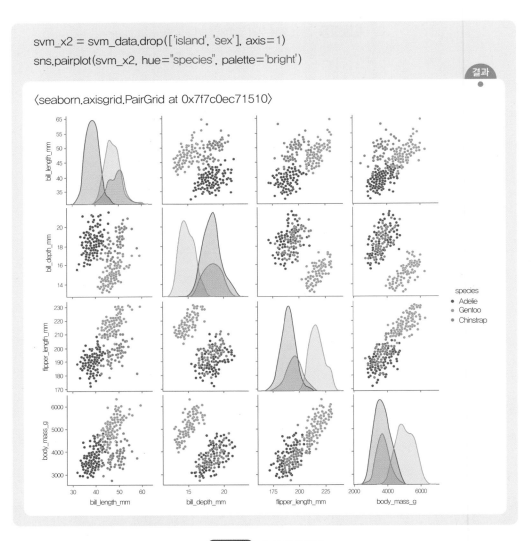

코드 3-18 속성 간 그래프

실제 경계 시각화를 위해 데이터를 단순화시켜 보자. 속성이 많으면 차원이 높아져 시각화가 불가능하고 분류 개수가 많으면 경계선이 복잡해져 이해하기 어렵다. 단순하게 턱끈 펭귄을 제외한 두 가지 종(Adelie, Gentoo)과 부리의 길이, 두께 속성 데이터로만 분석해 보자.

[코드 3-19]와 같이 실행하고 마지막으로 부리의 길이 중심으로 NaN 값을 제거하고 반영하면 두 가지 종의 펭귄 부리 길이와 두께 데이터를 추출할 수 있다.

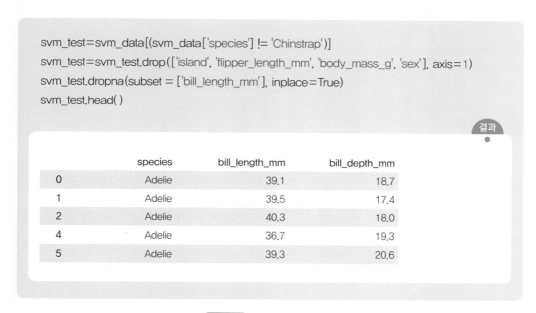

```
svm_test=svm_data[(svm_data['species'] != 'Chinstrap')]
svm_test=svm_test.drop(['island', 'flipper_length_mm', 'body_mass_g', 'sex'], axis=1)
svm_test.dropna(subset = ['bill_length_mm'], inplace=True)
svm_test.head()
```

결과

	species	bill_length_mm	bill_depth_mm
0	Adelie	39.1	18.7
1	Adelie	39.5	17.4
2	Adelie	40.3	18.0
4	Adelie	36.7	19.3
5	Adelie	39.3	20.6

코드 3-19 펭귄 데이터 단순화

아델리 펭귄은 0, 젠투 펭귄은 1로 대체한 후 산점도(scatter plot) 그래프로 시각화하면 [코드 3-20]과 같다. 아델리 펭귄과 젠투 펭귄의 그룹이 분명하게 나타난다.

```
svm_test=svm_test.replace('Adelie', 0)
svm_test=svm_test.replace('Gentoo', 1)
svm_X=svm_test.iloc[:,1:3]
svm_Y=svm_test['species']
plt.figure(figsize=(12,9))
plt.scatter(svm_X.iloc[:, 0], svm_X.iloc[:, 1], c=svm_Y, s=60, cmap='autumn')
plt.show()
```

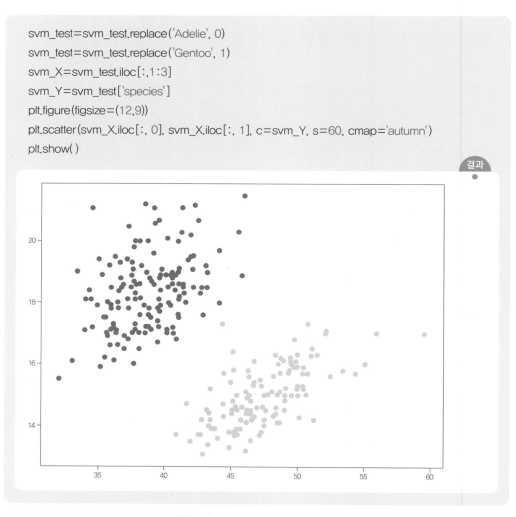

코드 3-20 단순화된 펭귄 데이터 시각화

단순화된 펭귄 데이터로 SVM 모델 학습을 진행한다. 여기서 SVM 경계를 분명히 하기 위해 C를 10으로 설정한다. 숫자가 클수록 그룹 간 경계가 뚜렷해진다. [코드 3-21]과 같이 SVM 모델 학습 후 support_vectors를 확인하면 두 점이 출력된다. [44.1, 18.0] 데이터([코드 3-21] 결과 화면에서는 18.0의 0이 생략되어 나타남)와 [44.4, 17.3] 데이터가 서포트 벡터(support vector)로 설정된 것이다.

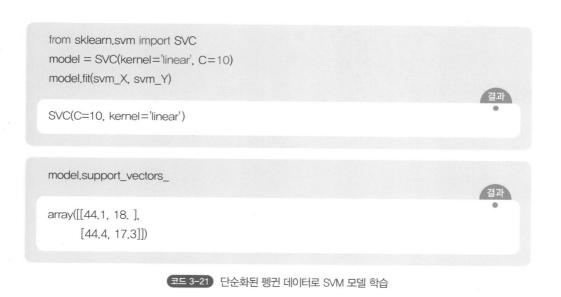

```
from sklearn.svm import SVC
model = SVC(kernel='linear', C=10)
model.fit(svm_X, svm_Y)
```

결과

```
SVC(C=10, kernel='linear')
```

```
model.support_vectors_
```

결과

```
array([[44.1, 18. ],
       [44.4, 17.3]])
```

코드 3-21 단순화된 펭귄 데이터로 SVM 모델 학습

앞서 시각화한 펭귄 데이터에 서포트 벡터 데이터를 별(*) 모양으로 시각화한 결과가 [코드 3-22]다.

```
plt.figure(figsize=(12,9))
plt.scatter(svm_X.iloc[:, 0], svm_X.iloc[:, 1], c=svm_Y, s=60, cmap='autumn')
plt.scatter(model.support_vectors_[:,0],model.support_vectors_[:,1], s=500, marker='*')
plt.show()
```

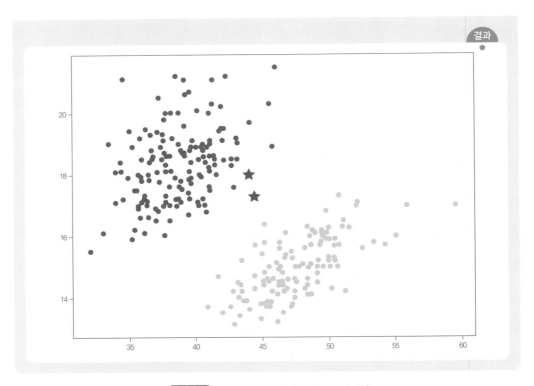

코드 3-22 서포트 벡터 별(★) 모양으로 시각화

    마지막으로 설정된 서포트 벡터를 중심으로 두 경계선을 그리고 그 중심의 선을 구분하면 분류 경계면이 나타난다. plt.gca( ) 함수는 x축과 y축을 나타낼 수 있는 Axes 객체를 반환해 주고 get_xlim()과 get_ylim()은 위에 생성된 그래프에서 극단치 데이터를 저장한다.

    linspace() 함수는 시작 값과 끝 값 그 사이를 몇 개로 나눌 것인지 결정하고 meshgrid() 함수는 1차원, 좌표 배열은 N차원으로 만들어 준다. 이 함수들을 사용하면 YY, XX라는 변수 안에 서포트 벡터를 기준으로 두 경계선 데이터가 생긴다.

ravel( ) 함수는 n차원 배열을 1차원으로 펴 주고 vstack( ) 함수는 다시 n차원으로 만들어 준다. XX와 YY를 펴 줬다 다시 합쳐서 배열로 만들어 주고 모델의 결정 선(decision_function)을 Z에 저장한다.

```python
plt.figure(figsize=(15,10))
ax = plt.gca( )
plt.scatter(svm_X.iloc[:, 0], svm_X.iloc[:, 1], c=svm_Y, s=60, cmap='autumn')
xlim = ax.get_xlim( )
ylim = ax.get_ylim( )

xx = np.linspace(xlim[0], xlim[1], 30)
yy = np.linspace(ylim[0], ylim[1], 30)
YY, XX = np.meshgrid(yy, xx)
xy = np.vstack([XX.ravel( ), YY.ravel( )]).T
Z = model.decision_function(xy).reshape(XX.shape)

ax.contour(XX, YY, Z, colors='k', levels=[-1, 0, 1], alpha=0.5,
            linestyles=['--', '-', '--'])

ax.scatter(model.support_vectors_[:, 0], model.support_vectors_[:, 1], s=100,
            linewidth=1, facecolors='none', edgecolors='k')
plt.show( )
```

코드 3-23 서포트 벡터와 경계면 설정

서포트 벡터의 경계가 담긴 XX, YY 그리고 분류 결정 경계가 담긴 Z를 [코드 3-23]과 같이 실행하면 [그림 3-7]과 같이 시각화된다. 두 종류의 펭귄 부리 길이와 두께 데이터를 학습시키고 나타난 경계가 서포트 벡터의 정확히 중간임을 확인할 수 있다.

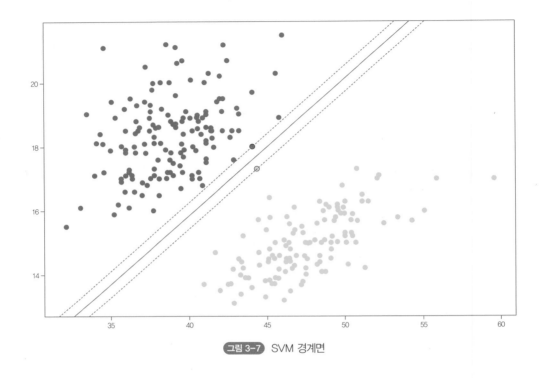

그림 3-7 SVM 경계면

이렇게 SVM 알고리즘은 종 분류를 위한 경계인 서포트 벡터를 설정하고 중간에 분류 경계선을 설정하여 여러 속성을 종합해서 분류를 진행한다.

다음 빈칸에 알맞은 단어를 채우며 학습한 내용을 정리해 보세요.

01 (   )은/는 지도 학습 중 분류 알고리즘에 속하는 대표적인 알고리즘으로, 이름 그대로 경계가 되는 두 벡터를 선정하고 중간에 결정 경계를 구한다. 그럼 그 결정 경계를 중심으로 클래스가 분류된다. 결정 경계와 벡터 사이의 거리를 'Margin(마진)'이라고 하고 두 점 사이의 거리를 구하는 '유클리드 거리 공식'과 점과 직선 사이 거리를 구하는 공식을 바탕으로 두 벡터와 결정 경계를 구한다.

02 분류 인공지능 모델을 객관적으로 평가하기 위한 지표에는 여러 가지가 있다. 지금까지 세 가지 주제의 실습에서 언급한 (   )은/는 가장 일반적인 것으로, 맞게 분류한 것을 전체로 나눈 수치이고 Accuracy 혹은 Classification Accuracy, 줄여서 CA라고 한다.

03 0으로 이루어진 벡터에 단 한 개의 1의 값으로 해당 데이터의 값을 구별하는 것을 (   )(이)라고 한다.

04 지금까지 진행한 실습을 크게 세 가지로 나눌 수 있다. 주식이나 성적 등 어떠한 수치를 예측하는 (   ), 'Yes or No', 또는 '죽느냐, 사느냐'처럼 두 가지 중 하나로 분류하는 (   ), 0~9까지 필기체 구별 등 세 가지 이상의 카테고리로 분류하는 (   )이/가 있다.

정답
283쪽 참고

UNIT 04 초기 탈모 예측

문제 발견

2017년부터 2021년까지 5년 간 원형 탈모증 등 병적 탈모로 병·의원에서 진료를 받은 국민이 115만 명에 달하는 것으로 나타났다. 특히 사회생활을 활발히 하는 20~40대 탈모 환자가 전체 환자의 60% 이상을 차지하고 있으며, 전체 환자 수도 매년 늘고 있다.

병적 탈모는 유전이나 노화로 인한 정상 탈모와 달리, 건강 악화나 약 부작용 등으로 인한 탈모를 말한다. 특히 화병, 우울증 같이 스트레스에서 비롯된 경우가 가장 많다.

전체 병적 탈모 환자의 60% 이상이 20~40대인 것을 감안하면, 사회생활을 활발히 하는 젊은 층에게도 탈모는 큰 문제로 대두되고 있다.

(단위: 명, %)

구분		2017년	2018년	2019년	2020년	2021년	총계
계		214,228	224,833	232,671	233,459	243,609	1,148,800
20대	계	42,265(19.7)	44,962(20.0)	46,998(20.2)	48,306(20.7)	47,549(19.5)	230,080(20.0)
30대	계	50,361(23.5)	52,245(23.2)	52,150(22.4)	51,810(22.2)	52,722(21.6)	259,288(22.6)
40대	계	47,457(22.2)	48,888(21.7)	50,482(21.7)	50,102(21.5)	52,580(21.6)	249,509(21.7)

표 4-1 최근 5년 간 병적 탈모 진료 인원 현황(20~40대)

[출처] 국민건강보험공단, http://medicalworldnews.co.kr/news/view.php?idx=1510952476에서 재인용

해결 모델은?

갈수록 늘고 있는 병적 탈모를 초기에 진단하여 대처하는 것이 필요하다. 일상생활과 연관된 몇 가지 속성으로 탈모 정도를 분류하는 인공지능을 만들어 본다. 지도 학습 분류 알고리즘인 k-NN(k-Nearest neighbors)에 대해 탐구하고 탈모 데이터를 학습한 후 딥러닝으로도 발전시키고 오차역전파법에 대해서도 알아본다.

학습 목표

- 지도 학습 분류 알고리즘 중 k-NN(k-nearest neighbors)에 대해 이해한다.
- 다항 분류 딥러닝 모델을 제작한다.
- 오차역전파법을 이해하고 딥러닝 가중치 갱신 과정을 파악한다.

❶ 인공지능 알고리즘: k-NN

지도 학습 분류 알고리즘 중에서 대표적인 k-NN(k-Nearest Neighbor)에 대해 알아보자. k-NN은 분류하고자 하는 데이터와 가장 가까운 k개의 데이터를 찾아 다수의 클래스쪽으로 분류하는 알고리즘이다. [그림 4-1]과 같이 k의 값에 따라 데이터 분류가 달라지기 때문에 상황에 맞는 k값 설정이 필요하다. 또한 k-NN은 다양한 분야에 활용 가능하고 구현이 비교적 간단하여 머신러닝 초보자에게 인기 있는 알고리즘이다.

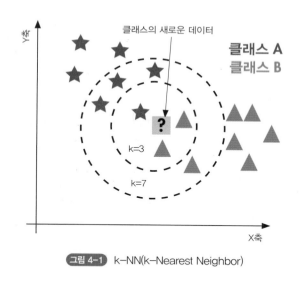

그림 4-1 k-NN(k-Nearest Neighbor)

❷ 데이터 불러오기

[코드 4-1]의 구글 다이렉트 다운로드 링크 혹은 삼양미디어 고객센터 자료실(http://samyangm. com/shop/bbs/board.php?bo_table=shop_data)에서 탈모 데이터(hair_loss.xlsx)를 받을 수 있다.

데이터 처리에 필요한 모듈을 불러오고 탈모 데이터를 읽고 상위 5개 데이터를 확인한다.

```
import numpy as np
import pandas as pd
import matplotlib.pyplot as plt
```

```
df = pd.read_excel('https://drive.google.com/uc?export=download&id=13_rZ_nzqnABax0XFa_
TpvDFcnXXLljwl')
df.head( )
```

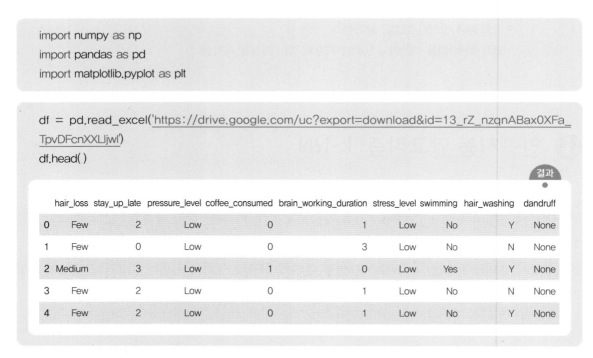

	hair_loss	stay_up_late	pressure_level	coffee_consumed	brain_working_duration	stress_level	swimming	hair_washing	dandruff
0	Few	2	Low	0	1	Low	No	Y	None
1	Few	0	Low	0	3	Low	No	N	None
2	Medium	3	Low	1	0	Low	Yes	Y	None
3	Few	2	Low	0	1	Low	No	N	None
4	Few	2	Low	0	1	Low	No	Y	None

코드 4-1 데이터 불러오기

이 Unit에서 사용할 데이터는 20살 때부터 탈모가 시작된 한 대학원생이 주변 지인들을 상대로 수집한 총 400명의 탈모 관련 정보로, 머리숱, 잠에서 깬 후 침대에서 머문 시간, 두피압, 하루 커피 섭취량, 두뇌 활동 횟수, 스트레스 정도, 수영 여부, 머리 감음 여부, 비듬 정도 등에 대한 데이터가 담겨 있다.

각 종류별 개수를 출력해 주는 value_counts( )로 몇 가지 속성별 개수를 출력하면 머리숱 정도는 'Few, Medium, Many, A lot' 네 개로 표시되고, 두피압과 스트레스는 'Low, Medium, High, Very High' 네 개로, 일일 수영 여부와 일일 머리 감기 여부는 각각 'Yes, No'와 'Y, N' 두 개로, 마지막 비듬 정도는 'None, Few, Many' 세 개로 표시된다.

```
print(df["hair_loss"].value_counts( ))
print(df["pressure_level"].value_counts( ))
```

```
print(df["stress_level"].value_counts( ))
print(df["swimming"].value_counts( ))
print(df["hair_washing"].value_counts( ))
print(df["dandruff"].value_counts( ))
```

결과

```
Few              169
Medium           167
Many              42
A lot             22
Name: hair_loss, dtype: int64
Low              275
Medium            57
High              45
Very High         23
Name: pressure_level, dtype: int64
Low              261
Medium            56
High              45
Very High         38
Name: stress_level, dtype: int64
No               307
Yes               93
Name: swimming, dtype: int64
N                209
Y                191
Name: hair_washing, dtype: int64
None             289
Few               76
Many              35
Name: dandruff, dtype: int64
```

코드 4-2 탈모 데이터 정보

또한 [코드 4-3]과 같이 결측치 여부를 확인했을 때, 모두 값이 있고 결측치 처리가 필요 없음을
알 수 있다.

```
df.isnull( ).sum( )
```

```
hair_loss                    0
stay_up_late                 0
pressure_level               0
coffee_consumed              0
brain_working_duration       0
stress_level                 0
swimming                     0
hair_washing                 0
dandruff                     0
dtype: int64
```

코드 4-3 탈모 데이터 결측치 확인

❸ 데이터 전처리하기

결측치가 없는 데이터이므로 학습하기 알맞은 형태로만 처리해 주면 된다.

탈모 데이터에서 문자로 이루어진 데이터를 숫자로 라벨링해 준다. replace( ) 함수로 각 문자를 0, 1, 2와 같이 숫자로 순서대로 대체해 준다. 비듬 정도, 머리숱, 수영 여부, 머리 감기 여부를 먼저 숫자로 라벨링해 주고 남은 두피압과 스트레스 정도는 문자가 같으므로 한 번에 라벨링해 준다.

```
df['dandruff'].replace('None',0,inplace=True)
df['dandruff'].replace('Few',1,inplace=True)
df['dandruff'].replace('Many',2, inplace=True)

df['hair_loss'].replace("Few", 0, inplace=True)
df['hair_loss'].replace("Medium", 1, inplace=True)
df['hair_loss'].replace("Many", 2, inplace=True)
df['hair_loss'].replace("A lot", 3, inplace=True)

df['swimming'].replace('Yes', 1, inplace=True)
```

```
df['swimming'].replace('No', 0, inplace=True)

df['hair_washing'].replace('Y', 1, inplace=True)
df['hair_washing'].replace('N', 0, inplace=True)

df.replace('Low', 0, inplace=True)
df.replace('Medium', 1, inplace=True)
df.replace('High', 2, inplace=True)
df.replace('Very High', 3, inplace=True)

df.head( )
```

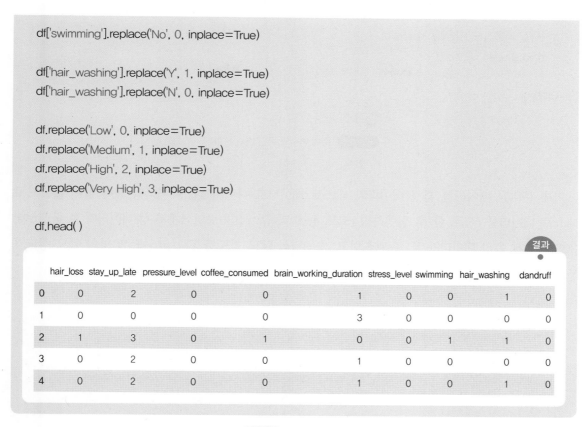

결과

	hair_loss	stay_up_late	pressure_level	coffee_consumed	brain_working_duration	stress_level	swimming	hair_washing	dandruff
0	0	2	0	0	1	0	0	1	0
1	0	0	0	0	3	0	0	0	0
2	1	3	0	1	0	0	1	1	0
3	0	2	0	0	1	0	0	0	0
4	0	2	0	0	1	0	0	1	0

코드 4-4 데이터 라벨링

　라벨링을 마친 데이터를 종속 변수와 독립 변수로 분리한다. 우리는 탈모 정도를 분류할 것이므로 머리숱(hair_loss)을 Y_data에 담고 나머지를 X_data에 담는다. [코드 4-5]와 같이 전체 데이터(df)에서 hair_loss 속성을 drop( ) 함수로 제거한 데이터를 X_data에 담고 hair_loss만 따로 Y_data에 담아 종속 변수와 독립 변수를 분리하고, to_numpy( ) 함수를 사용해 넘파이 배열로 바꿔 준다.

```
X_df = df.drop('hair_loss', axis = 1)
X_df.head( )
```

```
X_data = X_df.to_numpy( )
X_data.shape
```

결과

```
(400, 8)
```

```
Y_data = df['hair_loss'].to_numpy()
Y_data.shape
```

결과

```
(400,)
```

코드 4-5 종속 변수와 독립 변수 분리

이제 분리된 데이터를 훈련 데이터와 테스트 데이터로 나눠 준다. 데이터의 양이 많지 않으므로 테스트 데이터를 5%로 한 후 실행하면 [코드 4-6]과 같이 380명의 8개 속성 데이터가 X_train에, 20명의 8개 속성 데이터가 X_test에 있고, 380명의 탈모 정도가 Y_train에, 20명의 탈모 정도가 Y_test에 저장된 것을 알 수 있다.

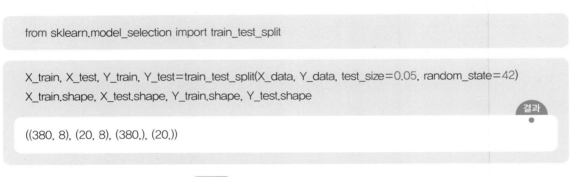

```
from sklearn.model_selection import train_test_split
```

```
X_train, X_test, Y_train, Y_test=train_test_split(X_data, Y_data, test_size=0.05, random_state=42)
X_train.shape, X_test.shape, Y_train.shape, Y_test.shape
```

결과

```
((380, 8), (20, 8), (380,), (20,))
```

코드 4-6 훈련 데이터와 테스트 데이터 분리

❹ k-NN 모델 학습하기

사이킷런(sklearn)에서 제공하는 k-NN 알고리즘인 KNeighborsClassifier를 호출하고 모델을 불러온다. 이때 n_neighbors의 값이 k값을 의미한다. k-NN 모델에 X_train과 Y_train 데이터를 fit() 함수를 적용하면 탈모 정도를 분류하는 k-NN 머신러닝 모델 학습이 완료된다.

```
from sklearn.neighbors import KNeighborsClassifier
knn_model=KNeighborsClassifier(n_neighbors=3)
```

```
#k값에 따른 정확도 변화 시각화
knn_model.fit(X_train, Y_train)
```

결과
```
KNeighborsClassifier(n_neighbors=3)
```

코드 4-7 k-NN 모델 학습

score( ) 함수로 학습한 모델의 정확도를 확인하니 93.6% 정도로 나타났고, 테스트 데이터로 평가한 결과 80%라는 다소 낮은 정확도가 나왔다.

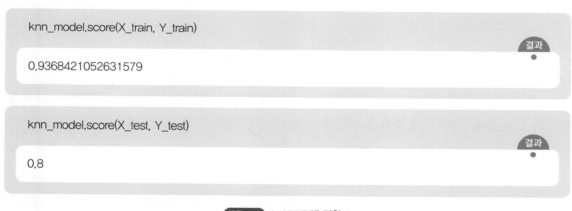

```
knn_model.score(X_train, Y_train)
```

결과
```
0.9368421052631579
```

```
knn_model.score(X_test, Y_test)
```

결과
```
0.8
```

코드 4-8 k-NN 모델 정확도

k-NN 알고리즘 특성상 k값 설정이 중요하므로 k값에 따라 어떻게 정확도가 바뀌는지 확인해 보자.

k가 1일 때부터 50일 때까지의 정확도를 확인하기 위해 k_list 변수에 1부터 50까지 수를 저장하고, 훈련 데이터와 테스트 데이터의 정확도를 저장하기 위해 list 변수(acc_train과 acc_test)를 만든다. 반복문을 이용해서 1부터 50까지 k-NN 모델을 선언하고, 훈련 데이터로 학습한 후 훈련 데이터 정확도와 학습 데이터 정확도를 각각 저장한다.

```
k_list=range(1,50)
acc_train=[ ]
acc_test=[ ]
```

```
for k in k_list:
    classifier=KNeighborsClassifier(n_neighbors=k)
    classifier.fit(X_train, Y_train)
    acc_train.append(classifier.score(X_train, Y_train))
    acc_test.append(classifier.score(X_test, Y_test))

plt.plot(k_list, acc_train, label='train')
plt.plot(k_list, acc_test, label='test')
plt.xlabel("k")
plt.ylabel("Accuracy")
plt.title("Hair Loss Classifier Accuracy")
plt.legend( )
plt.show( )
```

코드 4-9 k값에 따른 정확도

[그림 4-2]와 같이 k값에 따른 정확도(Accuracy)의 변화를 살펴보니 대체로 k값이 커질수록 정확도가 낮아졌다. 또한 실제 활용을 위해서는 테스트 데이터의 정확도가 중요한데 [그림 4-2]에서 알 수 있듯이, 정확도가 최대 85% 정도밖에 나타나지 않는다.

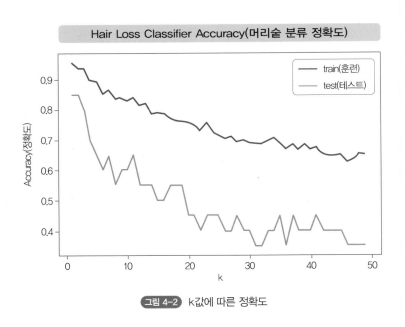

그림 4-2 k값에 따른 정확도

학습한 k-NN 모델로 테스트해 보고 이를 혼동 행렬로 자세히 살펴보자. 정확도(accuracy)가 80%이고 탈모 정도별 정밀도(precision)가 전체적으로 낮은 것을 알 수 있다.

이렇게 탈모 데이터를 k-NN 알고리즘으로 학습하여 종을 분류하는 머신러닝 모델을 만들었지만 해당 데이터는 k-NN 알고리즘과 잘 맞지 않는 것을 확인할 수 있다.

```
from sklearn.metrics import classification_report, confusion_matrix
knn_prediction=knn_model.predict(X_test)
print('혼동 행렬\n', confusion_matrix(Y_test, knn_prediction))
print('\n평가 지표\n', classification_report(Y_test, knn_prediction, zero_division=0))
```

결과

```
혼동 행렬
[[ 4  1  0  0]
 [ 2 10  0  0]
 [ 0  0  2  0]
 [ 0  0  1  0]]
```

평가 지표

	precision	recall	f1-score	support
0	0.67	0.80	0.73	5
1	0.91	0.83	0.87	12
2	0.67	1.00	0.80	2
3	0.00	0.00	0.00	1
accuracy			0.80	20
macro avg	0.56	0.66	0.60	20
weighted avg	0.78	0.80	0.78	20

코드 4-10 k-NN 모델 혼동 행렬

TIP

이번 Unit에서는 데이터의 양이 적어 머신러닝 학습이 어려웠다. 혼동 행렬을 보면 네 번째 'A lot' 테스트 데이터가 1개뿐이고 이를 'Many'로 오분류했다. 이렇게 되면 네 번째 'A lot'을 맞게 분류한 것이 0건이므로 다른 평가 지표를 구할 때 0으로 나누는 에러가 발생한다. 이런 경우 평가 지표 마지막에 zero_division=0을 넣어 경고 표시를 없앨 수 있다.

⑤ 다항 분류 딥러닝 모델 학습하기

k-NN 모델로 학습한 결과, 예상보다 높지 않은 정확도가 나왔으므로 다항 분류 딥러닝 모델로 학습하여 정확도를 높여 보자.

먼저, 딥러닝에 필요한 모듈을 불러오고, 탈모 정도를 네 가지로 나누어 각 카테고리에 대한 벡터 값을 담아야 한다. 원-핫 인코딩을 해 주어 네 가지 백터 값을 담을 수 있는 리스트로 Y_data를 변환해 준다.

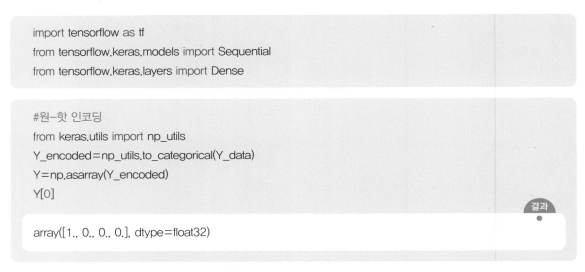

```
import tensorflow as tf
from tensorflow.keras.models import Sequential
from tensorflow.keras.layers import Dense
```

```
#원-핫 인코딩
from keras.utils import np_utils
Y_encoded=np_utils.to_categorical(Y_data)
Y=np.asarray(Y_encoded)
Y[0]
```

결과

```
array([1., 0., 0., 0.], dtype=float32)
```

코드 4-11 원-핫 인코딩(One-Hot Encoding)

원-핫 인코딩을 적용한 Y 데이터를 포함해 다시 테스트 데이터의 비율을 5%로 하여 훈련 데이터와 테스트 데이터로 나눠 주고 딥러닝 모델을 만든다. 입력층, 은닉층 2개, 출력층으로 딥러닝 모델을 구성하고, input_dim에 속성 개수 8을 넣고 마지막 출력층 인공신경세포 수를 '탈모의 정도' 카테고리 수인 4개로 설정해 준다.

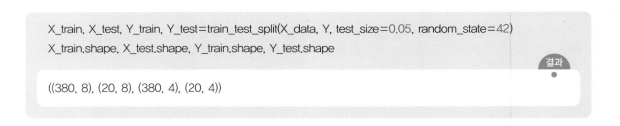

```
X_train, X_test, Y_train, Y_test=train_test_split(X_data, Y, test_size=0.05, random_state=42)
X_train.shape, X_test.shape, Y_train.shape, Y_test.shape
```

결과

```
((380, 8), (20, 8), (380, 4), (20, 4))
```

```
tf.random.set_seed(3)
model=Sequential( )
model.add(Dense(72,  input_dim=8, activation='relu'))
model.add(Dense(36, activation='relu'))
model.add(Dense(12,  activation='relu'))
model.add(Dense(4,  activation='softmax'))
```

코드 4-12 탈모 분류 딥러닝 모델 만들기

loss를 'categorical_crossentropy'로 설정한 후 컴파일하고 총 150번 훈련 데이터로 학습시킨 결과 오차는 0.1051, 정확도는 94.15%로 k-NN 모델보다 다소 높게 나왔다.

```
model.compile(loss='categorical_crossentropy', optimizer='adam', metrics=['accuracy'])
```

```
model.fit(X_train, Y_train,epochs=150, batch_size=10, validation_split=0.10)
```
결과

```
...
Epoch 144/150
35/35 [==============================] - 0s 5ms/step - loss: 0.1221 - accuracy: 0.9327 - val_loss: 0.6499 - val_accuracy: 0.8684
Epoch 145/150
35/35 [==============================] - 0s 4ms/step - loss: 0.1128 - accuracy: 0.9503 - val_loss: 0.6163 - val_accuracy: 0.8947
Epoch 146/150
35/35 [==============================] - 0s 4ms/step - loss: 0.1190 - accuracy: 0.9474 - val_loss: 0.6111 - val_accuracy: 0.8947
Epoch 147/150
35/35 [==============================] - 0s 3ms/step - loss: 0.1322 - accuracy: 0.9444 - val_loss: 0.5432 - val_accuracy: 0.8421
Epoch 148/150
35/35 [==============================] - 0s 3ms/step - loss: 0.1016 - accuracy: 0.9561 - val_loss: 0.6135 - val_accuracy: 0.8947
Epoch 149/150
35/35 [==============================] - 0s 4ms/step - loss: 0.1153 - accuracy: 0.9532 - val_loss: 0.5575 - val_accuracy: 0.8947
Epoch 150/150
35/35 [==============================] - 0s 3ms/step - loss: 0.1051 - accuracy: 0.9415 - val_loss: 0.5958 - val_accuracy: 0.8684
```

코드 4-13 탈모 분류 딥러닝 모델 학습 및 평가

마지막으로 evaluate( ) 함수로 테스트 데이터를 예측한 결과, 오차가 0.25, 정확도가 95%로 k-NN의 테스트 데이터 정확도 80%보다 훨씬 높다. 이는 평가 데이터 20개 중 1개만 틀렸다는 의미로 실생활에 적용하기에 적당한 정확도라 할 수 있다.

```
model.evaluate(X_test, Y_test)                                                    결과

1/1 [==============================] - 0s 29ms/step - loss: 0.2505 - accuracy: 0.9500
[0.25053220987319946, 0.949999988079071]
```

코드 4-14 탈모 분류 딥러닝 모델 평가

지금까지 탈모 데이터를 불러와 k-NN 알고리즘으로 탈모 정도를 분류하는 머신러닝 모델을 제작해 보았고 더 높은 정확도를 위해 다항 분류 딥러닝 모델을 제작해 정확도가 높아졌음을 확인했다.

오차역전파법

지금까지 여러 가지 머신러닝 알고리즘과 딥러닝 알고리즘으로 학습시킨 인공지능 모델을 만들어 보았다. 머신러닝에서 가장 중요한 것은 오차가 가장 작은 선을 찾는 것이고 그 기본 밑바탕은 최소제곱법에서 비롯된다. 최소제곱법과 회귀 분석을 이해하고 머신러닝에 접근하면 머신러닝의 원리를 이해하고 접근하는 것과 같다.

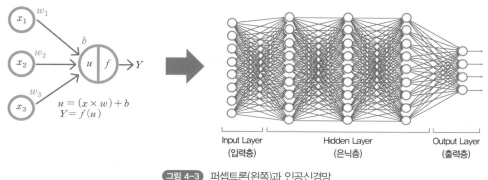

그림 4-3 퍼셉트론(왼쪽)과 인공신경망

한편, 딥러닝은 퍼셉트론(인공신경세포) 하나가 머신러닝의 선 하나를 의미하며, 이러한 여러 개의 퍼셉트론이 하나의 층을 이루고 이러한 여러 층이 인공신경망을 이루는 구조이다.

머신러닝은 최소제곱법으로 오차가 가장 작은 최적의 선을 구할 수 있지만, 딥러닝(인공신경망)은 수많은 선들이 얽혀 있어 하나의 공식으로 최적의 가중치와 절편을 구할 수 없다.

딥러닝 실습을 하면서 컴파일 이후 100번 또는 150번처럼 그때그때 횟수를 달리해 학습하며 가중치가 최적화되는 결과만 보고 넘어갔다. 이번 '더 알아보기'에서는 딥러닝 모델을 이루는 수많은 퍼셉트론 각각의 가중치가 어떻게 최적화되는지 그 원리를 오차역전파법을 통해 탐구하고자 한다.

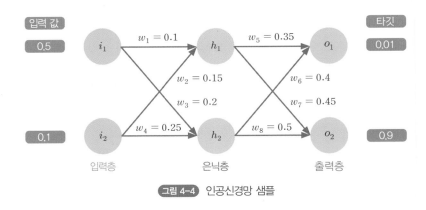

그림 4-4 인공신경망 샘플

[그림 4-4]와 같이 가장 간단한 딥러닝 모델을 하나 가져왔다. 입력 값이 각각 0.5, 0.1이 들어가서 Y 즉, 타깃 값이 0.01과 0.9이고 입력층, 은닉층, 출력층이 각각 1개씩 있는 모델이다. 물론 가중치도 임의의 값으로 배정되어 있으며 이는 random_state를 설정하는 것과 같다.

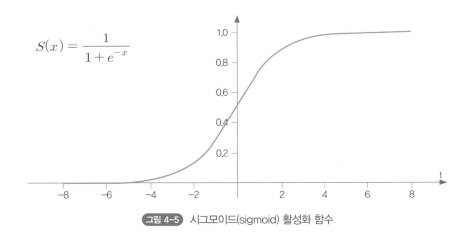

$$S(x) = \frac{1}{1 + e^{-x}}$$

그림 4-5 시그모이드(sigmoid) 활성화 함수

활성화 함수로는 가장 기본적인 시그모이드(sigmoid) 함수를 사용해 첫 번째 학습을 시켜 보자. 은닉층의 첫 번째 퍼셉트론 h_1은 입력 값 i_1과 가중치 w_1의 곱과 입력 값 i_2와 가중치 w_2의

곱을 더한 값이다(이번 더 알아보기에서는 편향(b)을 고려하지 않고 오직 가중치(w)만을 고려하기로 한다). 입력 값을 각각 곱해 더하면 h_1의 입력 값은 0.065가 되고, 같은 방법으로 h_2의 입력 값을 구하면 0.0125가 된다. 그리고 h_1과 h_2의 입력 값을 시그모이드 함수에 대입하면 각각 0.5162, 0.5031이 나온다. 이를 정리한 것이 [그림 4-6]이다.

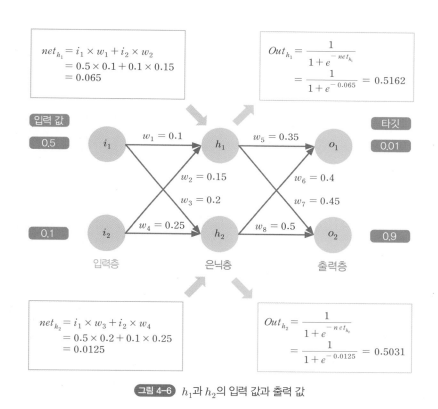

$$net_{h_1} = i_1 \times w_1 + i_2 \times w_2$$
$$= 0.5 \times 0.1 + 0.1 \times 0.15$$
$$= 0.065$$

$$Out_{h_1} = \frac{1}{1 + e^{-net_{h_1}}}$$
$$= \frac{1}{1 + e^{-0.065}} = 0.5162$$

$$net_{h_2} = i_1 \times w_3 + i_2 \times w_4$$
$$= 0.5 \times 0.2 + 0.1 \times 0.25$$
$$= 0.0125$$

$$Out_{h_2} = \frac{1}{1 + e^{-net_{h_2}}}$$
$$= \frac{1}{1 + e^{-0.0125}} = 0.5031$$

입력 값: 0.5, 0.1 / i_1, i_2 입력층
$w_1 = 0.1$, $w_2 = 0.15$, $w_3 = 0.2$, $w_4 = 0.25$
h_1, h_2 은닉층
$w_5 = 0.35$, $w_6 = 0.4$, $w_7 = 0.45$, $w_8 = 0.5$
o_1, o_2 출력층
타깃: 0.01, 0.9

그림 4-6 h_1과 h_2의 입력 값과 출력 값

위 과정과 같은 방식으로 h_1의 출력 값과 w_5를 곱하고 h_2의 출력 값과 w_6을 곱해 더한 후 활성화 함수에 대입하면 출력층 o_1의 값이 나온다. 마찬가지로 h_1의 출력 값과 w_7을 곱하고 h_2의 출력 값과 w_8을 곱해 더한 후 활성화 함수에 대입하면 출력층 o_2의 값이 나온다. o_1과 o_2의 출력 값 결과는 [그림 4-7]과 같이 각각 0.5943, 0.6186이다.

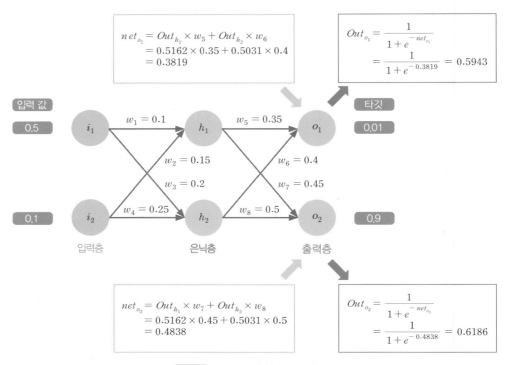

$$net_{o_1} = Out_{h_1} \times w_5 + Out_{h_2} \times w_6$$
$$= 0.5162 \times 0.35 + 0.5031 \times 0.4$$
$$= 0.3819$$

$$Out_{o_1} = \frac{1}{1 + e^{-net_{o_1}}}$$
$$= \frac{1}{1 + e^{-0.3819}} = 0.5943$$

입력 값

0.5

타깃

0.01

i_1 $w_1 = 0.1$ h_1 $w_5 = 0.35$ o_1

$w_2 = 0.15$ $w_6 = 0.4$

$w_3 = 0.2$ $w_7 = 0.45$

0.1 i_2 $w_4 = 0.25$ h_2 $w_8 = 0.5$ o_2 0.9

입력층   은닉층   출력층

$$net_{o_2} = Out_{h_1} \times w_7 + Out_{h_2} \times w_8$$
$$= 0.5162 \times 0.45 + 0.5031 \times 0.5$$
$$= 0.4838$$

$$Out_{o_2} = \frac{1}{1 + e^{-net_{o_2}}}$$
$$= \frac{1}{1 + e^{-0.4838}} = 0.6186$$

그림 4-7 o_1과 o_2의 입력 값과 출력 값

o_1의 출력 값은 0.5943으로 타깃 값 0.01과 0.5843 차이가 나고 o_2의 출력 값은 0.6186으로 타깃 값 0.9와 0.2814 차이가 난다. [수식 4-1]과 같이 MSE(평균제곱오차)로 계산하면 0.2103이 나온다.

$$MSE_{total} = \frac{1}{2}((E_{o_1})^2 + (E_{o_2})^2)$$
$$= \frac{1}{2}((0.01 - 0.5943)^2 + (0.9 - 0.6186)^2)$$
$$= 0.2103$$

수식 4-1 평균제곱오차

이제 출력 값과 타깃 사이에 존재하는 오차를 줄이기 위해서 출력층부터 입력층 방향으로 역으로 돌아가면서 가중치를 갱신하는 오차역전파법을 이용해 보자.

우리는 w_5 딱 1개의 가중치가 갱신되는 과정을 분석할 것이다. 겨우 1개의 가중치만 분석하지만 이 1개의 가중치 갱신에도 많은 계산이 포함되어 있어 이것만 잘 이해해도 전체적인 오차역전파법을 이해할 수 있다.

최소제곱법을 설명할 때 가중치가 일정한 기준을 중심으로 증가해도 오차가 커지고 감소해도 오차가 커져 그래프로 나타냈을 때 밥그릇 모양이 나오고 가장 밑 부분 즉, 기울기가 0인 부분이 오차가 가장 작아 미분을 통해 0인 곳을 구했다.

오차역전파법에서는 기울기 갱신을 위해 최소제곱법을 응용한 경사하강법을 사용한다. w_5 가중치에 대한 오차의 기울기가 0에 가까워지기 위해 기울기의 음의 방향으로 이동시킨다. 기울기(미분 값)가 양이면 가중치의 값을 줄이고 기울기(미분 값)가 음이면 가중치의 값을 높인다. [그림 4-8]과 같이 오차에 대해서 미분 값을 구해 양이면 가중치 w_5를 왼쪽 방향으로, 음이면 오른쪽 방향으로 갱신하는 것이 경사하강법이다. 경사하강법으로 가중치 w_5의 갱신을 마친 후에 w_6, w_7, w_8을 갱신하고, 출력층과 은닉층 사이에 가중치 갱신을 마친 후 입력층과 은닉층 사이에 있는 가중치 w_1, w_2, w_3, w_4의 갱신을 마치는 것이 오차역전파법이다.

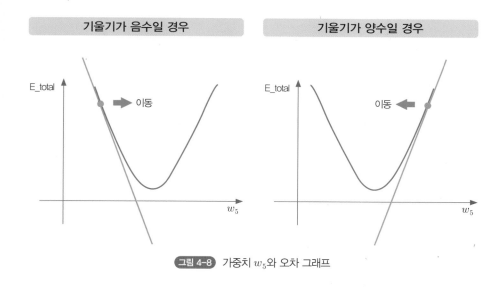

그림 4-8 가중치 w_5와 오차 그래프

그럼 이제 w_5의 가중치를 갱신해 보자. 우린 $\frac{E_{total}}{w_5}$에 적절한 수치(학습률)를 곱하여 w_5에서 빼줄 것이다. 이것을 수식으로 나타내면 갱신된 $w_5^+ = w_5 - \alpha \frac{\partial E_{total}}{\partial w_5}$가 된다. $\frac{E_{total}}{w_5}$은 $\frac{E_{total}}{Out_{o_1}} \times \frac{Out_{o_1}}{net_{o_1}} \times \frac{net_{o_1}}{w_5}$로 나타낼 수 있으므로 $\frac{E_{total}}{w_5}$ 미분은 $\frac{\partial E_{total}}{\partial w_5} = \frac{\partial E_{total}}{\partial Out_{o_1}} \times \frac{\partial Out_{o_1}}{\partial net_{o_1}} \times \frac{\partial net_{o_1}}{\partial w_5}$가 된다. 우리는 w_5의 오차에 대한 미분 값을 구하기 위해 다른 세 가지 미분 값을 각각 구해 곱해 줄 것이다. 먼저 첫 번째 $\frac{\partial E_{total}}{\partial Out_{o_1}}$부터 구해 본다. E_{total}은 Out_{o_1}과 Out_{o_2}의 평균제곱오차이고 이를 Out_{o_1}로 미분하면 Out_{o_2}는 상수하기 때문에 소거되고 $-(target_{o_1} - Out_{o_1})$만 남게 된다. 이를 계산하면 [그림 4-9]와 같이 −(0.01−0.5943) 즉, 0.5843이 된다.

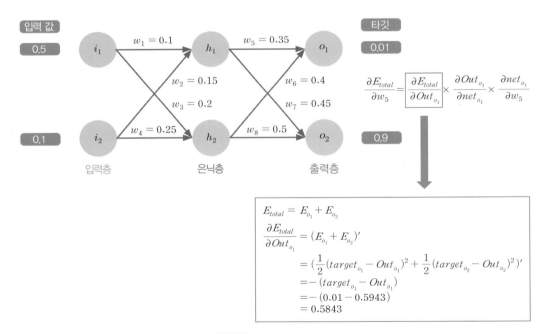

그림 4-9 w_5 미분값 구하기 I

두 번째 $\dfrac{\partial Out_{o_1}}{\partial net_{o_1}}$ 에서 Out_{o_1} 은 시그모이드 함수이고 이를 net_{o_1} 으로 미분하면 [수식 4-2]와 같이 0.2411이 나온다.

$$\frac{\partial E_{total}}{\partial w_5} = \frac{\partial E_{total}}{\partial Out_{o_1}} \times \boxed{\frac{\partial Out_{o_1}}{\partial net_{o_1}}} \times \frac{\partial net_{o_1}}{\partial w_5}$$

$$\downarrow$$

$$Out_{o_1} = \frac{1}{1 + e^{-net_{o_1}}} \quad f(x) = 1, \; g(x) = 1 + e^{-net_{o_1}}$$

$$\frac{\partial Out_{o_1}}{\partial net_{o_1}} = \frac{f(x)'g(x) - f(x)g(x)'}{g(x)^2} = \frac{0 - (-e^{-net_{o_1}})}{(1 + e^{-net_{o_1}})^2}$$

$$= \frac{e^{-net_{o_1}}}{(1 + e^{-net_{o_1}})^2} = \frac{1}{1 + e^{-net_{o_1}}} \times \frac{e^{-net_{o_1}}}{1 + e^{-net_{o_1}}}$$

$$= Out_{o_1}\left(\frac{e^{-net_{o_1}}}{1 + e^{-net_{o_1}}}\right) = Out_{o_1}\left(\frac{1 + e^{-net_{o_1}}}{1 + e^{-net_{o_1}}} + \frac{-1}{1 + e^{-net_{o_1}}}\right)$$

$$= Out_{o_1}(1 - Out_{o_1}) = 0.5943 \times 0.4057$$

$$= 0.2411$$

수식 4-2 w_5 미분값 구하기 II

마지막 net_{o_1} 은 $Out_{h_1} \times w_5 + Out_{h_2} \times w_6$ 이므로 결과 값은 [수식 4-3]과 같이 0.5069가 나온다.

$$\frac{\partial E_{total}}{\partial w_5} = \frac{\partial E_{total}}{\partial Out_{o_1}} \times \frac{\partial Out_{o_1}}{\partial net_{o_1}} \times \boxed{\frac{\partial net_{o_1}}{\partial w_5}}$$

$$\downarrow$$

$$net_{o_1} = Out_{h_1} \times w_5 + Out_{h_2} \times w_6$$

$$\frac{\partial net_{o_1}}{\partial w_5} = Out_{h_1}$$

$$= 0.5069$$

수식 4-3 w_5 미분값 구하기 III

이제 $\dfrac{\partial E_{total}}{\partial Out_{o_1}}$, $\dfrac{\partial Out_{o_1}}{\partial net_{o_1}}$, $\dfrac{\partial net_{o_1}}{\partial w_5}$의 미분 값을 구했으니 각각 곱해 주면, $\dfrac{\partial E_{total}}{\partial w_5} = \dfrac{\partial E_{total}}{\partial Out_{o_1}} \times$

$\dfrac{\partial Out_{o_1}}{\partial net_{o_1}} \times \dfrac{\partial net_{o_1}}{\partial w_5} = 0.5843 \times 0.2411 \times 0.5069 = 0.0714$가 나온다.

[그림 4-8] 그래프를 참고했을 때 미분 값이 양수이므로 왼쪽 방향으로 조금 이동해 가중치를 갱신해 주면 된다. 일반적으로 학습률(α)을 0.5로 했을 때 w_5의 갱신된 가중치인 w_5^+는 [수식 4-4]와 같이 0.35에서 0.3143으로 갱신된다.

$$w_5^+ = w_5 - \alpha \dfrac{\partial E_{total}}{\partial w_5}$$
$$= 0.35 - 0.5 \times 0.0714$$
$$= 0.3143$$

수식 4-4 w_5 가중치 갱신

복잡한 미분을 여러 번 거쳐 나온 값을 통해 갱신된 가중치를 시각화하면 [그림 4-10]과 같다.

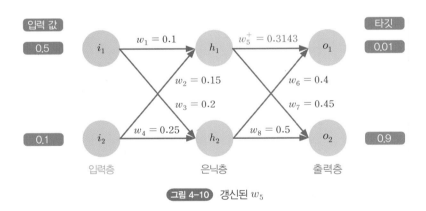

그림 4-10 갱신된 w_5

위와 같은 방식으로 가중치를 입력층 방향으로 갱신하면 [그림 4-11]과 같다. 경사하강법을 이용하여 각각의 가중치를 전부 갱신해서 처음 입력층으로 돌아가는 것이 오차역전파법이고, 이때 갱신된 가중치를 바탕으로 다시 학습하게 되는 것이다.

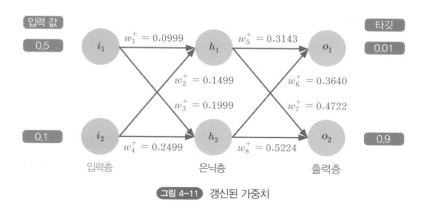

그림 4-11 갱신된 가중치

딥러닝 모델의 모든 가중치가 갱신되었고, 이제 두 번째 학습을 다음과 같은 과정으로 진행해 본다.

◈ 1단계: 은닉층 h_1과 h_2 출력 값 구하기

$$net_{h_1} = 0.5 \times 0.0999 + 0.1 \times 0.1499 = 0.06494$$
$$Out_{h_1} = \frac{1}{1 + e^{-0.06494}} = 0.5162$$

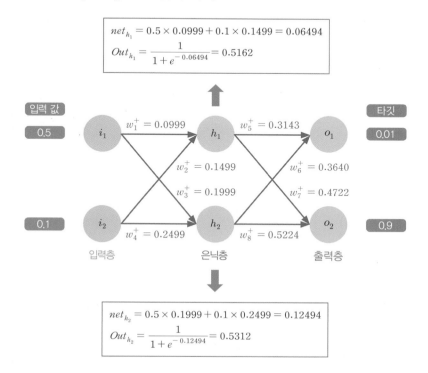

$$net_{h_2} = 0.5 \times 0.1999 + 0.1 \times 0.2499 = 0.12494$$
$$Out_{h_2} = \frac{1}{1 + e^{-0.12494}} = 0.5312$$

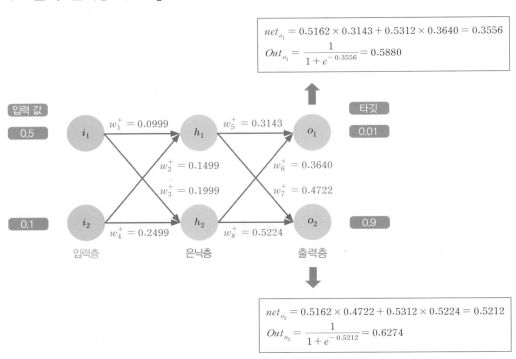

◆ 2단계: 출력층 o_1과 o_2 출력 값 구하기

$$net_{o_1} = 0.5162 \times 0.3143 + 0.5312 \times 0.3640 = 0.3556$$
$$Out_{o_1} = \frac{1}{1 + e^{-0.3556}} = 0.5880$$

입력 값

0.5

0.1

$w_1^+ = 0.0999$

$w_2^+ = 0.1499$

$w_3^+ = 0.1999$

$w_4^+ = 0.2499$

$w_5^+ = 0.3143$

$w_6^+ = 0.3640$

$w_7^+ = 0.4722$

$w_8^+ = 0.5224$

타깃

0.01

0.9

입력층   은닉층   출력층

$$net_{o_2} = 0.5162 \times 0.4722 + 0.5312 \times 0.5224 = 0.5212$$
$$Out_{o_2} = \frac{1}{1 + e^{-0.5212}} = 0.6274$$

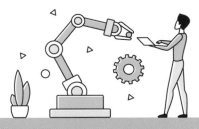

◈ 3단계: 평균제곱오차 구하기

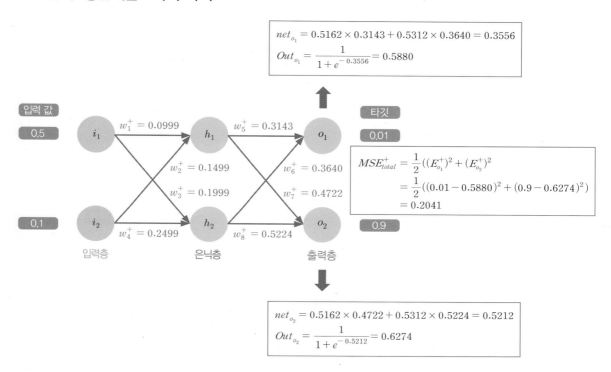

$$net_{o_1} = 0.5162 \times 0.3143 + 0.5312 \times 0.3640 = 0.3556$$
$$Out_{o_1} = \frac{1}{1 + e^{-0.3556}} = 0.5880$$

$$MSE_{total}^+ = \frac{1}{2}((E_{o_1}^+)^2 + (E_{o_2}^+)^2)$$
$$= \frac{1}{2}((0.01 - 0.5880)^2 + (0.9 - 0.6274)^2)$$
$$= 0.2041$$

$$net_{o_2} = 0.5162 \times 0.4722 + 0.5312 \times 0.5224 = 0.5212$$
$$Out_{o_2} = \frac{1}{1 + e^{-0.5212}} = 0.6274$$

입력 값
0.5
0.1

$w_1^+ = 0.0999$
$w_2^+ = 0.1499$
$w_3^+ = 0.1999$
$w_4^+ = 0.2499$
$w_5^+ = 0.3143$
$w_6^+ = 0.3640$
$w_7^+ = 0.4722$
$w_8^+ = 0.5224$

타깃
0.01
0.9

입력층   은닉층   출력층

오차역전파법을 통해 가중치를 갱신하고 두 번째 학습한 결과 o_1의 출력 값은 0.5880으로 이전의 0.5943보다 타깃 값 0.01에 더 가까워졌다. o_2 역시 출력 값은 0.6274로 이전 0.6186보다 타깃 값 0.9에 더 가까워졌다. 평균제곱오차 값도 0.2103에서 0.2041로 0.0062가 감소했다. 이렇게 딥러닝은 오차역전파법을 통해 오차가 가장 작은 가중치를 찾아 최적화한다.

딥러닝 실습을 하면서 model.fit( ) 안에 학습 데이터와 학습 횟수를 넣고 코랩에서 실행되는 것을 쉽게 지켜볼 수 있어서 몰랐지만, 이렇게 수많은 미분 연산이 진행되고 있었던 것이다. 복잡하고 머리가 아픈 수식들로 가득 차 있지만 천천히 하나하나씩 식을 따라가며 증명하다 보면 오차역전파법을 이해하고 딥러닝을 이해할 수 있을 것이다.

한편, 경사하강법(Gradient Descent, GD)은 여러 가지 방법으로 성능을 향상시키고 이러한 버전들을 'Optimizer'라고 한다. 경사하강법은 크게 두 가지 방식으로 발전했는데, 첫 번째는 스텝 방향 측면에서 관성 방향으로 움직이는 방식이고, 두 번째는 스텝 사이즈 측면에서 처음에는 사이즈를 크게 즉, 학습률(α)을 크게 하고 갈수록 사이즈를 줄여 세밀히 탐색하는 방식이다. 이 두 가지 발전 방식을 합친 것이 'Adam'이다.

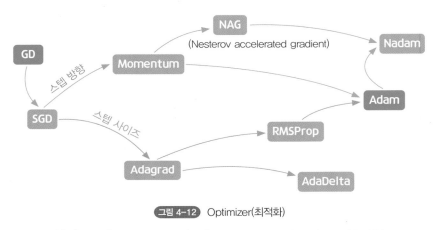

그림 4-12 Optimizer(최적화)

[출처] https://docs.likejazz.com/wiki/%EB%94%A5%EB%9F%AC%EB%8B%9D/

📋 TIP **오차역전파법 vs 경사하강법**

오차역전파법과 경사하강법은 매우 밀접한 관련이 있지만 엄밀히 말하면 다른 개념이다.

경사하강법(Gradient Descent)은 딥러닝을 포함한 머신러닝 모델에서 가중치를 최소화하기 위해 사용하는 최적화 알고리즘이며, 가중치에 대한 오차의 기울기 음의 방향으로 모델의 가중치를 업데이트하는 반복 알고리즘이다. 경사하강법의 목표는 모델 가중치에 대한 최적의 솔루션을 나타내는 가장 작은 오차를 찾는 것이다.

반면 오차역전파법은 딥러닝에서 가중치에 대한 오차의 기울기를 계산하고 업데이트(갱신)하는 알고리즘이다. 딥러닝에서 경사하강법은 오차역전파법에서 훈련하는 데 사용하며, 출력층에서 입력층으로 가중치에 대한 오차의 기울기의 음의 방향으로 업데이트하는 방식이다.

요약하자면, 경사하강법은 일반적인 최적화 알고리즘인 반면, 오차역전파법은 경사하강법을 사용하여 딥러닝(인공신경망)을 훈련시키는 특정 알고리즘이다.

정리하기 다음 빈칸에 알맞은 단어를 채우며 학습한 내용을 정리해 보세요.

01 지도 학습 분류 알고리즘 중에서 대표적인 (   )은/는 분류하고자 하는 데이터와 가장 가까운 k개의 데이터를 찾아 다수의 클래스쪽으로 분류하는 알고리즘이다. k의 값에 따라 데이터 분류가 달라지기 때문에 상황에 맞는 k 값 설정이 필요하다.

02 (   )은/는 퍼셉트론(인공신경세포) 하나가 머신러닝의 선 하나를 의미하며, 이러한 여러 개의 퍼셉트론이 하나의 층을 이루고 이러한 여러 층이 인공신경망을 이루는 구조이다. 머신러닝은 (   )(으)로 오차가 가장 작은 최적의 선을 구할 수 있지만, (   )은/는 수많은 선들이 얽혀 있어 하나의 공식으로 최적의 가중치와 절편을 구할 수 없다.

03 (   )은/는 딥러닝을 포함한 머신러닝 모델에서 가중치를 최소화하기 위해 사용하는 최적화 알고리즘이며, 가중치에 대한 오차의 기울기 음의 방향으로 모델의 가중치를 업데이트하는 반복 알고리즘이다.

04 (   )은/는 딥러닝에서 가중치에 대한 오차의 기울기를 계산하고 업데이트(갱신)하는 알고리즘이다. 딥러닝에서 경사하강법은 (   )에서 훈련하는 데 사용하며, 출력층에서 입력층으로 가중치에 대한 오차의 기울기의 음의 방향으로 업데이트하는 방식이다.

정답
283쪽 참고

비지도
학습

군집

주가를 예측하거나 필기체를 분류하는 등 어떠한 목적을 위해 학습하는 지도 학습과 달리, 비지도 학습은 경향성이나 구조 등 데이터에 내재되어 있는 고유의 특징을 탐색하고자 할 때 사용한다.

이번 챕터에서는 연관 규칙, 이상치 탐색 등에 사용되는 여러 가지 비지도 학습 중 가장 대표적인 군집화 모델을 만들어 본다.

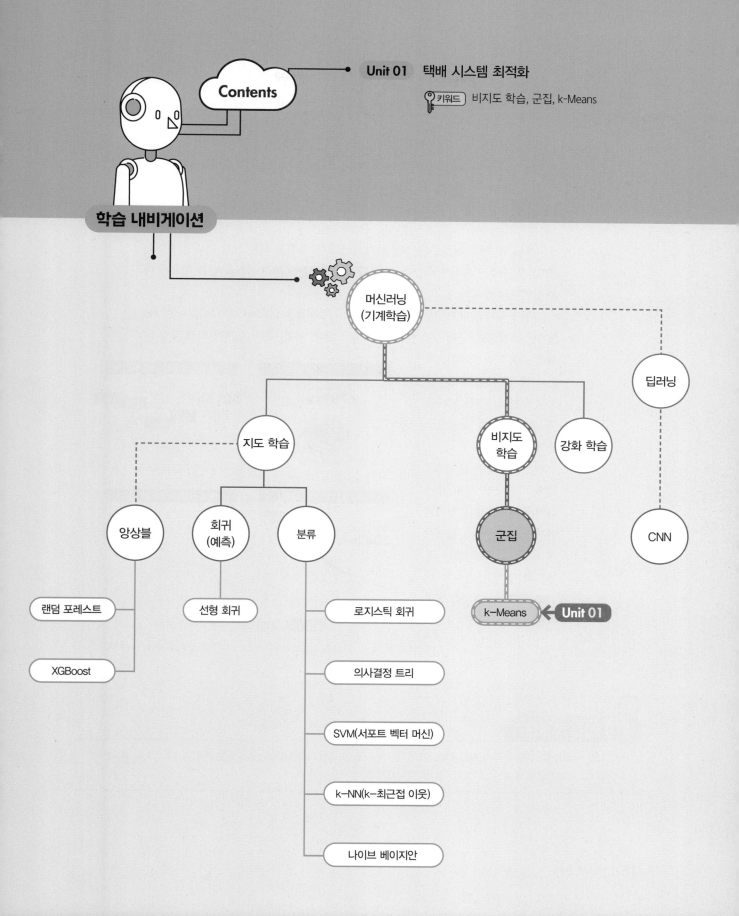

Contents

학습 내비게이션

머신러닝
(기계학습)

딥러닝

지도 학습

비지도
학습

강화 학습

앙상블

회귀
(예측)

분류

군집

CNN

랜덤 포레스트

선형 회귀

로지스틱 회귀

k-Means ◀ Unit 01

XGBoost

의사결정 트리

SVM(서포트 벡터 머신)

k-NN(k-최근접 이웃)

나이브 베이지안

택배 시스템 최적화

🔒 문제 발견

코로나 19 이후 사람들은 직접 나가서 필요한 물건을 사는 대신 온라인 커머스 서비스를 자주 이용하게 되었다. 이에 따라서 택배를 이용해 물건을 받는 횟수가 더욱 늘어나고 있다.

[그림 1-1]과 같이 택배를 이용한 농산물 구매 비율은 2019년 대비 2020년에 68배가량 증가했고, 전체 식품은 약 50% 증가했다. 재택근무가 늘면서 자세 교정 의자의 구매가 약 30배 증가했고 반려동물과 함께하는 시간이 늘어나면서 반려동물 관련 물품의 구매량도 증가했다.

이처럼 다양한 분야에서 택배 이용량이 크게 증가하면서 물류 창고 업체의 인허가 건수 역시 늘어나고 있다. 2020년에는 전년도의 인허가 건수와 비교해 약 60% 증가한 255건을 기록했다.

그림 1-1 2019~20년 택배 이용량 증가

[데이터 출처] http://www.maritimepress.co.kr/news/articleView.html?idxno=304637

🔒 해결 모델은?

이번 Unit에서는 인공지능 비지도 학습 알고리즘 중 군집을 이용해 데이터에 숨어 있는 특징을 파악하고, 좀 더 체계적이고 효과적으로 물류 창고 설치 위치를 정하고자 한다.

- 비지도 학습과 군집의 개념을 이해한다.
- 군집를 이용한 머신러닝 알고리즘 중 k-Means에 대해 이해한다.
- 모델 제작을 통해 지도 학습과 비지도 학습의 문제 해결 방법의 차이를 이해한다.

❶ 인공지능 알고리즘: 군집과 k-Means란?

머신러닝은 학습 방법에 따라 지도 학습과 비지도 학습으로 나뉜다. 문제와 함께 정답(레이블)까지 알려주는 지도 학습과 달리, 문제는 알려주되 정답(레이블)은 알려주지 않는 비지도 학습은 여러 데이터를 학습함으로써 미처 알지 못했던 것을 발견하는 데 목적을 둔다.

대표적인 비지도 학습인 군집은 유사도가 높은 집단끼리 그룹을 만들고 분류된 그룹 간 특징을 파악하는 분석 방법으로, 데이터와 관련해 특정 사전 지식이 없지만 유의미한 것을 얻거나 쉽게 파악하기 힘든 본질적인 문제나 숨겨진 특징 및 구조를 연구할 때 주로 사용된다.

군집 알고리즘으로는 사용자가 군집의 개수를 정하는 k-Means(k-평균) 알고리즘, 나무 모양으로 계층을 이루면서 형성해 나가는 계층적 군집(Hierarchical clustering) 분석 알고리즘, 군집의 개수를 따로 설정하지 않는 DBSCAN(Density-based spatial clustering of applications with noise) 등이 있다. 가장 많이 사용되는 k-Means 알고리즘은 다음과 같은 절차로 진행된다.

❶ 데이터 세트에서 k개의 중점(별 모양)을 임의로 지정

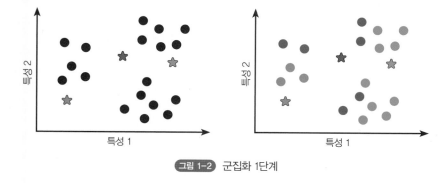

그림 1-2 군집화 1단계

❷ 각 데이터들의 가장 가까운 중점을 임의로 지정

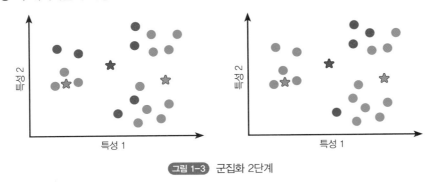

그림 1-3 군집화 2단계

❸ 2번 과정에서 할당된 군집들을 바탕으로 중점을 새롭게 갱신

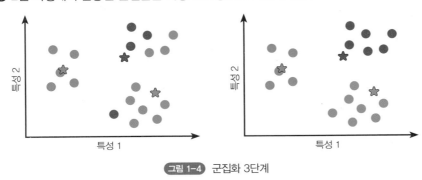

그림 1-4 군집화 3단계

TIP

군집 구분	특징
k-Means(k-평균)	주어진 데이터를 k개의 클러스터로 묶는 알고리즘으로, label이 없는 데이터를 입력받아 각 데이터에 label을 할당함으로써 군집화를 수행한다. 개념과 구현이 매우 간단한 기본적인 알고리즘이면서도 실행 속도가 빠르다.
계층적 군집	비지도 학습의 여러 분야에 사용되는 군집 모델로, 비슷한 군집끼리 묶어 가면서 최종적으로는 하나의 케이스가 될 때까지 군집을 묶는 클러스터링 알고리즘이다. 군집 간의 거리를 기반으로 클러스터링을 하는 알고리즘이며, k-Means와는 다르게 클러스터의 수를 미리 정해주지 않아도 된다.
DBSCAN	노이즈 및 아웃라이어 데이터 식별에 강한 군집화 모델이다. 밀도 있게 연결되어 있는 데이터 집합을 동일한 클러스터라고 정의하며 군집의 중점 개수를 k개로 미리 설정하는 k-Means 클러스터링과 달리, 자동적으로 최적의 중점을 찾아 나가는 점에서 가장 큰 차이가 난다.

[출처] 이준구 외, 〈고등학교 데이터과학과 머신러닝〉, (재)한국과학창의재단, 2021

❹ ②~③번 과정 후 중점 위치가 더 이상 변하지 않을 때까지 반복

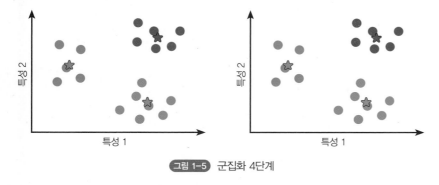

그림 1-5 군집화 4단계

❷ 데이터 불러오기

파이썬 데이터 처리 '3대장' 넘파이(Numpy), 판다스(Pandas), 맷플롯립(Matplotlib)을 호출하고 Pandas read_csv( ) 함수를 이용해 택배 위치 데이터를 불러온다. 171쪽 더 알아보기 1번 구글 다이렉트 다운로드 링크로 데이터 가져오는 방법을 좀 더 쉽게 정리해서, 구글 공유 링크의 32번째 부터 64번째(65번 미만)까지 일련번호를 다이렉트 링크 다음에 넣어 주면 된다.

[코드 1-1]을 실행하면 371개의 일련번호, 위도(Latitude), 경도(Longitude) 위치가 있는 인천 연안의 택배 위치 데이터를 확인할 수 있다.

```
import numpy as np
import pandas as pd
import matplotlib.pyplot as plt
```

```
url = 'https://drive.google.com/file/d/1yq6alqR3sUd1MLrWCTwPDpS6pBFlxpPl/view?usp=sharing'
df = pd.read_csv('https://drive.google.com/uc?export=download&id='+url[32:65], delimiter=',')
df.shape
df.info( )
```

코드 1-1 데이터 불러오기

데이터를 불러온 후 이를 활용하기 위해 [코드 1-2]처럼 넘파이 배열로 만들고 의미 없는 일련번호를 뺀 위도와 경도만 불러와 X에 저장한다.

```
XY = np.array(df)
X = XY[:,1:]
```

코드 1-2 데이터 처리하기

❸ 군집점 생성과 시각화

157쪽 k-Means 알고리즘 설명처럼 1단계 데이터 세트에서 k개의 중점을 임의로 지정해야 한다.

```
from sklearn.cluster import KMeans
```

```
def elbow(X,n) :
    sse = [ ]
    for i in range(1,n+1) :
        km = KMeans(n_clusters=i)
        km.fit(X)
        sse.append(km.inertia_)

    plt.figure(figsize=(12,9))
    plt.plot(range(1,n+1), sse, marker='o')
    plt.xlabel('cluster number')
    plt.ylabel('SSE')
    plt.show( )

elbow(df,25)
```

코드 1-3 엘보(Elbow) 기법

[코드 1-3]과 같이 반복문을 이용해 kMeans( ) 모델을 불러오고 km.fit(X)로 X 데이터를 학습시킨다. 이후 k-Means 클러스터 내 오차제곱합(sum of squares for error, SSE)인 SSE를 sse.append(km.intertia_)로 구해준 후 시각화를 해 주면 [그림 1-6]과 같은 결과가 나온다. 그래프에서 어느 순간 값이 급격하게 작아지는 부분이 생기는데, 그 부분이 최적의 군집점 개수가 된다. 그래프 모양이 팔꿈치를 닮아 '엘보(Elbow) 기법'이라고 한다.

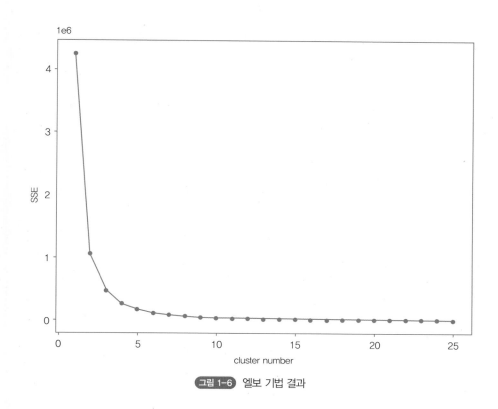

그림 1-6 엘보 기법 결과

결과적으로 군집점이 3~7개일 때 최적으로 구성될 것임을 알 수 있다. 따라서 그 중간인 5개의 군집점으로 구성하기로 한다.

[코드 1-4]와 같이 택배 위치 데이터가 저장된 X에서 군집점을 랜덤으로 골라 C_x와 C_y 변수에 저장한다. 택배 데이터에서 군집점을 고르지 않을 경우 터무니없는 숫자가 나와 군집점이 너무 멀거나 표시하기 힘든 군집점이 생성될 수 있어 X 데이터 내에서 선정한다. 또한 zip( ) 함수를 이용하여 5개의 위도, 경도로 이루어진 임의의 군집점 데이터를 엮어 준다.

```
k = 5
C_x = np.random.choice(X[:,0],k)
C_y = np.random.choice(X[:,1],k)
C = np.array(list(zip(C_x, C_y)))
print(C)
```

코드 1-4 군집점 생성

데이터를 처리한 후에는 이를 확인하는 것이 중요하다. 앞서 배운 데이터 시각화를 통해 5개의 군집점과 택배 위치 데이터를 시각화해 본다.

```
lat = df['Latitude']
lon = df['Longitude']
plt.title('Latitude & Longitude')
plt.xlabel('Longitude')
plt.ylabel('Latitude')
plt.scatter(lon,lat, c='blue', s=10, label='location')
plt.scatter(C_y, C_x, marker='*',s=200, c='red', label='centroids')
plt.legend(loc='best')
plt.grid()
plt.show()
```

코드 1-5 데이터 시각화

plt.legend() 함수 안에 loc='best'를 넣어주면 최적의 위치에 범례가 표시되고 plt.grid() 함수로 보조선이 생기게 할 수 있다. 실행 결과 [그림 1-7]과 같이 빨간색 별 모양의 5개 군집점과 파란색 택배 위치 데이터를 한눈에 볼 수 있다.

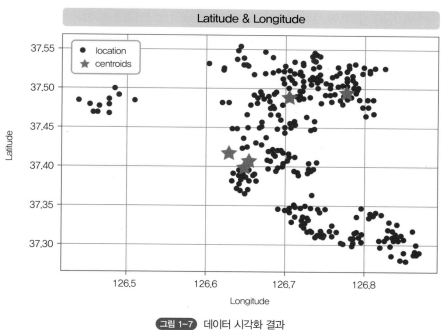

그림 1-7 데이터 시각화 결과

④ 초기 설정하기

k-Means의 과정은 모든 데이터의 거리를 계산하여 가까운 군집에 그룹을 할당하고 각 군집에 속한 데이터의 평균을 계산하여 군집의 중심을 갱신하기 때문에 거리를 구하는 함수를 설정해야 한다. 거리 함수는 유클리드 거리 공식을 이용하고 [코드 1-6]과 같이 구현할 수 있다.

$$d(x, y) = \sqrt{\sum_{i=1}^{n}(y_i - x_i)^2}$$

수식 1-1 두 벡터 간 유클리드 거리 공식(distance 함수)

```
def distance(A,B) :
    return np.sqrt(np.sum(np.power((A-B),2)))
```

코드 1-6 유클리드 거리 공식을 이용한 distance 함수 최적의 군집점을 구하기 위해 필요한 변수를 미리 만들어 놓는다. C_old는 군집점 5개를 담고 있는 배열과 크기가 같은 영행렬이고 군집점을 갱신할 때마다 이전 군집점 좌표를 담을 것이다. clusters는 전체 좌표 데이터와 크기가 같은 영행렬, flag는 군집점들과 이전 군집점들과의 거리를 담는다.

```
C_old = np.zeros(C.shape)
clusters = np.zeros(len(X))
flag = distance(C,C_old)
print(C_old)
print(flag)
```

코드 1-7 필요한 변수 생성

우리가 불러온 인천 연안 택배 데이터에는 영종도 지역이 존재한다. 군집을 통해 섬과 바다를 고려하기 힘들기 때문에 [코드 1-8]처럼 영종도에 해당하는 좌표 1개를 군집점으로 설정하고 나머지 4개를 랜덤으로 설정하면 최적화에 도움이 된다.

```
C_island = (37.48, 126.4)
C_x = np.random.choice(X[:,0],k-1)
C_y = np.random.choice(X[:,1],k-1)
C = list(zip(C_x, C_y))
C.append(C_island)
C = np.array(C)
print(C)
```

코드 1-8 군집점 중 1개를 섬 지역으로 설정

❺ k-Means 실행하기

최적의 군집점이라면 군집점이 움직이지 않을 것이고 군집점들과 이전 군집점들 간의 거리가 0이 되므로 flag가 0이 될 때까지 k-Means를 반복하여 모든 좌표의 군집을 구한다.

모든 택배 좌표와 5개의 군집점까지의 거리를 구하고, 가장 가까운 군집점에 해당하는 군집으로 분류한다. 이 시점의 군집점들은 C_old에 저장하고, 분류된 군집에서 군집 내 좌표들의 중심을 다시 군집점으로 잡는다. 군집점이 갱신되었으므로 flag 또한 갱신되어 작업을 반복한다.

```python
distances = [ ]
while flag != 0:
    for i in range(len(X)):
        for j in range(k) :
            temp = distance(X[i],C[j])
            distances.append(temp)
        cluster = np.argmin(distances)
        clusters[i] = cluster
        distances = [ ]

    C_old = deepcopy(C)

    for i in range(k) :
        points = [X[j] for j in range(len(X)) if clusters[j] == i]
        for r in range(len(points)):
            C[i][0] = np.mean(points[r][0])
            C[i][1] = np.mean(points[r][1])

    flag = distance(C, C_old)
```

코드 1-9 k-Means 클러스터링(군집화)

이후 갱신이 더 이상 안 되고 k-Means가 마무리되면 이를 그래프로 확인한다.

X[clusters==k,1]와 X[clusters==k,0]에 위치 데이터가 있으며 k가 0~4까지 속해 있는 군집을 의미한다. 이들은 색깔(red, yellow, green, pink, blue)을 다르게 하여 표시한다.

```
plt.figure(figsize=(8,6))
plt.scatter(X[clusters==0,1], X[clusters==0,0],s=50,c='red',marker='o',edgecolor = 'black',label='A')
plt.scatter(X[clusters==1,1], X[clusters==1,0],s=50,c='yellow',marker='x',edgecolor = 'black',label='B')
plt.scatter(X[clusters==2,1], X[clusters==2,0],s=50,c='green',marker='^',edgecolor = 'black',label='C')
plt.scatter(X[clusters==3,1], X[clusters==3,0],s=50,c='pink',marker='^',edgecolor = 'black',label='D')
plt.scatter(X[clusters==4,1], X[clusters==4,0],s=50,c='blue',marker='^',edgecolor = 'black',label='E')
plt.scatter(C[:,1],C[:,0],s=250,marker='*',c='black',edgecolor='black',label='Centroids')
plt.legend()
plt.grid()
plt.show()
```

코드 1-10 k-Means 클러스터링(군집화) 시각화

[그림 1-8]과 같이 5개의 군집점을 중심으로 군집이 형성된 것을 알 수 있다. A(빨간색) 지점은 부천시 부근, B(노란색) 지점은 인천 서구 부근, C(초록색) 지점은 인천 동구와 연수구 부근, D(분홍색) 지점은 안산시 부근, E(파란색) 지점은 영종도 부근이다.

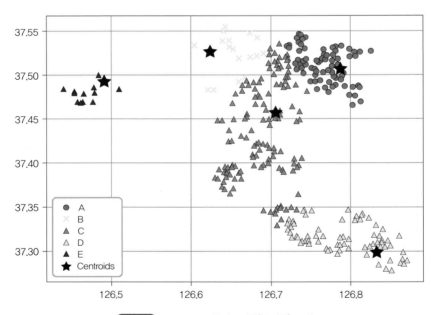

그림 1-8 k-Means 클러스터링(군집화) 그래프

❻ 지도에 표시하기

k-Means 알고리즘을 통해 인천 연안 택배 위치 데이터를 군집화하였지만 단순 그래프로는 실제 무엇을 했는지 감이 잘 오지 않는다. 그래서 파이썬의 지도 시각화 라이브러리인 folium 모듈을 활용해서 군집 결과를 지도에 표시해 보자. 그리고 [코드 1-11]처럼 folium 모듈을 설치하고 호출한다.

```
!pip install folium
import folium as gm
```

코드 1-11　folium 모듈 설치와 호출

g_map이란 변수 안에 지도를 불러오고 인천 연안 지역의 대략적인 위도와 경도를 넣고 12 정도로 지도를 확대 설정한다.

```
g_map = gm.Map(location=[37.428531, 126.596539], zoom_start=12)
g_map
```

코드 1-12　지도 호출

지도를 띄웠으니 다음은 데이터를 표시해 보자.

m_color 변수 안에 다섯 가지 색깔을 미리 넣어 둔다(분홍색은 지도에 영역이 연하게 나와 보라색을 넣었다). CircleMarker() 함수는 지도에 원으로 위치를 표시해 준다.

X[cluster==i,0][j]는 i에 해당하는 군집의 위도를, X[cluster==i,1][j]는 경도를 표시하고 radius는 반지름을 나타낸다.

```
m_color = ['blue', 'red', 'green', 'purple', 'orange']
```

```
for i in range(k):
    for j in range(len(X[clusters==i,1])):
        marker = gm.CircleMarker([X[clusters==i,0][j], X[clusters==i,1][j]], radius=3, color=m_color[i])
        marker.add_to(g_map)

g_map
```

코드 1-13 지도에 데이터 표시

[코드 1-13]과 같이 실행해 주면 [그림 1-9]처럼 서로 다른 색깔로 군집이 구분되어 데이터가 지도에 표시되는 것을 확인할 수 있다.

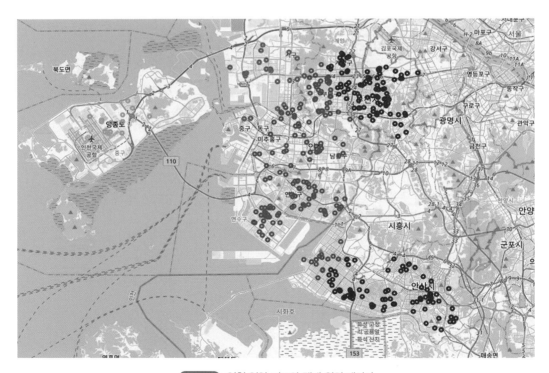

그림 1-9 인천 연안 지도와 택배 위치 데이터

 TIP

컬러 옵션: 'beige', 'black', 'blue', 'cadetblue', 'darkblue', 'darkgreen', 'darkpurple', 'darkred', 'gray', 'green', 'lightblue', 'lightgray', 'lightgreen', 'lightred', 'orange', 'pink', 'purple', 'red', 'white'

그 다음으로는 군집점과 군집 영역을 표시해 보자.

Marker( ) 함수에 군집점이 저장되어 있는 C의 위도와 경도를 입력하고 popup으로 이름을 표시한다. 군집점의 아이콘은 별(star), 색은 검정(black)으로 표시한다. 영역은 위에서 표시했던 것과 같이 한다. 다만 위도, 경도를 군집점으로 설정해 주고 반지름을 150으로 크게 잡아준다. color와 fill_color를 설정하면 원의 선과 그 안의 영역 색을 설정해 줄 수 있다.

```
for i in range(len(C)):
    marker = gm.Marker([C[i][0], C[i][1]], popup='kMeans Point', icon= gm.Icon(icon='star', color='black'))
    marker.add_to(g_map)

g_map
```

```
for i in range(len(C)):
    marker = gm.CircleMarker([C[i][0], C[i][1]], radius=150, popup='kMeans Point', color=m_color[i], fill_color=m_color[i])
    marker.add_to(g_map)

g_map
```

코드 1-14 지도에 군집점과 영역 표시

> **TIP**
>
> icon 종류 확인: https://getbootstrap.com/docs/3.3/components/#glyphicons-glyph
>
>

모든 과정을 거쳐 [그림 1-10]과 같은 결과가 나왔다.

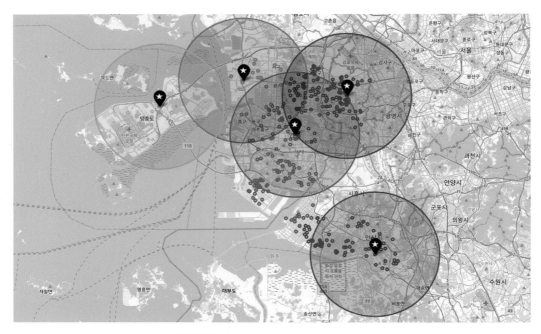

그림 1-10 인천 연안 택배 위치 데이터 군집화

　군집점을 5개로 했을 때 인천 연안 지역의 택배 위치 군집이 생기고 이를 바탕으로 택배 시스템을 최적화하면 인건비, 유류비, 시간 등을 아낄 수 있다. 부평구의 택배원은 부천시로 넘어가지 못하는 기존 행정구역 위주의 택배 시스템이 아닌 군집점 근처에 물류 센터를 짓고 군집 영역으로 택배 영역을 정하면 효율적인 택배 시스템을 구축할 수 있을 것이다. 이렇듯 비지도 학습은 데이터의 숨겨진 특징과 구조를 발견할 수 있게 해 준다.

TIP

　인공지능에서 가장 중요한 것은 데이터를 수집하는 것이다. 종종 데이터 수집의 노하우를 묻는 경우가 있다. 노하우는 '없다'이다. 캐글(Kaggle)이나 공공데이터포털처럼 데이터로 유명한 웹사이트를 많이 찾아보지만 일일이 엑셀에 표시하며 수집하기도 하고 공기질 측정 센서를 부착한 아두이노로 CO_2와 NO_2 농도를 직접 수집하기도 한다. 이번 택배 데이터는 비지도 학습 논문을 살펴보면서 논문 저자인 물류·유통 관련 연구원에게 직접 메일을 보내 얻은 데이터이다. 끊임없이 살펴보고 열과 성을 다해 노력하면 유니크한 데이터를 얻을 수 있을 것이다.

구글 코랩에 데이터를 가져오는 유용한 방법

코랩에 데이터를 가져오는 방법에는 크게 다섯 가지가 있지만, 이 중 유용한 두 가지를 알아보자.

1 링크로 가져오기(구글 다이렉트 다운로드 링크)

구글 드라이브에 데이터를 업로드하고 오른쪽 마우스 클릭 후 링크 생성을 하면 [그림 1-11]과 같이 화면이 나온다. '링크가 있는 모든 사용자'와 '편집자'로 수정해 주고 링크를 복사한다.

'https://drive.google.com/file/d/ 고유번호 /view?usp=sharing'

위와 같은 링크가 나오면 '/d/'와 '/view?' 사이에 있는 데이터 고유번호를 'https://drive.google.com/uc?export=download&id=' 뒤에 붙여 준다.

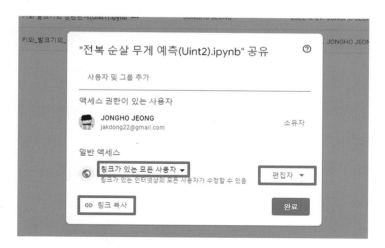

그림 1-11 구글 드라이브 링크 가져오기

정리하면 'https://drive.google.com/uc?export=download&id=고유번호'와 같은 형식이 구글 다이렉트 다운로드로 링크되고 이를 read_csv나 read_excel 함수로 불러오면 링크로 데이터를 불러올 수 있다. 이 방법은 데이터와 코랩을 동시에 공유할 필요 없이 코랩만 공유해도 데이터를 사용할 수 있다는 장점이 있다.

2 코랩 파일에 데이터 업로드하기

1번 방법은 공유할 때 유용한 방법이고 가장 쉬운 방법은 코랩 왼쪽 폴더 모양 버튼을 누르면 파일 창이 생성되고 데이터를 드래그 앤 드롭 하면 파일이 업로드된다. 그리고 파일명으로 데이터를 사용하면 된다(예 pd.read_csv('abalone.csv')).

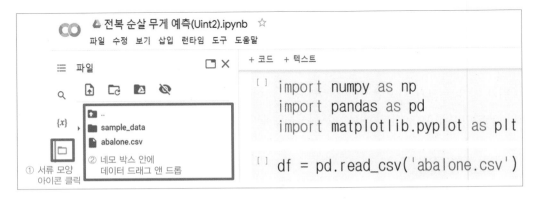

그림 1-12 코랩 파일에 데이터 업로드하기

인공지능 프로그래밍을 위해선 데이터가 필수고, 코랩과 데이터가 분리되어 있어 각자 상황에 맞게 데이터 불러오는 방법을 선택하면 된다.

01 주가를 예측하거나 여러 서체 중에 필기체를 분류하는 등 어떠한 목적을 위해 학습하는 지도 학습과 달리 (   )은/는 경향성이나 구조 등 데이터에 내재되어 있는 고유의 특징을 탐색하고자 할 때 사용한다.

02 (   )은/는 유사도가 높은 집단끼리 그룹을 만들고 분류된 그룹 간 특징을 파악하는 분석 방법이다. 데이터와 관련해 특정 사전 지식이 없지만 유의미한 것을 얻고자 할 때나 쉽게 파악하기 힘든 본질적인 문제나 숨겨진 특징 및 구조를 연구할 때 주로 사용된다.

03 군집 알고리즘으로는 사용자가 군집의 개수를 정하는 (   ) 알고리즘, 나무 모양으로 계층을 이루면서 형성해 나가는 (   )(Hierarchical clustering) 알고리즘, 군집의 개수를 따로 설정하지 않는 (   ) 등이 있다.

04 (   )의 과정은 모든 데이터의 거리를 계산하여 가까운 군집에 그룹을 할당하고 각 군집에 속한 데이터의 평균을 계산하여 군집의 중심을 갱신하기 때문에 거리를 구하는 함수를 설정해야 한다.

05 기존 행정구역 위주의 택배 시스템이 아닌 군집점 근처에 물류 센터를 짓고 군집 영역으로 택배 영역을 정하면 효율적인 택배 시스템을 구축할 수 있을 것이다. 이렇듯 (   )은/는 데이터의 숨겨진 특징과 구조를 발견할 수 있게 해 준다.

정답
283쪽 참고

심화

이번 챕터에서는 머신러닝에 적합한 데이터와 기본적인 알고리즘에서 발전하여 대량의 데이터를 불러오고 수치적 정보가 아닌 비정형 데이터(이미지, 자연어 등)를 전처리하며, 고성능 알고리즘을 사용하여 보다 심화된 인공지능 모델을 만들어 본다.

이전의 기본적인 머신러닝 지식을 바탕으로 훨씬 더 강력하고 현실에 활용 가능한 인공지능을 만들 수 있다.

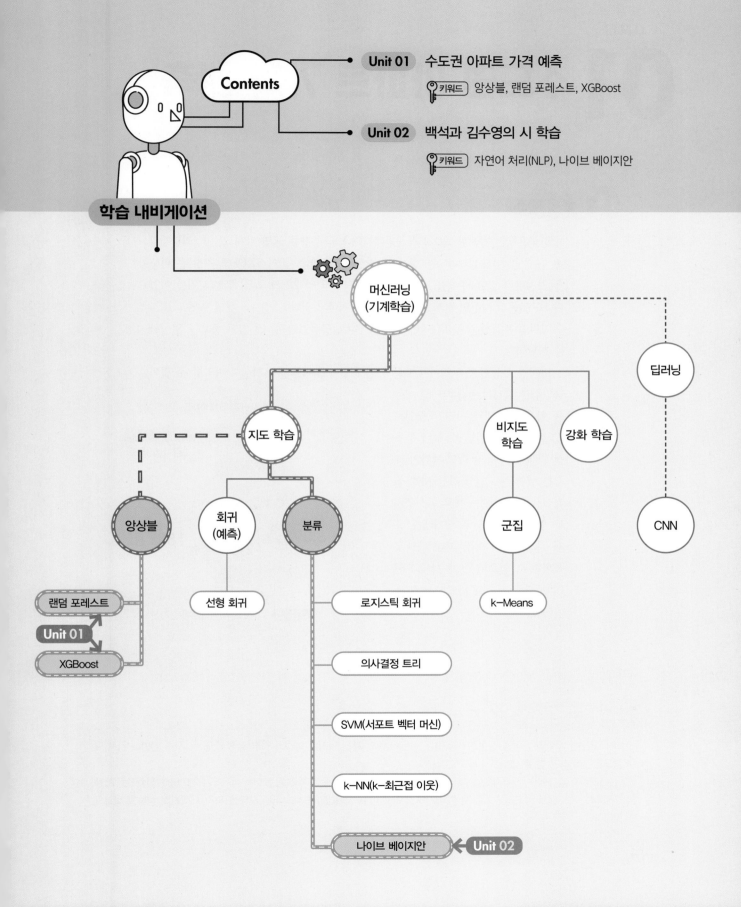

문제 발견

한국은행이 발표한 '2021년 국민대차대조표' 통계를 보면 가계 및 비영리단체의 총 순자산(약 1경 1,592조 원) 중 주택 자산(약 6,098조 원)이 52.6%로 가장 큰 비중을 차지하고 있다. 주택을 제외한 부동산 자산도 약 22.7%로 집계돼 그 뒤를 이었다. 즉 부동산 자산이 전체 중 약 75%를 차지하고 있다.

이처럼 부동산은 우리나라에서 개인, 정부, 금융기관 할 것 없이 중요한 관심사 중 하나이다.

하지만 부동산은 고액이기 때문에 언제 얼마에 사고팔지 확실히 파악할 수 없어 불안감을 떨치기 어렵고 이런 심리를 악용한 투기와 사기가 끊이지 않고 있다. 2006년 1월부터 부동산 거래 시 부동산 매매 계약이 체결된 날로부터 일정 기간 내에 실거래가를 신고하는 제도가 시행되고 있고 국토교통부 실거래가 공개 시스템에서 이전 거래 금액을 조회할 수 있으나, 현재 시세와 미래 시세를 정확히 파악하는 일은 어렵다.

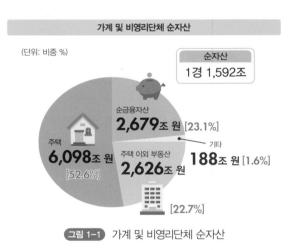

그림 1-1 가계 및 비영리단체 순자산

[자료 출처] http://www.joseilbo.com/news/htmls/2022/07/20220721461375.html

해결 모델은?

미래 부동산 시장의 전망을 정확히 예측하는 것은 개인의 자산 관리뿐 아니라 정부 정책 수립 등 사회 전반에 걸쳐 매우 중요한 일이라고 할 수 있다.

국토교통부 실거래가 공개 시스템에서 제공하는 2015년에서 2022년까지의 공동주택 실거래가 데이터를 전처리하고 랜덤 포레스트, XGBoost 알고리즘으로 서울, 경기 지역의 아파트 실거래가를 예측하는 모델을 각각 제작하여 성능을 비교해 볼 것이다.

- 빅데이터 수집 및 전처리 방법을 이해한다.
- 머신러닝 앙상블 알고리즘 중 XGBoost에 대해 이해한다.
- 랜덤 포레스트와 XGBoost 알고리즘으로 아파트 매매 가격 예측 인공지능 모델을 제작 및 비교한다.

❶ 앙상블 머신러닝 알고리즘: 랜덤 포레스트 vs XGBoost

앞서 랜덤 포레스트(Random Forest)(80쪽 참고)는 의사결정 트리 알고리즘 여러 개가 결합된 앙상블(Ensemble) 학습 방법으로, 분류에 사용된다고 했다. 하지만 랜덤 포레스트는 학습 과정에서 구성한 다수의 결정 트리로부터 평균 예측 값을 출력함으로써 회귀 분석, 즉 수치를 예측하는 것도 가능하다.

랜덤 포레스트의 가장 큰 특징은 무작위성(Randomness)에 의해 결정 트리들이 서로 다른 특성을 갖는다는 점이다. 이 특성으로 각 트리들의 예측이 비상관화 되며, 결과적으로 일반화 성능을 향상시킨다.

이번 Unit에서 다룰 두 번째 앙상블 머신러닝 알고리즘은 XGBoost이다. XGBoost를 이해하기 위해서는 '부스팅(Boosting)'과 '에이다부스트(AdaBoost)'를 먼저 알아야 한다. 부스팅은 약한 분류기를 세트로 묶어 정확도를 예측하는 기법이다. 약한 분류기(weak classifier)들은 한 번에 하나씩 순차적으로 학습을 진행한다. 일반적인 결정 트리와는 달리, 여기서 쓰이는 약한 분류기는 노드 하나에 두 개의 리프(leaf)를 지닌 단순 구조의 트리로 '스텀프(stump)'라고 부른다.

먼저 학습된 분류기는 제대로 분류를 해 내는 데이터와 제대로 분류해 내지 못하는 데이터들이 발생하게 되고, 먼저 학습된 분류기가 제대로 분류한 결과 정보와 잘못 분류한 결과 정보를 다음 분류기에 전달한다. 다음 분류기는 이전 분류기로부터 받은 정보를 활용하여 잘 분류해 내지 못한 데이터들을 연산하는 데 가중치(weight)를 높인다. 즉, 이전 분류기가 어떻게 분류하느냐에 따라서 다음 분류기의 가중치를 적응형(adaptive)으로 바꿔 가면서 잘 분류되지 않는 데이터에 집중하여 학습이 더 잘 되게 한다. 최종 분류기는 이전에 학습한 약한 분류기들에 각각의 가중치를 적용하고 조합하여 학습을 진행한다. 이것이 '에이다부스트(AdaBoost)'이다.

정리하면 성능이 낮은 약한 분류기들을 조합하여 최종적으로 조금 더 성능이 좋은 강한 분류기 하나를 만드는 것이다.

약한 분류기들은 상호보완적으로 학습해 나간다. 이를 수식으로 나타내면 [수식 1-1]과 같다. T개의 약한 분류기(weak classifier)를 선형적으로 조합하여 최종 강한 분류기(strong classifier)를 만든다.

$$H(x) = \alpha_1 h_1(x) + \alpha_2 h_2(x) + \dots + \alpha_t h_t(x) = \sum_{t=1}^{T} \alpha_t h_t(x)$$

$H(x)$: 최종 강한 분류기, h: 약한 분류기(stump), α: 약한 분류기의 가중치, t: 반복 횟수

수식 1-1 에이다부스트와 최종 강한 분류기 수식

XGBoost는 트리 기반 앙상블 머신러닝 알고리즘이다. 기존 그레이디언트 부스팅(Gradient Boosting) 알고리즘에 CART(Classification and Regression Trees) 모형을 기반으로 병렬 처리가 가능하게 만들어져 학습 시간을 획기적으로 줄인 알고리즘이며, XGBoost의 약한 분류기는 데이터의 하위 집합에서 학습되고 예측을 수행하는 간단한 의사결정 트리 모델이다. XGBoost는 이러한 약한 분류기의 앙상블을 사용하여 최종 예측을 수행하고 여러 모델의 강점을 결합하여 보다 정확한 모델을 생성한다. '약한' 분류기라는 용어는 각각의 개별 의사결정 트리 모델이 상대적으로 단순하고 예측력이 제한적이기 때문에 사용된다.

[그림 1-2]와 같이 +와 -로 분류한다고 했을 때 첫 번째 약한 분류기는 왼쪽이 +, 오른쪽이 -인데 오른쪽 + 3개를 오분류했다. 그러나 이러한 약한 분류기를 많이 결합하면 결과를 정확하게 예측할 수 있는 강력한 전체 모델(최종 강한 분류기)을 생성할 수 있다. 약한 분류기의 조합은 부스팅이라는 프로세스를 통해 이루어지고 분류와 회귀 둘 다 적용할 수 있다. 캐글(kaggle) 대회 등 인공지능 관련 다양한 경진 대회에서 수상자들 다수가 사용해서 인기를 얻게 된 모델이다.

과적합(Overfitting)을 방지하는 규제 기능이 있어 강한 내구성을 가지며, '조기 종료(Early Stopping)'(249쪽 참고) 기능을 제공한다. 예측기의 하이퍼 파라미터를 조작하여 넣을 수도 있어서 활용도가 매우 높은 모형이다.

TIP

- 에이다부스트(AdaBoost) 알고리즘: 분류 기반 머신러닝 모형으로, 예측 성능이 조금 낮은 약한 분류기(weak classifier)를 다량 구축 및 조합하여 가중치 수정을 통해 좀 더 나은 성능을 발휘하는 하나의 강한 분류기(strong classifier)를 합성하는 알고리즘이다.

[출처] http://www.incodom.kr/Adaboost

- 그레이디언트 부스팅 머신(Gradient Boosting Machine, GBM): 에이다부스트(AdaBoost)가 트리 구조와 유사한 스텀프(stump)로 구성되어 있는 반면, 그레이디언트 부스팅 머신은 리프(leaf)로부터 시작한다. 또한 가중치를 수정하며 학습하는 에이다부스트와 달리 그레이디언트 부스팅 머신은 이전 예측기의 잔여 오차를 이용해 새로운 예측기에 학습시키는 알고리즘이다.
- CART: 트리 노드에 데이터가 아닌 하나의 값을 나타내고, 이 값은 각 트리의 예측 값을 저장한다. 여러 개의 트리를 사용하는 XGBoost에서 이 값을 조합해서 가중치를 적용하고 학습한다.

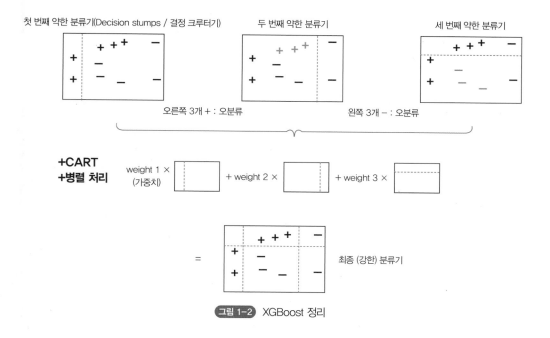

그림 1-2 XGBoost 정리

② 빅데이터 수집하기

그동안 다루었던 데이터들은 1만 개 미만의 데이터로 빅데이터라고 부르기에는 적은 수의 데이터이다. 실생활에서는 수백 만, 수천 만 또 그 이상의 값들로 이루어진 빅데이터들이 많고 이를 다운로드 하거나 그 이후에 엑셀과 같은 응용 프로그램으로 실행하기에도 벅찰 정도로 대용량 데이터들이 많다.

그래서 이번에는 데이터를 다운로드 받는 것이 아니라 해당 사이트에서 코랩으로 직접 불러오도록 할 것이다. 데이터 세트를 제공하는 플랫폼인 캐글(kaggle)에서는 오픈 API를 제공하여 코랩으로 다운로드 없이 데이터를 불러올 수 있다.

캐글 홈페이지(www.kaggle.com)에 들어가 로그인 후 오른쪽 상단의 프로필을 클릭하면 'Your Profile'이 나온다. Your Profile에 들어가 'Edit Public Profile' 클릭 후 API 탭의 'Create New API Token'을 눌러 'kaggle.json'을 다운로드하면 준비가 끝난다.

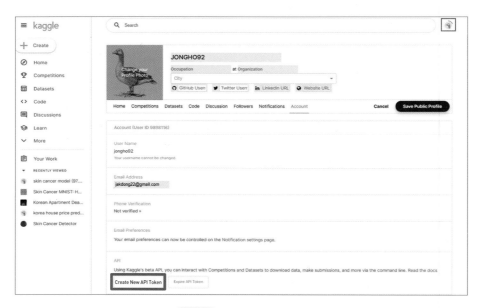

그림 1-3 캐글 개인 설정 화면

[코드 1-1]과 같이 캐글 모듈을 설치한 후 kaggle.json 파일을 업로드하고 해당 파일과 캐글을 연결하면 코랩과 캐글 사이트가 연동된다.

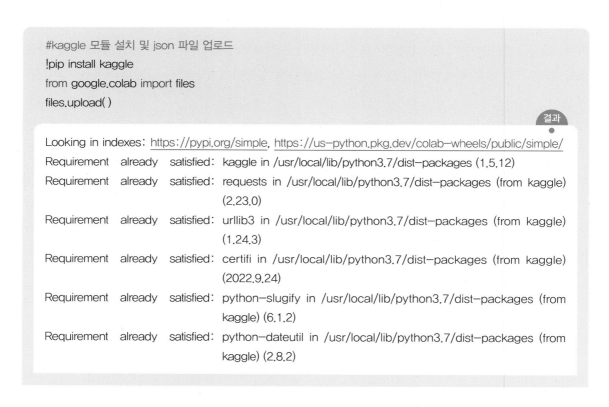

```
#kaggle 모듈 설치 및 json 파일 업로드
!pip install kaggle
from google.colab import files
files.upload( )
```

> 결과
>
> Looking in indexes: https://pypi.org/simple, https://us-python.pkg.dev/colab-wheels/public/simple/
> Requirement already satisfied: kaggle in /usr/local/lib/python3.7/dist-packages (1.5.12)
> Requirement already satisfied: requests in /usr/local/lib/python3.7/dist-packages (from kaggle) (2.23.0)
> Requirement already satisfied: urllib3 in /usr/local/lib/python3.7/dist-packages (from kaggle) (1.24.3)
> Requirement already satisfied: certifi in /usr/local/lib/python3.7/dist-packages (from kaggle) (2022.9.24)
> Requirement already satisfied: python-slugify in /usr/local/lib/python3.7/dist-packages (from kaggle) (6.1.2)
> Requirement already satisfied: python-dateutil in /usr/local/lib/python3.7/dist-packages (from kaggle) (2.8.2)

```
Requirement    already    satisfied: tqdm in /usr/local/lib/python3.7/dist-packages (from kaggle) (4.64.1)
Requirement    already    satisfied: six>=1.10 in /usr/local/lib/python3.7/dist-packages (from kaggle)
                                      (1.15.0)
Requirement    already    satisfied: text-unidecode>=1.3 in /usr/local/lib/python3.7/dist-packages
                                      (from python-slugify->kaggle) (1.3)
Requirement    already    satisfied: chardet<4,>=3.0.2 in /usr/local/lib/python3.7/dist-packages (from
                                      requests->kaggle) (3.0.4)
Requirement    already    satisfied: idna<3,>=2.5 in /usr/local/lib/python3.7/dist-packages (from
                                      requests->kaggle) (2.10)
```

파일 선택 kaggle.json
```
• kaggle.json(application/json) – 64 bytes, last modified: 2022. 11. 17. – 100% done
Saving kaggle.json to kaggle.json
{'kaggle.json': b'{"username":"jongho92","key":"4f1e553412e236efd4043514edc425bf"}'}
```

```
!mkdir -p ~/.kaggle
!cp kaggle.json ~/.kaggle/
!chmod 600 ~/.kaggle/kaggle.json
```

코드 1-1 캐글 연결

우리나라 아파트 거래 데이터를 가져오기 위해서는 API Command를 알아야 한다. 캐글에서 'Korean Apartment Deal Data'를 검색한 후 오른쪽 상단 세로 3개 점 아이콘을 클릭하여 API Command를 복사한다.

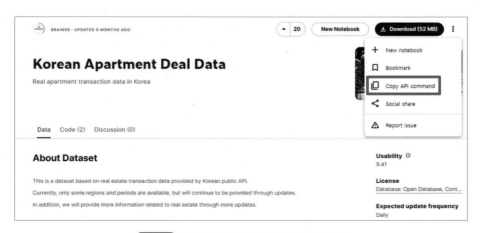

그림 1-4 우리나라 아파트 거래 데이터 API 복사

복사한 API를 붙여 넣고 [코드 1-2]의 첫 부분과 같이 실행하면 코랩에서 우리나라 아파트 거래 데이터 캐글 사이트와 연동이 된다. 이후 필요한 모듈을 가져오고 'Apart Deal.csv' 파일을 판다스를 통해 불러온다.

```
#한국 아파트 거래 가격 데이터 연결
!kaggle datasets download -d brainer3220/korean-real-estate-transaction-data
!unzip korean-real-estate-transaction-data
!ls
```

결과
```
Downloading korean-real-estate-transaction-data.zip to /content
 92% 46.0M/50.0M [00:00〈00:00, 246MB/s]
100% 50.0M/50.0M [00:00〈00:00, 244MB/s]
Archive: korean-real-estate-transaction-data.zip
  inflating: Apart Deal.csv
'Apart Deal.csv'     korean-real-estate-transaction-data.zip
kaggle.json          sample_data
```

```
import pandas as pd
import numpy as np
import matplotlib.pyplot as plt
```

```
url ='/content/Apart Deal.csv'
df = pd.read_csv(url, delimiter=",")
```

결과
```
/usr/local/lib/python3.7/dist-packages/IPython/core/interactiveshell.py:3326: DtypeWarning:
Columns (6,8) have mixed types.Specify dtype option on import or set low_memory=False.
  exec(code_obj, self.user_global_ns, self.user_ns)
```

코드 1-2 API를 활용한 우리나라 아파트 거래 데이터 불러오기

[코드 1-3]을 실행하면 법정동, 거래일, 아파트 종류, 지번 등 9개의 속성으로 이루어진 총 434만 8,785개의 우리나라 아파트 거래 데이터를 확인할 수 있다.

df.info( )

```
〈class 'pandas.core.frame.DataFrame'〉
RangeIndex: 4348786 entries, 0 to 4348785
Data columns (total 9 columns):
 #     Column      Dtype
----   --------    -------
 0     지역 코드     int64
 1     법정동        object
 2     거래일        object
 3     아파트        object
 4     지번         object
 5     전용 면적     float64
 6     층          object
 7     건축년도      int64
 8     거래 금액     object
dtypes: float64(1), int64(2), object(6)
memory usage: 298.6+ MB
```

df.head( )

	지역 코드	법정동	거래일	아파트	지번	전용 면적	층	건축년도	거래 금액
0	31110	학성동	5/30/2020 0:00	남운학성타운	379	135.5800	8	1991	26700
1	31110	남외동	1/3/2020 0:00	남외푸르지오1차	506-1	101.6000	2	2006	35500
2	31110	남외동	1/3/2020 0:00	에일린의뜰	500	84.9920	11	2007	36500
3	31110	남외동	1/3/2020 0:00	남외푸르지오1차	506-1	118.7060	8	2006	43000
4	31110	남외동	1/4/2020 0:00	남외푸르지오2차	501-1	84.9636	7	2007	38700

코드 1-3 우리나라 아파트 거래 데이터 확인하기

- 지역 코드: 법정동 코드 앞 다섯 자리를 따온 것으로, 도/시/군, 읍/면/동/구를 구분할 수 있다.
- 법정동: 해당 아파트가 어느 지역(동)에 있는지 나타낸다.
- 거래일: 해당 아파트의 실제 매매가 이루어진 연, 월, 일, 시를 나타낸다.
- 아파트: 아파트 이름
- 지번: 아파트가 위치한 실제 지번
- 전용 면적: 매매한 아파트의 면적으로, 제곱미터(m^2)를 기준으로 한다.
- 층: 매물이 아파트의 몇 층에 속하는지 나타낸다.
- 건축년도: 해당 아파트가 완공된 연도를 나타낸다.
- 거래 금액: 매매가 체결된 실거래가로, 단위는 만(원)이다.

❸ 우리나라 아파트 거래 데이터 전처리하기

데이터에서 '법정동'은 지역 코드로 구분 가능하고 '아파트'(아파트 이름)와 '지번'은 가격 예측에 불필요하다고 판단되어 모두 삭제하고, 법정동 코드 다섯 자리로 나타낸 '지역' 데이터를 앞의 두 자리와 나머지 뒤의 세 자리로 구분했다.

```
#법정동은 지역 코드로 구분 가능
#아파트 이름과 지번은 가격 예측에 불필요
df = df.drop(['법정동', '아파트', '지번'], axis= 1)
```

```
#지역 코드를 구분
#areacode는 시/도
#gecode는 군/읍/면/동/구
areacode= [ ]
gecode = [ ]
for code in df['지역 코드'] :
  acode = str(code)[0:2]
  gcode = str(code)[2:]
  areacode.append(int(acode))
```

```
    areacode.append(int(acode))
    gecode.append(int(gcode))
df['지역'] = gecode
df['지역 코드'] = areacode
```

코드 1-4 데이터 전처리 Ⅰ

우리가 주제로 삼은 수도권의 데이터를 얻기 위해 서울과 경기 지역의 법정동 코드를 이용해 데이터 세트를 따로 구성했다. 서울특별시의 법정동 코드는 11, 경기도의 법정동 코드는 41이다.

```
#서울시의 지역 코드는 '11'
df2 = df[df['지역 코드']==11]
#경기도의 지역 코드는 '41'
df3 = df2[df2['지역 코드'] == 41]
```

```
df = pd.concat([df2, df3])
```

```
df.head( )
```

결과

	지역 코드	거래일	전용 면적	층	건축년도	거래 금액	지역
655312	11	1/13/2018	140.78	15	2004	130000	110
655313	11	1/19/2018	103.77	5	2003	96000	110
655314	11	1/23/2018	123.13	10	2004	118000	110
655315	11	1/30/2018	66.96	13	1994	54500	110
655316	11	1/31/2018	76.66	11	1994	64000	110

코드 1-5 서울, 경기 지역 데이터 추출

서울, 경기 지역 데이터를 추출하고 확인해 보니 거래일 데이터의 날짜 구분을 위해 '/' 특수문자가 들어가 있다. '거래일'의 데이터 형식을 모두 '20150000' 형식으로 통일하고, 후에 카테고리 데이터로 설정하여 예측에 용이한 형태로 변환될 수 있도록 구성했다.

그리고 split( ) 함수를 이용해 특정 문자를 중심으로 나누고 다시 합쳐 준다.

```
import re
```

```
#날짜 형식 변경
#'1/31/2018'을 '20180118'로 변경
day = [ ]
for date in df['거래일'] :
  date = date.split(' ')
  date = date[0]
  date = re.split('/|-', date)
  if len(date[0]) == 4 :
    date = int(date[0]+date[1]+date[2])
  else :
    if len(date[0]) == 1 :
      date[0] = '0'+date[0]
    if len(date[1]) == 1 :
      date[1] = '0'+date[1]
    date = int(date[2]+date[0]+date[1])
  day.append(date)
df['거래일']=day
```

```
df.tail( )
```

결과

	지역 코드	거래일	전용 면적	층	건축년도	거래 금액	지역
4348781	11	20220306	130.13	12	2007	110,000	740
4348782	11	20220307	114.65	14	1997	124,000	740
4348783	11	20220318	11.33	18	2021	25,600	740
4348784	11	20220318	17.58	10	2019	18,000	740
4348785	11	20220319	107.34	38	2015	149,000	740

코드 1-6 데이터 전처리 II

거래일까지 전처리를 끝낸 후 이번에는 tail( ) 함수로 뒤의 데이터를 확인해 보았다. 거래일 데이터는 알맞게 바뀌었지만 앞의 [코드 1-5] 화면과 비교했을 때 문제가 있음을 알 수 있다. 캐글에서 해당 데이터 정보를 살펴보면 2015년 1월 15일 임시 업로드를 했고 2022년 3월 28일까지 업데이트가 되었다는 정보가 있다.

데이터를 업데이트하면서 거래 금액을 세 가지 방식으로 업로드한 것이다. 첫 번째는 일반적인 숫자(int)형 데이터로, 두 번째는 일반적인 숫자를 문자(string) 형식의 데이터로 업로드했고 마지막은 천 단위마다 ,(콤마)가 찍힌 문자(string) 형태로 업로드한 것이다.

따라서 거래 금액을 일반적인 숫자형 데이터로 변환해 주어야 하며 [코드 1-7]과 같이 모두 문자형으로 변환한 후 replace( ) 함수로 ,(콤마)를 지우고 다시 숫자형으로 변환해 준다. 마지막으로 층의 Null 값을 0으로 채워 준다.

```
#거래 금액 콤마(,) 제거
df['거래 금액'] = df['거래 금액'].astype('str')
df['거래 금액'] = df['거래 금액'].str.replace(',', '')
df['거래 금액'] = df['거래 금액'].astype('int')
```

```
#층이 비어 있으면 '0'을 넣어 결측치 제거
df['층'] = pd.to_numeric(df['층'], errors='coerce').fillna(0)
```

코드 1-7 거래 금액과 층 데이터 전처리

마지막으로 각각의 데이터들을 학습이 용이하도록 알맞은 형태로 변환해 주고 지역을 중심으로 정렬해 준다.

```
df['지역 코드'] = df['지역 코드'].astype('category')
df['지역'] = df['지역'].astype('category')
df['건축년도'] = df['건축년도'].astype('category')
df['거래일'] = df['거래일'].astype('category')
df['층'] = df['층'].astype('category')
df = df[['지역 코드', '지역', '건축년도', '거래일', '층', '전용 면적', '거래 금액']]
```

```
df.sort_values(by=['지역'], axis=0)
```

결과

	지역 코드	지역	건축년도	거래일	층	전용 면적	거래 금액
655312	11	110	2004	20180113	15	140.78	130000
3487682	11	110	2013	20151123	11	12.09	10700
3487683	11	110	2008	20151128	11	59.92	42700
3487684	11	110	1998	20151107	13	59.22	26700
3487685	11	110	2014	20151116	6	16.98	16700
...	...	...	...	...	...	...	...

	지역 코드	지역	건축년도	거래일	층	전용 면적	거래 금액
1292002	11	740	1999	20170503	8	59.79	38100
1292001	11	740	1999	20170503	18	84.90	47500
1292000	11	740	1986	20170503	5	81.07	64000
1292010	11	740	1986	20170504	2	84.91	62500
4348785	11	740	2015	20220319	38	107.34	149000

592069 rows × 7 columns

코드 1-8 데이터 전처리 Ⅲ

여러 가지 방법으로 전처리가 끝난 수도권 데이터는 일곱 가지 속성의 59만 2,069개다. 데이터 타입 또한 카테고리(category) 아니면 숫자형과 float(실수형: 소수점으로 표현 가능한 수를 나타냄) 숫자형으로 이루어져 있다.

df.info( )

결과

```
〈class 'pandas.core.frame.DataFrame'〉
Int64Index: 592069 entries, 655312 to 4348785
Data columns (total 7 columns):
 #   Column      Non-Null Count      Dtype
---  ------      --------------      -----
 0   지역 코드     592069 non-null     category
 1   지역         592069 non-null     category
 2   건축년도      592069 non-null     category
 3   거래일       592069 non-null     category
 4   층          592069 non-null     category
 5   전용 면적     592069 non-null     float64
 6   거래 금액     592069 non-null     int64
dtypes: category(5), float64(1), int64(1)
memory usage: 17.0 MB
```

코드 1-9 전처리가 완료된 수도권 아파트 가격 데이터 정보

❹ 랜덤 포레스트 모델 생성 및 학습하기

이번 Unit에서 사용할 머신러닝 모델인 랜덤 포레스트(Random Forest)를 사이킷런(sklearn) 라이브러리에서 불러온다. 데이터를 훈련 데이터와 테스트 데이터로 효과적으로 분리하기 위해 train_test_split 모듈을 불러오고, 모델의 학습 정도를 높이고 성능 평가를 위해 k-fold 모듈과 cross_validation(교차 검증), metrics(평가 척도) 모듈을 불러오고 랜덤 seed도 설정해 준다.

```python
from sklearn.ensemble import RandomForestRegressor
from sklearn.model_selection import train_test_split
import tensorflow as tf
from sklearn.model_selection import KFold
from sklearn.model_selection import cross_validate
from sklearn import metrics
```

```python
seed = 0
np.random.seed(seed)
seed = tf.random.set_seed(3)
```

코드 1-10 필요 모듈 및 라이브러리 호출

지역 코드, 지역, 건축년도, 거래일, 층, 전용 면적 속성이 독립 변수이므로 X에, 거래 금액 속성이 종속 변수이므로 Y에 저장하고 실거래가 데이터를 모델이 학습할 수 있는 형태인 넘파이(Numpy) 배열로 변환해 주고, 8:2로 분할하여 각각 훈련 데이터 세트, 테스트 데이터 세트로 나눈다.

```python
dataset = df.values
X = dataset[:,0:6]
Y = dataset[:,6]

X = np.asarray(X)
Y = np.asarray(Y)
X_train, X_test, Y_train, Y_test = train_test_split(X, Y, test_size=0.2, random_state=7)
```

코드 1-11 훈련 데이터와 테스트 데이터 나누기

학습의 정확도를 높이기 위해서 k-fold 모듈을 사용하여 훈련 데이터 세트를 다시 다섯 개로 나누어서 다섯 번의 학습을 진행한다. 각각의 학습에서 다섯 개 중 네 개의 데이터 세트를 train set, 나머지 한 개의 데이터 세트를 validation set로 구분하여 각각의 데이터 세트를 모두 네 번씩 학습한다(k-fold에 대해서는 198쪽 더 알아보기에서 자세히 다룬다).

앞서 '타이타닉 생존자 예측' 때와 같이 랜덤 포레스트 모델을 구성한다.

```
kfold = KFold(n_splits=5, shuffle=True, random_state=seed)
forest = RandomForestRegressor(n_estimators=100, random_state=seed, n_jobs=-1)
```

코드 1-12 k-fold 및 랜덤 포레스트 모델 구성

k-fold를 적용하여 학습을 진행하면서, 각 학습마다 평가 척도로 validation set의 RMSE(Root Mean Squared Error, 평균제곱근오차)와 R^2가 출력되도록 하고, cross_validate 모듈을 이용하여 학습 후에 훈련 데이터가 학습이 잘 되었는지, 시간은 얼마나 걸렸는지를 알 수 있도록 한다.

TIP 예측(회귀) 평가 척도

어떤 예측(회귀) 인공지능 모델 결과 실제 값과 예측 값의 차이 즉, 오차가 각각 -2와 2 발생했다고 가정해 보자. 오차의 합은 0이지만 각각 오차가 존재한다. 이렇듯 오차는 부호가 있기 때문에 오차 평가를 위해서 부호를 처리해야 한다. 평가 척도에 따라 부호 처리 방법은 다양하다.

- MAE(Mean Absolute Error, 평균절대오차): 오차에 절댓값을 씌워 평균을 낸 값으로, 예측(회귀) 평가 척도(지표) 중 하나이지만 절댓값을 사용해 미분할 수 없다는 점 때문에 활용이 어려워 자주 사용되지 않는다.
- MSE(Mean Squared Error, 평균제곱오차): 오차를 제곱한 후 평균을 낸 값으로 MAE의 단점을 보완한 평가 지표이다.
- RMSE(Root Mean Squared Error, 평균제곱근오차): 예측 값과 실제 값 차이의 제곱에 대하여 평균을 낸 뒤 루트를 씌운 값으로, MSE 값이 급격히 커지는 왜곡을 줄여 준다.
- R^2(R Squared, 결정계수): 실제 값의 분산 대비 예측 값의 분산 비율로, 1에 가까울수록 좋은 모델, 0에 가까울수록 나쁜 모델임을 나타낸다. 음수가 나오면 잘못 평가되었음을 의미한다.

```
for train, test in kfold.split(X_train,Y_train) :
    print("TRAIN:", train, "TEST:", test)
    x_train, x_test = X_train[train], X_train[test]
    y_train, y_test = Y_train[train], Y_train[test]

    forest.fit(x_train, y_train)
```

```
y_pred = forest.predict(x_test)

print('validation split rmse : {:.4f}'.format(np.sqrt(metrics.mean_squared_error(y_test, y_pred))))
print('validation split R2 : {: .4f}'.format(metrics.r2_score(y_test, y_pred)))
```

결과

```
TRAIN: [  0    1    2 ... 473652 473653 473654] TEST: [   5   14   29 ... 473624 473633 473646]
validation split rmse : 10346.5546
validation split R2 :  0.9556
TRAIN: [  0    1    2 ... 473652 473653 473654] TEST: [   6   11   12 ... 473634 473643 473649]
validation split rmse : 10323.9559
validation split R2 :  0.9547
TRAIN: [  1    3    4 ... 473651 473653 473654] TEST: [   0    2    8 ... 473642 473650 473652]
validation split rmse : 10179.0150
validation split R2 :  0.9567
TRAIN: [  0    1    2 ... 473649 473650 473652] TEST: [   3    7    9 ... 473651 473653 473654]
validation split rmse : 10365.0354
validation split R2 :  0.9544
TRAIN: [  0    2    3 ... 473652 473653 473654] TEST: [   1    4   21 ... 473638 473639 473640]
validation split rmse : 10470.2591
validation split R2 :  0.9549
```

```
cross_validate(forest, X_train, Y_train, cv = kfold, scoring= ['r2'],return_train_score = True )
```

```
{'fit_time': array([18.27044034, 15.13730431, 15.2539432, 14.71682024, 15.07203436]),
 'score_time': array([0.4157598, 0.41342878, 0.41347742, 0.41435146, 0.4144311]),
 'test_r2': array([0.95689713, 0.95663134, 0.95214543, 0.95528333, 0.95473233]),
 'train_r2': array([0.99360916, 0.9938098, 0.99373509, 0.99364997, 0.99364574])}
```

코드 1-13 k-fold와 랜덤 포레스트 모델 학습

k-fold와 cross_validate로 랜덤 포레스트 모델의 학습과 평가를 마친 후, 테스트 데이터를 모델에 적용시켜 최종적으로 학습이 잘 되었는지 평가한다.

마찬가지로 평가 척도는 RMSE와 R^2를 사용하는데, 상대적인 평가가 가능한 평가 척도인 R^2 결과가 0.95가 넘는 것으로 보아 학습이 잘 이루어졌음을 판단할 수 있다.

```
print("테스트 세트 정확도: {:.3f}".format(forest.score(X_test, Y_test)))
pred = forest.predict(X_test)
print('rmse : {:.4f}'.format(np.sqrt(metrics.mean_squared_error(Y_test, pred))))
print('R2 : {:.4f}'.format(metrics.r2_score(Y_test, pred)))
```

결과

```
테스트 세트 정확도: 0.953
rmse : 10593.0803
R2 : 0.9532
```

코드 1-14 K-fold와 랜덤 포레스트 모델 학습 평가

마지막으로 학습을 거치지 않은 낯선 데이터는 테스트 데이터를 넣고 예측할 가격과 비교해 본다. [코드 1-15]와 같이 몇몇 데이터는 상당한 차이를 보이지만 다수의 데이터는 작은 차이를 보이고 있다. 이렇게 랜덤 포레스트 알고리즘으로 수도권 아파트 실거래 데이터를 학습하여 R^2가 0.9532, RMSE가 1억 593만 원 정도 나왔다.

```
for i in range(0,20) :
    print('실제 아파트 가격 : %d만 원, 예측 아파트 가격 : %d만 원' %(Y_test[i], pred[i]))
```

결과

```
실제 아파트 가격 : 88500만 원, 예측 아파트 가격 : 95912만 원
실제 아파트 가격 : 55000만 원, 예측 아파트 가격 : 56958만 원
실제 아파트 가격 : 35000만 원, 예측 아파트 가격 : 33625만 원
실제 아파트 가격 : 22000만 원, 예측 아파트 가격 : 31501만 원
실제 아파트 가격 : 41500만 원, 예측 아파트 가격 : 39317만 원
실제 아파트 가격 : 49000만 원, 예측 아파트 가격 : 49869만 원
실제 아파트 가격 : 21900만 원, 예측 아파트 가격 : 23424만 원
실제 아파트 가격 : 144000만 원, 예측 아파트 가격 : 148124만 원
실제 아파트 가격 : 26900만 원, 예측 아파트 가격 : 28504만 원
실제 아파트 가격 : 19300만 원, 예측 아파트 가격 : 20253만 원
실제 아파트 가격 : 33300만 원, 예측 아파트 가격 : 36531만 원
실제 아파트 가격 : 60000만 원, 예측 아파트 가격 : 53756만 원
실제 아파트 가격 : 62700만 원, 예측 아파트 가격 : 47717만 원
실제 아파트 가격 : 56000만 원, 예측 아파트 가격 : 53762만 원
실제 아파트 가격 : 32000만 원, 예측 아파트 가격 : 34455만 원
실제 아파트 가격 : 57000만 원, 예측 아파트 가격 : 57975만 원
```

```
실제 아파트 가격 : 51500만 원, 예측 아파트 가격 : 48738만 원
실제 아파트 가격 : 35500만 원, 예측 아파트 가격 : 34882만 원
실제 아파트 가격 : 69000만 원, 예측 아파트 가격 : 73240만 원
실제 아파트 가격 : 61800만 원, 예측 아파트 가격 : 62677만 원
```

코드 1-15 테스트 데이터로 가격 예측

❺ XGBoost 모델 생성 및 학습하기

랜덤 포레스트 알고리즘을 이용해 회귀 예측을 해 보았고, 이번에는 의사결정 트리 기반의 Boost 모델인 XGBoost 알고리즘으로 학습해 보자.

XGBoost는 자체 오픈 소스 라이브러리로 불러온다. 마찬가지로 k-fold를 적용하여 학습을 진행하고 XGBoost 모델을 구성한다.

XGBoost 모델은 랜덤 포레스트 알고리즘의 매개 변수와 동일하며 학습률(learning_rate)을 조절할 수 있는데, 여기서는 가장 일반적인 0.1로 설정한다.

```python
import xgboost
from xgboost import XGBRegressor
```

```python
kfold = KFold(n_splits=5, shuffle=True, random_state=seed)
xgb = XGBRegressor(max_depth=20, learning_rate=0.1, n_estimators=100, n_jobs=-1)
```

```python
for train, test in kfold.split(X_train,Y_train) :
  print("TRAIN:", train, "TEST:", test)
  x_train, x_test = X_train[train], X_train[test]
  y_train, y_test = Y_train[train], Y_train[test]

  xgb.fit(x_train, y_train)

  y_pred2 = xgb.predict(x_test)

  print('validation split rmse : {:.4f}'.format(np.sqrt(metrics.mean_squared_error(y_test, y_pred2))))
  print('validation split R2 : {: .4f}'.format(metrics.r2_score(y_test, y_pred2)))
```

```
TRAIN: [   0    1    2 ... 473652 473653 473654] TEST: [   9   13   16 ... 473647 473648 473651]
[04:42:37] WARNING: /workspace/src/objective/regression_obj.cu:152: reg:linear is now
deprecated in favor of reg:squarederror.
validation split rmse : 9290.1602
validation split R2 : 0.9633
TRAIN: [   0    1    2 ... 473651 473652 473654] TEST: [   6    7   11 ... 473646 473649 473653]
[04:43:11] WARNING: /workspace/src/objective/regression_obj.cu:152: reg:linear is now
deprecated in favor of reg:squarederror.
validation split rmse : 9352.6804
validation split R2 : 0.9637
TRAIN: [   0    2    3 ... 473650 473651 473653] TEST: [   1    4    8 ... 473644 473652 473654]
[04:43:43] WARNING: /workspace/src/objective/regression_obj.cu:152: reg:linear is now
deprecated in favor of reg:squarederror.
validation split rmse : 9175.4502
validation split R2 : 0.9646
TRAIN: [   1    4    5 ... 473652 473653 473654] TEST: [   0    2    3 ... 473641 473643 473650]
[04:44:16] WARNING: /workspace/src/objective/regression_obj.cu:152: reg:linear is now
deprecated in favor of reg:squarederror.
validation split rmse : 9175.8222
validation split R2 : 0.9654
TRAIN: [   0    1    2 ... 473652 473653 473654] TEST: [   5   10   20 ... 473635 473639 473642]
[04:44:51] WARNING: /workspace/src/objective/regression_obj.cu:152: reg:linear is now
deprecated in favor of reg:squarederror.
validation split rmse : 9693.4507
validation split R2 : 0.9605
```

코드 1-16 XGBoost 모델 설정

 XGBoost 더 알아보기

　　주요 하이퍼 파라미터에는 약한 예측기의 개수(n_estimators), 학습률(learning_rate), 말단 노드가 가져야 할 최소 데이터 수(min_child_weight), 정보 이득을 구할 때 규제 값인 감마(gamma), 학습 데이터 세트에서 서브 세트(subset)를 만들지 전부 사용할지 결정하는 변수(subsample), 결정 트리 깊이의 한도(max_depth) 등이 있다. 기본 예측기는 CART 모형이나 다른 모형을 넣을 수도 있고, 예측기의 하이퍼 파라미터를 조작하여 넣을 수도 있어서 활용도가 매우 높은 모형이다.

랜덤 포레스트 모델 학습과 동일하게 cross_validate를 적용하여 학습을 진행하고 그 결과를 확인한다. [코드 1-17]을 실행하면 R^2가 0.9619로 랜덤 포레스트 모델보다 0.087 높고, RMSE 는 9,558만 원으로 1,035만 원 낮게 나왔다. 이를 통해 랜덤 포레스트 모델보다 XGBoost 모델이 수도권 아파트 가격을 더 정확하게 예측함을 알 수 있다.

```
cross_validate(xgb, X_train, Y_train, cv = kfold, scoring= ['r2'],return_train_score = True )
```

결과

```
[17:22:24] WARNING: /workspace/src/objective/regression_obj.cu:152: reg:linear is now deprecated in favor of reg:squarederror.
[17:23:10] WARNING: /workspace/src/objective/regression_obj.cu:152: reg:linear is now deprecated in favor of reg:squarederror.
[17:24:00] WARNING: /workspace/src/objective/regression_obj.cu:152: reg:linear is now deprecated in favor of reg:squarederror.
[17:24:47] WARNING: /workspace/src/objective/regression_obj.cu:152: reg:linear is now deprecated in favor of reg:squarederror.
[17:25:33] WARNING: /workspace/src/objective/regression_obj.cu:152: reg:linear is now deprecated in favor of reg:squarederror.
{'fit_time': array([45.13709855, 49.22426558, 46.46708941, 44.97181296, 45.53590441]),
 'score_time': array([0.18435144, 0.19658804, 0.19976163, 0.19952965, 0.18214965]),
 'test_r2': array([0.96337913, 0.96397843, 0.96358009, 0.96189989, 0.96216968]),
 'train_r2': array([0.99844807, 0.99845082, 0.9985999 , 0.9984245 , 0.99852631])}
```

```
print("테스트 세트 정확도: {:.3f}".format(xgb.score(X_test, Y_test)))
pred2 = xgb.predict(X_test)
print('rmse : {:.4f}'.format(np.sqrt(metrics.mean_squared_error(Y_test, pred2))))
print('R2 : {:.4f}'.format(metrics.r2_score(Y_test, pred2)))
```

결과

```
테스트 세트 정확도: 0.962
rmse : 9558.1632
R2 : 0.9619
```

코드 1-17 XGBoost 모델 학습

마찬가지로 테스트 데이터로 평가하고 20개의 가격을 예측한 결과 랜덤 포레스트 모델과 마찬가지로 몇 개의 데이터는 조금 차이가 있지만 다수의 데이터는 작은 차이의 오차를 보여 준다.

```
for i in range(0,20) :
    print('실제 아파트 가격 : %d만 원, 예측 아파트 가격 : %d만 원' %(Y_test[i], pred2[i]))
```

결과

실제 아파트 가격 : 88500만 원, 예측 아파트 가격 : 94866만 원
실제 아파트 가격 : 55000만 원, 예측 아파트 가격 : 56978만 원
실제 아파트 가격 : 35000만 원, 예측 아파트 가격 : 34616만 원
실제 아파트 가격 : 22000만 원, 예측 아파트 가격 : 34360만 원
실제 아파트 가격 : 41500만 원, 예측 아파트 가격 : 36545만 원
실제 아파트 가격 : 49000만 원, 예측 아파트 가격 : 49992만 원
실제 아파트 가격 : 21900만 원, 예측 아파트 가격 : 21520만 원
실제 아파트 가격 : 144000만 원, 예측 아파트 가격 : 162527만 원
실제 아파트 가격 : 26900만 원, 예측 아파트 가격 : 27163만 원
실제 아파트 가격 : 19300만 원, 예측 아파트 가격 : 21650만 원
실제 아파트 가격 : 33300만 원, 예측 아파트 가격 : 38265만 원
실제 아파트 가격 : 60000만 원, 예측 아파트 가격 : 55327만 원
실제 아파트 가격 : 62700만 원, 예측 아파트 가격 : 56535만 원
실제 아파트 가격 : 56000만 원, 예측 아파트 가격 : 53874만 원
실제 아파트 가격 : 32000만 원, 예측 아파트 가격 : 34298만 원
실제 아파트 가격 : 57000만 원, 예측 아파트 가격 : 57309만 원
실제 아파트 가격 : 51500만 원, 예측 아파트 가격 : 47374만 원
실제 아파트 가격 : 35500만 원, 예측 아파트 가격 : 35208만 원
실제 아파트 가격 : 69000만 원, 예측 아파트 가격 : 69142만 원
실제 아파트 가격 : 61800만 원, 예측 아파트 가격 : 62921만 원

코드 1-18 XGBoost 모델 테스트

테스트 데이터를 가지고 알고리즘 간 비교를 하기 위해 [코드 1-19]와 같이 시각화해 보았다. 랜덤 포레스트 모델이 붉은색 점으로, XGBoost 모델이 초록색 점으로 표시된다. XGBoost가 R^2와 RMSE 수치상 더 정확하게 나오지만 막상 시각화 결과에서는 큰 차이를 못 느낀다.

그래서 두 알고리즘 간의 비교를 통해 아주 미약하게 XGBoost 모델이 더 정확하다는 결론을 내릴 수 있다.

```
plt.figure(figsize=(30, 10))
plt.plot(Y_test[0:100],'bo', label='real')
plt.plot(pred[0:100],'ro', label='RF_pred')
plt.plot(pred2[0:100],'go', label='XGB_pred')
plt.ylabel('Price')
plt.legend()
plt.show()
```

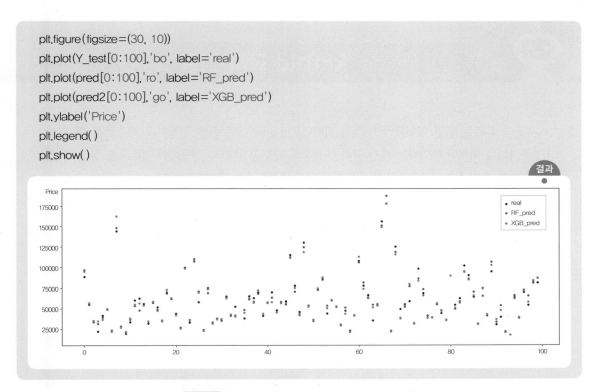

코드 1-19 랜덤 포레스트와 XGBoost 모델 비교 시각화

서울과 경기 두 지역의 데이터를 동시에 학습하여 만든 '수도권 아파트 가격 예측' 모델이 좋은 성능을 보임을 확인하였다. 이는 앞에서 만든 모델보다 단순히 데이터의 수가 많아졌기 때문이라고 생각할 수 있다. 그렇다면 우리가 만든 수도권 아파트 가격 예측 인공지능이 실질적으로 효용이 있는지를 선행 연구와 비교해 보았다.

선행 연구 [1]·[2]*를 통해 랜덤 포레스트(Random Forest) 모델이 부동산 가격 예측에 용이함을 알게 되었고, 랜덤 포레스트와 XGBoost 두 모델의 성능을 비교해 본 결과 XGBoost가 랜덤 포레스트보다 성능이 좋음을 확인하였다.

학습 시간에서뿐만 아니라, 선행 연구 [1]에서 학습한 실거래가 예측 모델의 시험 데이터 세트의 RMSE가 1.21억 원인 것에 비해서, 이번 Unit에서 만든 실거래가 예측 모델의 시험 데이터 세트의 RMSE는 약 9,558만 원으로 간단한 속성 값에 비해 더 좋은 성능을 나타냈다.

실거래가 데이터를 학습한 결과 성능이 뛰어난 XGBoost 모델을 바탕으로 현 아파트 시세를 파악하고 향후 부동산 매매 방향을 파악할 수 있었다.

---

* [1] 배성찬·유정석(2018), 머신 러닝 방법과 시계열 분석 모형을 이용한 부동산 가격지수 예측, 26(1), p.107–133.
  [2] 나성호·김종우(2019), 공공데이터를 활용한 아파트 매매 가격 결정 모형의 예측능력 비교, 한국지적정보학회지, 21(1), p.3–12.

k-fold 교차 검증

그동안 우리는 훈련 데이터와 테스트 데이터로만 나누어 학습을 진행하고 테스트를 해 왔다 (75쪽 참고). 이러한 데이터는 다시 여러 부분으로 나누고 교차로 검증하여 정확도를 높일 수 있다. 이러한 방법을 'k-fold 교차 검증'이라고 한다. 이에 대해 자세히 알아보자.

우선 k개의 fold를 만들고 그중 하나의 fold를 검증 데이터로, 나머지 k-1개의 fold를 훈련 데이터로 사용하여 훈련 데이터로 모델을 학습시키고 검증 데이터로 모델을 검증한다.

그 후, 검증 데이터로 사용했던 fold를 제외한 fold 중 하나를 선택하여 검증 데이터로 다시 선택하고 나머지 k-1개의 fold들을 다시 훈련 데이터로 정의하여 학습과 검증 과정을 반복한다. 위의 일련의 과정을 k번 반복하여 k-fold 교차 검증을 완료한다.

다시 말해 훈련 데이터의 일정 비율을 검증 데이터로 하여 훈련과 검증을 통해 학습했던 기존과 달리, k개로 데이터를 나누어 k-1개는 훈련 데이터로 나머지 1개는 검증 데이터로 학습을 k번 하는 것이다. 물론 검증 데이터는 k번 바뀌게 된다.

k-fold 교차 검증은 k의 값이 높아질수록 평가 횟수가 늘어나 모델을 훈련하고 검증하는 데 많은 시간이 걸리지만, 데이터를 k개의 fold로 나눈 뒤 모든 fold를 검증하는 데 사용하기 때문에 과적합 현상을 막아 주고 적은 양의 데이터로도 높은 정확도를 낼 수 있다는 장점이 있다. 주로 5-folds 기법을 사용하며, 이번 Unit에서도 5-fold로 나누어 k-fold 기법을 적용하였다.

All Data		
훈련 데이터	검증 데이터	테스트 데이터

	Fold 1	Fold 2	Fold 3	Fold 4	Fold 5	
Split 1	Fold 1	Fold 2	Fold 3	Fold 4	Fold 5	
Split 2	Fold 1	Fold 2	Fold 3	Fold 4	Fold 5	
Split 3	Fold 1	Fold 2	Fold 3	Fold 4	Fold 5	교차 학습
Split 4	Fold 1	Fold 2	Fold 3	Fold 4	Fold 5	
Split 5	Fold 1	Fold 2	Fold 3	Fold 4	Fold 5	

평가 { 테스트 데이터

그림 1-5 k-fold 교차 검증

다음 빈칸에 알맞은 단어를 채우며 학습한 내용을 정리해 보세요.

01 (   )은/는 의사결정 트리 알고리즘 여러 개가 결합된 앙상블(Ensemble) 학습 방법이고 분류에 사용된다. 또한 이것은 학습 과정에서 구성한 다수의 결정 트리로부터 평균 예측 값을 출력함으로써 동작해 회귀 분석, 즉 수치를 예측하는 것이 가능하다.

02 XGBoost를 이해하기 위해서는 (   )와/과 (   )을/를 먼저 알아야 한다. (   )은/는 약한 분류기를 세트로 묶어 정확도를 예측하는 기법이다. (   )은/는 예측 성능이 조금 낮은 약한 분류기(weak classifier)를 다량 구축 및 조합하여 가중치 수정을 통해 좀 더 나은 성능을 발휘하는 하나의 강한 분류기(strong classifier)를 합성하는 알고리즘이다.

03 (   )은/는 트리 기반 앙상블 기계학습 알고리즘이다. 기존 Gradient Boosting 알고리즘에 CART 모형을 기반으로 병렬 처리가 가능하게 만들어져 학습 시간을 획기적으로 줄인 알고리즘이며, 분류와 회귀 둘 다 적용할 수 있다.

04 그동안 우리는 훈련 데이터와 테스트 데이터로만 나누어 학습을 진행하고 테스트를 해 왔다. 이러한 데이터는 다시 여러 부분으로 나누고 교차로 검증하여 정확도를 높일 수 있다. 이러한 방법을 (   )(이)라고 한다.

정답
283쪽 참고

UNIT 02 백석과 김수영의 시 학습

🔒 문제 발견

    인공지능이 인간의 언어를 이해하고 적용할 수 있을까? 만약 그렇다면 작가마다 문체가 다른 문학 작품도 구분할 수 있을까? 계간 〈시인세계〉에서 활동 중인 시인 156명에게 가장 좋아하는 시인의 시집을 묻는 설문조사를 진행했다. 그 결과 1위가 백석의 시집 〈사슴〉이었고, 2위가 김수영의 시집 〈거대한 뿌리〉였다. 이처럼 백석과 김수영은 시인들에게 많은 영향을 끼친 시인이다.

    백석은 평안북도에서 태어나 1934년 데뷔하여 1948년까지 활발히 활동하였다. 그는 평안도를 비롯하여 여러 지역 사투리와 고어를 사용하였다. 이 때문에 특유의 향토적인 감성이 드러난다는 평을 받고 있다.

    김수영은 서울에서 태어나 1947년 등단해 1968년까지 작품 활동을 하였다. 그의 초기 작품에서는 현대문명과 도시 생활을 비판하는 모습이 나타나지만, 4.19 혁명을 기점으로 표현의 자유를 억압하는 독재 정권에 맞서 타협하지 않는 정신을 강조하는 시를 썼다.

그림 2-1 백석(왼쪽)과 김수영 시인의 시집

[이미지 출처] 백석 시인(http://dh.aks.ac.kr/Edu/wiki/index.php/%EB%B0%B1%EC%84%9D)
김수영 시집(http://kor.theasian.asia/archives/293053)

🔓 해결 모델은?

    이번 Unit에서는 백석과 김수영의 시를 '자연어 처리'하고 나이브 베이지안 알고리즘으로 분류하는 인공지능 모델을 만들어 본다.

    두 시인의 독자적인 세계를 인공지능을 통해 이해하고 적용해 봄으로써 인공지능이 언어와 결합되어 나타날 때 문학 분야에서 어떻게 활용될 수 있을지 생각해 보자.

🔑 키워드 자연어 처리(NLP), 나이브 베이지안

• 자연어 데이터 수집 및 전처리 방법을 이해한다.
• 머신러닝 지도 학습 분류 알고리즘 중 나이브 베이지안에 대해 이해한다.
• 자연어 처리를 통한 시 분류 인공지능 모델을 제작한다.

❶ 인공지능 알고리즘: 나이브 베이지안이란?

지도 학습 분류(Classification)와 관련한 논문, 서적, 인터넷 자료를 보면 다양한 알고리즘이 나오는데, 그중에도 언급이 잘 되지 않는 분류 알고리즘이 바로 나이브 베이지안(Naive Bayes)이다. 나이브 베이지안 알고리즘이 많이 사용되는 분야가 바로 '자연어 처리'이다. 컴퓨터에서 사용하는 프로그래밍 언어와 구분하기 위해 인간이 일상생활에서 의사소통을 위해 사용하는 언어를 '자연어'라고 하고 컴퓨터를 활용하여 자연어를 분석하고 활용하는 것을 '자연어 처리(Natural Language Processing)', 줄여서 'NLP'라고 한다.

$$P(B \mid A) = \frac{P(A \cap B)}{P(A)} \ , \quad P(A \mid B) = \frac{P(B \mid A)P(A)}{P(B)}$$

수식 2-1 베이즈 정리(왼쪽)와 나이브 베이지안 알고리즘 식

나이브 베이지안 알고리즘은 베이즈 정리(Bayes' theorem)에 기반한 분류 알고리즘으로, 베이즈 정리를 알기 위해서는 조건부 확률을 알아야 한다. 조건부 확률은 어떤 사건이 일어나는 경우에 다른 사건이 일어날 확률을 말한다. 즉, P(B|A)는 A와 B가 동시에 일어날 확률을 A가 일어날 확률로 나눈 것이고, 이러한 베이즈 정리를 곱셈 공식으로 변형한 것이 나이브 베이지안 알고리즘의 식이다.

나이브 베이지안 알고리즘을 쉽게 이해하기 위해 토익 문제들을 학습하여 정답 분류 인공지능을 만든다고 가정해 보자.

먼저 다음 보기에 'probably'가 있는 10개의 문제만으로 머신러닝을 학습시킬 것이다.

보기

▶ 10개의 문제 중 'probably'가 정답인 확률: 7/10 = 0.7 ····· P(정답)
▶ 10개의 문제 중 옳은 것을 물어볼 확률: 8/10 = 0.8 ····· P(옳은)
▶ 10개의 문제 중 옳은 것을 물어보고 'probably'가 정답인 경우: 7/8 = 0.875 ····· P(옳은|정답)

이제 'probably'가 보기에 있고 옳은 것을 물어보는 문제 중 'probably'가 정답일 조건부 확률을 구해 보자. [수식 2−1]에 대입하면 P(정답|옳은)=P(옳은|정답)×P(정답)/P(옳은)이고 0.875×0.7/0.8=약 0.766이다.

위 가정을 토대로 하면 옳은 것을 물어보는 토익 문제에서 'probably'가 보기에 있으면 76.6%의 확률로 정답인 것이다.

나이브 베이지안 알고리즘은 자연어 처리를 할 때 이러한 단어들의 조건부 확률을 종합해서 판단한다. 토익 한 문제에 나온 단어는 많지만 각각 단어의 빈도수는 적다.

위 예시의 'probably'처럼 열 번의 빈도수만으로도 확률을 구할 수 있다. 이것은 적은 데이터로도 머신러닝 학습이 가능하다는 뜻이다. 적은 데이터로도 '단순화' 시켜서 쉽고 빠르게 판단을 내리는 특징이 있어 나이브 베이지안 알고리즘은 자연어 처리에 적합하다.

TIP

나이브 베이지안을 자세히 이해하기 위해 Kevin P. Murphy가 연구한 논문 'Naive Bayes classifiers'를 참고했으며, 나이브 베이지안 알고리즘의 자연어 처리를 이해하기 위해 Jan Keim이 연구한 독일 논문 'Themenextraktion zur Domänenauswahl für Programmierung in natürlicher Sprache'를 참고했다.

❷ 코랩 환경 설정하기

백석과 김수영의 시를 분류하는 인공지능 제작을 위해 [코드 2−1, 2−2] 같이 업데이트와 설정을 해 준다. 업데이트, 모듈 설치, 라이브러리 호출 등과 관련해서는 인공지능 모델 제작을 하며 더 자세히 설명하겠다.

```
#리눅스 업데이트
%%bash
apt-get update
apt-get install g++ openjdk-8-jdk python-dev python3-dev
pip3 install JPype1
pip3 install konlpy


%%shell
#Add debian buster
cat > /etc/apt/sources.list.d/debian.list <<'EOF'
deb [arch=amd64 signed-by=/usr/share/keyrings/debian-buster.gpg] http://deb.debian.org/debian buster main
deb [arch=amd64 signed-by=/usr/share/keyrings/debian-buster-updates.gpg] http://deb.debian.org/debian buster-updates main
deb [arch=amd64 signed-by=/usr/share/keyrings/debian-security-buster.gpg] http://deb.debian.org/debian-security buster/updates main
EOF


#Add keys
apt-key adv --keyserver keyserver.ubuntu.com --recv-keys DCC9EFBF77E11517
apt-key adv --keyserver keyserver.ubuntu.com --recv-keys 648ACFD622F3D138
apt-key adv --keyserver keyserver.ubuntu.com --recv-keys 112695A0E562B32A


apt-key export 77E11517 | gpg --dearmour -o /usr/share/keyrings/debian-buster.gpg
apt-key export 22F3D138 | gpg --dearmour -o /usr/share/keyrings/debian-buster-updates.gpg
apt-key export E562B32A | gpg --dearmour -o /usr/share/keyrings/debian-security-buster.gpg

#Prefer debian repo for chromium* packages only
#Note the double-blank lines between entries
cat > /etc/apt/preferences.d/chromium.pref <<'EOF'
Package: *
Pin: release a=eoan
Pin-Priority: 500


Package: *
Pin: origin "deb.debian.org"
Pin-Priority: 300


Package: chromium*
Pin: origin "deb.debian.org"
Pin-Priority: 700
EOF

#Install chromium and chromium-driver
apt-get update
apt-get install chromium chromium-driver

#Install selenium
pip install selenium
```

코드 2-1 리눅스, 자바 업데이트 및 웹 크롤링을 위한 모듈 설치

```
#필요한 라이브러리
import pandas as pd
import tensorflow as tf
import numpy as np
import matplotlib
import matplotlib.pyplot as plt
import re
import konlpy
from konlpy.tag import Okt
import tqdm
from tqdm import tqdm
from tensorflow.keras.preprocessing.text import Tokenizer
from bs4 import BeautifulSoup
import time
from tqdm import tnrange
from urllib.request import urlopen
import requests
import urllib.request
```

코드 2-2 필요한 라이브러리 호출

❸ 시 데이터 불러오고 번역하기

백석의 시와 김수영의 시를 모아둔 데이터를 [코드 2-3]과 같이 불러온다. url_1과 url_2 같이 이미 만들어진 구글 다이렉트 다운로드 링크를 사용해도 되고, 삼양미디어 고객센터 자료실(http://samyangm.com/shop/bbs/board.php?bo_table=shop_data)에서 파일을 다운로드한 후 개인 구글 드라이브에 올려 링크를 새로 만들어도 된다.

백석의 시 상위 데이터를 확인하면 잘 불러온 것임을 확인할 수 있다. 본인이 만들고 싶은 인공지능의 학습에 딱 맞는 데이터는 많지 않다. 그래서 이번 백석의 시와 김수영의 시도 직접 수집했다.

```
url_1 = "https://drive.google.com/uc?export=download&id=1l5k_du8aYsxdAXbqYJu60nU-3PDOb6_X"
#김수영의 시 모음
url_2 = "https://drive.google.com/uc?export=download&id=1qlO9hbiEnL3J7b1JKRFE5lMOrvF_13CR"
#백석의 시 모음
soo = pd.read_csv(url_1, delimiter=',', encoding='cp949') #김수영 시 데이터프레임 로드
baek = pd.read_csv(url_2, delimiter=',', encoding='cp949') #백석 시 데이터프레임 로드
soo.head( )
baek.head( )
```

결과

	content
0	가난한 내가₩n아름다운 나타샤를 사랑해서₩n오늘밤은 푹푹 눈이 나린다₩n₩n나타샤를...
1	당콩밥에 가지 냉국의 저녁을 먹고 나서₩n바가지꽃 하이얀 지붕에 박각시 주락시 붕붕...
2	여승은 합장하고 절을 했다₩n가지취의 내음새가 났다₩n쓸쓸한 낯이 넷날같이 늙었다₩...
3	가무락조개 난 뒷간거리에₩n빛을 얻으려 나는 왔다₩n빚이 안 되어 가는 탓에₩n가무...
4	눈이 많이 와서₩n산엣새가 벌로 나려 멕이고₩n눈구덩이에 토끼가 더러 빠지기도 하면...

코드 2-3 시 데이터 불러오기

불러온 시 데이터에서 내용(content 열)만 가져오고 행 번호와 빈칸을 없앤다. 그리고 정규 표현식(Regular Expressions, 정규식이라고도 함)으로 한글을 제외한 다른 문자나 기호 또한 삭제한다. 형태소 분석을 할 수 없는 한자나 괄호와 같은 기호를 삭제하는 것인데, 이러한 과정을 '토큰화'라고 한다.

```
soo_new = soo['content'] #김수영의 시 내용만 가져오기
soo_new.reset_index(drop = True, inplace = True) #행 번호(인덱스) 초기화하고, 빈칸 없애기
soo_new = soo_new.str.replace("[^ㄱ-ㅎㅏ-ㅣ가-힣 ]", "") #정규식으로 표현(한글만 남기고 필요 없는 기호들 삭제)
```

```
baek_new = baek['content'] #백석의 시 내용만 가져오기
baek_new.reset_index(drop = True, inplace = True) #행 번호(인덱스) 초기화하고, 빈칸 없애기
baek_new = baek_new.str.replace("[^ㄱ-ㅎㅏ-ㅣ가-힣]","") #정규식으로 표현(한글만 남기고 필요 없는 기호들 삭제)
```

코드 2-4 시 데이터 글자만 추출하기

```
for i in range(15):
    print(i, ": 길이", len(soo_new[i]))
```

```
0 : 길이 157
1 : 길이 124
2 : 길이 167
3 : 길이 373
4 : 길이 214
5 : 길이 324
6 : 길이 291
7 : 길이 322
8 : 길이 390
9 : 길이 289
10 : 길이 758
11 : 길이 2409
12 : 길이 378
13 : 길이 819
14 : 길이 397
```

코드 2-5 시 데이터 글자 수(길이) 불러오기

[코드 2-5]를 보면 11번 시는 글자 수가 2409자나 된다. 최근 우분트 업데이트로 인해 크롬 드라이브를 통해 웹 크롤링 작업을 할 경우 우회 코드를 이용한 방법을 사용해야 한다. 글자 수가 많은 시를 웹 크롤링할 경우 오류가 발생하기 때문에 안정적으로 400자 정도마다 시를 나눠 줘야 오류 없이 웹 크롤링이 가능하다.

TIP

웹 크롤링은 웹 스크래핑이라고도 하는데 인터넷에서 자동으로 데이터를 수집하는 프로세스를 의미한다. 웹 사이트, 검색 엔진 또는 기타 온라인 소스에서 정보를 추출하는 것을 예로 들 수 있다.

우분트(Ubuntu)는 Mac OS, 윈도와 같은 운영 체제의 한 종류로, 무료 오픈 소스 Linux 기반 운영 체제이며 사용자 친화적인 인터페이스로 웹 크롤링 작업에 용이하며 관련 명령 인터페이스도 함께 제공된다.

우분트는 인터넷에서 데이터 수집 및 분석을 자동화하기 위해 유연하게 사용자 정의가 가능한 플랫폼을 제공하므로 웹 크롤링을 위한 강력한 도구가 될 수 있다.

```
import math

#Divide long poems and save to a new list
soo_divided = [ ]
for poem in soo_new:
    if len(poem) > 400:
        num_segments = math.ceil(len(poem) / 400)
        for i in range(num_segments):
            segment = poem[i * 400:(i+1) * 400]
            soo_divided.append(segment)
    else:
        soo_divided.append(poem)

#Divide long poems and save to a new list
baek_divided = [ ]
for poem in baek_new:
    if len(poem) > 400:
        num_segments = math.ceil(len(poem) / 400)
        for i in range(num_segments):
            segment = poem[i * 400:(i+1) * 400]
            baek_divided.append(segment)
    else:
        baek_divided.append(poem)
```

```
for i in range(15):
    print(i, ": 길이", len(soo_divided[i]))
```

결과

```
0 : 길이 157
1 : 길이 124
2 : 길이 167
3 : 길이 373
4 : 길이 214
5 : 길이 324
6 : 길이 291
7 : 길이 322
8 : 길이 390
9 : 길이 289
10 : 길이 400
11 : 길이 358
12 : 길이 400
13 : 길이 400
14 : 길이 400
```

코드 2-6 시 데이터 글자 수(길이) 나눠 주기

[코드 2-6]과 같이 반복문을 사용해서 시를 불러오고 400자를 넘으면 나눠서 저장한 후 15번째 시까지 불러오면 400자 이하로 저장된 것을 확인 할 수 있다.

시인은 개성이 드러나는 각자의 문체가 있다.

백석의 시나 김수영의 시 속에 들어 있는 각자의 문체와 방언들을 표준어로 바꿔 그 결과를 원래 있던 시 데이터와 합친다. 시를 표준어로 바꾸는 방법은 번역기(여기서는 네이버 '파파고'를 사용)를 활용해 영어로 번역한 후 다시 한글로 번역하는 것이다. 이를 위해서는 코랩과 웹을 연결해야 한다.

[코드 2-7] 네 번째 줄은 웹 크롤링(web crawling, 웹의 정보를 자동화된 방법으로 탐색하는 것)을 위한 크롬 드라이버 설정 코드이다. 다섯 번째 줄은 인터넷 창이 안 뜨고 웹과 연결해 주는 것이고, 여섯 번째 줄은 웹과 코랩 연동을 수월하게 하기 위해 보안을 약하게 만드는 코드이다. 일곱 번째 줄은 공유 메모리를 ₩dev₩shm 디렉터리를 사용하지 않고 바로 연결해 주는 것이다. 마지막으로 크롬 드라이버를 실행하면 코랩과 웹이 연결된다.

```
# -*- coding: UTF-8 -*-
from selenium import webdriver
from selenium.webdriver.common.by import By
options = webdriver.ChromeOptions() #웹 크롤링을 위한 크롬 드라이버 설정
options.add_argument('--headless') #인터넷 창이 안 뜨게
options.add_argument('--no-sandbox') #코랩과 웹 연결을 위해 보안을 약하게 만드는 코드
options.add_argument('--disable-dev-shm-usage') #공유 메모리를 담당하는 ₩dev₩shm 디렉터리를 사용하지 않게 해 주는 코드
driver = webdriver.Chrome('chromedriver', options=options) #크롬 드라이버 사용
```

코드 2-7 크롬 웹 드라이브 설정 및 실행

미리 불러온 셀레늄(selenium) 모듈과 크롬 웹 드라이버를 이용해 준비한 시 파일을 네이버 파파고 번역기에 넣어 '한글 → 영어 → 한글'순으로 변환한다. tqdm()은 몇 % 진행되었는지, 얼마나 시간이 지났는지, 남았는지 등 반복문 진행률을 표시해 주어 긴 작업의 진행 상태를 나타낸다.

파파고 웹 주소에 번역할 언어와 글(https://papago.naver.com/?sk=ko&tk=번역할 언어&st=번역할 글)을 조합하면 코랩 내부에서 웹 크롤링으로 번역을 요청하고 find_element() 함수에 번역 결과 경로를 넣으면 번역된 데이터를 가져올 수 있다. 마지막으로 원하는 리스트에 번역된 결과를 추가하는 함수가 append()이다.

[코드 2-8]의 두 함수가 각각 한글을 영어(kor_to_trans)로, 영어를 한글(trans_to_kor)로 번역하는 웹 크롤링 코드이다.

```
def kor_to_trans(text_data, trans_lang):
    """trans_lang에 넣는 파라미터 값:
    'en' -> 영어
    'ja&hn=0' -> 일본어
    'zh-CN' -> 중국어(간체)"""
    for i in tqdm(range(len(text_data))):
        try:
            driver.get('https://papago.naver.com/?sk=ko&tk='+trans_lang+'&st='+text_data[i])
            time.sleep(2.5)
            backtrans = driver.find_element('xpath', '//*[@id="txtTarget"]/span').text
        except:
            driver.get('https://papago.naver.com/?sk=ko&tk='+trans_lang)
            driver.find_element('xpath', '//*[@id="txtSource"]').send_keys(text_data[i])
            time.sleep(2.5)
            backtrans = driver.find_element('xpath', '//*[@id="txtTarget"]/span').text
        trans_list.append(backtrans)

def trans_to_kor(transed_list, transed_lang):
    for i in tqdm(range(len(transed_list))):
        try:
            driver.get('https://papago.naver.com/?sk='+transed_lang+'&tk=ko&st='+transed_list[i])
            time.sleep(2.5)
            backtrans = driver.find_element('xpath', '//*[@id="txtTarget"]/span').text
            backtrans_list.append(backtrans)
        except:
            driver.get('https://papago.naver.com/?sk='+transed_lang+'&tk=ko')
            driver.find_element('xpath', '//*[@id="txtSource"]').send_keys(transed_list[i])
            time.sleep(2.5)
            backtrans = driver.find_element('xpath', '//*[@id="txtTarget"]/span').text
            backtrans_list.append(backtrans)
```

코드 2-8 '한글을 영어'로 번역하는 'kor_to_trans' 함수와 '영어를 한글로 번역'하는 'trans_to_kor' 함수

한글을 영어로 번역한 후 담을 리스트(trains_list)와 영어를 한글로 번역한 후 담을 리스트 (backtrans_list)를 선언한 후 위에서 만든 번역 함수로 실행한다. 그 후 데이터 처리를 위해 판다스 데이터 프레임을 만들고 원래 김수영의 시와 합친다.

```
trans_list = [ ] #한국어 —> 영어를 담을 리스트
backtrans_list = [ ] #영어 —> 한국어를 담을 리스트
```

```
kor_to_trans(soo_divided, 'en') #한글 —> 영어
trans_to_kor(trans_list, 'en') #영어 —> 한글
trans_list = pd.DataFrame({'content':trans_list}) #영어 —> 한글로 된 글을 데이터 프레임으로 만들기
soo = pd.concat([soo,trans_list],ignore_index=True) #데이터 프레임으로 만든 번역 글을 원래 데이터와 합
치기
```

결과

```
100%|██████████| 118/118 [04:38<00:00, 2.36s/it]
100%|██████████| 118/118 [04:36<00:00, 2.34s/it]
```

코드 2-9 김수영의 시 표준어로 변환

김수영의 시 변환 과정을 [코드 2-10]과 같이 그대로 백석의 시에도 적용한다. 이러한 과정을 거치면 각 시인의 개성이 드러나는 여러 표현들의 빈도를 증가시키는 효과와 더불어 다음 과정인 형태소 단위로 끊어내는 작업의 정확도를 높여 준다.

```
trans_list = [ ] #한글 —> 영어를 담을 리스트
backtrans_list = [ ] # 영어 —> 한글을 담을 리스트
```

```
kor_to_trans(baek_divided, 'en') #한글 —> 영어
trans_to_kor(trans_list, 'en') #영어 —> 한글
trans_list = pd.DataFrame({'content':trans_list}) #영어—> 한글로 된 글을 데이터 프레임으로 만들기
baek = pd.concat([baek,trans_list],ignore_index=True) #데이터 프레임으로 만든 번역 글을 원래 데이터와
합치기
```

결과

```
100%|██████████| 97/97 [03:47<00:00, 2.34s/it]
100%|██████████| 97/97 [03:46<00:00, 2.34s/it]
```

코드 2-10 백석의 시 표준어로 변환

TIP

웹 크롤링의 경우 크롬 웹 드라이버 설정 때문에 번역 요청 실행 시 에러가 날 수 있다. 이 경우에는 '런타임'–'런타임 연결 해제 및 삭제' 후에 다시 실행하거나 trans_list 선언을 다시 실행하면 해결된다.

❹ 시 데이터 전처리하기

불러온 원본과 번역된 시 데이터를 전처리해 보자. 먼저 김수영의 시에는 'soo', 백석의 시에는 'baek'이라는 라벨을 부여하고 하나의 파일(poetry)로 합친다.

```
#poet(시인) 열을 추가하고 김수영 시는 soo, 백석 시는 baek 이라는 라벨 부여하기
soo['poet'] ='soo'
baek['poet'] = 'baek'
poetry = soo.append(baek, ignore_index=True) #poetry(시집)에 김수영 시와 백석 시를 같이 담기
```

코드 2-11 시 데이터 라벨 부여 및 병합

합친 시 데이터에 Null 값이 존재하면 행을 제거하고 잘 제거되었는지 확인한다. isnull( ) 함수는 Null 값이 존재하는지 확인해 주고 False가 나오면 Null 값이 존재하지 않는다는 의미이다.

```
poetry = poetry.dropna(how = 'any') #Null 값이 존재하는 행 제거
print(poetry.isnull( ).values.any( )) #Null 값이 존재하는지 확인
```

결과

```
False
```

코드 2-12 시 데이터 Null 값 제거

중복 데이터를 drop_duplicates( ) 함수로 없애 주면 시 데이터 전처리가 끝난다. 이제 개수를 확인해 본다.

```
poetry.drop_duplicates(subset=['content'], inplace=True) #똑같은 데이터 없애기
```

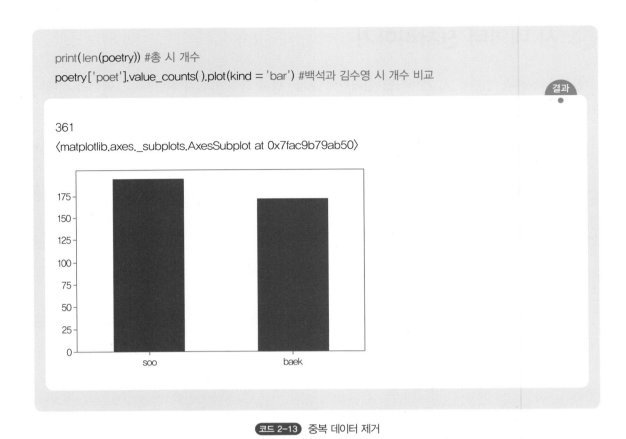

```
print(len(poetry)) #총 시 개수
poetry['poet'].value_counts().plot(kind = 'bar') #백석과 김수영 시 개수 비교
```

361
〈matplotlib.axes._subplots.AxesSubplot at 0x7fac9b79ab50〉

코드 2-13 중복 데이터 제거

마지막으로는 각 시인의 특성을 드러내지 못하고 일반적으로 쓰이는 표현인 '불용어'를 제거해야한다. 부사격 조사인 '–쪽으로', '–까지'와 같은 형식 형태소나 수를 표현하는 수사 등이 바로 그것이다.

맨 처음 불러온 모듈 중 koNLPy에 'Okt'라는 형태소 분석기를 불러오고 한국어 불용어 리스트(https://raw.githubusercontent.com/yoonkt200/FastCampusDataset/master/korean_stopwords.txt)가 저장된 파일을 불러온다.

토큰화된 문장을 담을 리스트(tokenized_data)를 선언하고 시집(poetry)에 있는 시를 하나씩 불러와서 토큰화(okt.morphs())를 한다.

더불어 한국어 불용어 리스트를 참고해 불용어를 제거하고 전처리된 시를 저장한다. 인공지능 분류를 위해 백석의 시는 0으로, 김수영의 시는 1로 라벨링을 해 주고 잘되었는지 확인해 본다.

```
okt = Okt( ) #한국어 토큰화를 위한 Konlpy의 okt 객체 불러오기
stopwords = pd.read_csv("https://raw.githubusercontent.com/yoonkt200/FastCampusDataset/master/
korean_stopwords.txt").values.tolist( ) #한국어 불용어 리스트 불러오기

tokenized_data = [ ] #토큰화된 문장 담을 리스트
for sentence in tqdm(poetry['content']): #시집에 있는 시 하나씩 불러와서
    tokenized_sentence = okt.morphs(sentence, stem=True) #토큰화
    stopwords_removed_sentence = [word for word in tokenized_sentence if not word in stopwords] #불
    용어 제거
    tokenized_data.append(stopwords_removed_sentence) #전처리된 시 저장

poetry['poet'] = poetry['poet'].replace(['baek', 'soo'],[0,1]) #백석을 0, 김수영을 1로 라벨링
poetry['poet'].value_counts( ).plot(kind = 'bar') #클래스의 비율 비교
```

결과

```
100%|████████████| 361/361 [00:13<00:00, 25.97it/s]
<matplotlib.axes._subplots.AxesSubplot at 0x7faca7c4adc0>
```

코드 2-14 토큰화 과정

❺ TF-IDF 처리하기

시 데이터(poetry)에 토큰화된 데이터(tokenized_data)를 덮어쓰기해 저장하고 train_test_split 모듈을 이용해 훈련 데이터와 테스트 데이터를 9:1 비율로 분리하고, 랜덤(shuffle=True)으로 클래스 비율은 동일(stratify=poetry['poet'])하게 나눈다.

```
from sklearn.model_selection import train_test_split

poetry['content']=tokenized_data #토큰화된 데이터 가져오기
X_train, X_test, y_train, y_test = train_test_split(poetry[['content']],
                                    poetry['poet'],test_size=0.1,#데이터를 9:1의 비율로 분리
                                    shuffle=True,
                                    stratify=poetry['poet'],#데이터를 클래스 비율이 균등하게 분리
                                    random_state=1004)
```

코드 2-15 훈련 데이터와 테스트 데이터 나누기

자연어 처리에서 중요한 것은 단어의 빈도다. TF-IDF는 Term Frequency-Inverse Document Frequency의 약자로 TF(문서 빈도)는 한 단어가 어떤 한 문서에서 등장하는 빈도이고 그 단어가 한 문서에서 많이 나오면 가중치가 높아지는 것을 의미한다.

반대로 IDF(역 문서 빈도)는 한 단어가 어떤 문서군에서 등장하는 빈도를 의미한다. 문서군에서 많이 사용되면 그 단어가 그렇게 중요하지 않다는 의미이므로 가중치가 낮아진다. 이 둘을 곱한 것을 TF-IDF라고 하고 이를 위한 과정을 단계적으로 설명하려고 한다.

🎯 1단계: TF-IDF에 필요한 모듈을 호출

```
#TF-IDF 라이브러리
from sklearn.feature_extraction.text import CountVectorizer
from sklearn.feature_extraction.text import TfidfTransformer
```

🎯 2단계: TF-IDF 방식을 사용하기 위해 토큰화된 문장을 리스트 형태에서 일반 String(문자열) 형식으로 변환하는 함수 생성

```
#TF-IDF 방식을 사용하기 위해 토큰화된 문장을 리스트 형태에서 일반 string 형식으로 변환
def transX(item):
    item = item.values.tolist()
    corpus = []
    for i in range(len(item)):
        item[i] = item[i][0]
        sentence=''
```

```
    for j in range(len(item[i])) :
        sentence = sentence + item[i][j]+' '
    corpus.append(sentence)


return corpus
```

🎯 3단계: 훈련 데이터와 테스트 데이터를 리스트 형태에서 일반 String 형식으로 변환

```
X_train = transX(X_train) #train 데이터 문장 변환
X_test = transX(X_test) #test 데이터 문장 변환
```

🎯 4단계: 앞서 불러온 모듈을 이용해 훈련 데이터를 기반으로 TF-IDF 설정

```
#train 데이터를 기반으로 TF-IDF 설정
dtmvector = CountVectorizer( )
dtm = dtmvector.fit_transform(X_train)

tfidf_transformer = TfidfTransformer( )
X_train = tfidf_transformer.fit_transform(dtm)
```

🎯 5단계: 테스트 데이터를 훈련 데이터 기반으로 맞추어진 TF-IDF 벡터로 변환

```
#test 데이터를 train 데이터에 맞춰진 TF-IDF 벡터로 변환
X_test_dtm = dtmvector.transform(X_test)
X_test = tfidf_transformer.transform(X_test_dtm)
```

🎯 6단계: 임의로 추출된 y 데이터이므로 인덱스 초기화(제거)

```
#임의 추출된 y 데이터이므로 인덱스 초기화
y_train = y_train.reset_index(drop=True)
y_test = y_test.reset_index(drop=True)
```

자연어 처리를 위해 문서(시집)에 나오는 단어의 빈도수를 가중치 값으로 나타내는 필수적인 작업인 TF–IDF를 완료했다. 비로소 자연어 학습을 위한 준비가 끝났다.

지금까지 자연어 처리 과정과 사용 모듈을 정리해 보면 다음과 같다.

자연어 처리 과정

1 시인의 글이 담긴 csv 파일을 각각 불러와 괄호, 한자 등 한글이 아닌 기호나 문자를 삭제한다.

2 학습 데이터를 늘리고 방언과 표준어를 모두 반영하기 위해 원본과 번역기를 돌린 내용을 합친 데이터 세트를 만든다(selenium 이용).

3 두 시인의 시 데이터를 합친 뒤 겹치는 단어를 삭제한다.

4 각 문장을 형태소로 분석하고, 조사나 수사와 같이 시인만의 특징이 될 수 없는 불용어를 삭제한다(koNLPy 이용).

5 데이터를 9:1의 비율로 나누고 학습 데이터 기반으로 단어의 빈도수를 가중치 값으로 표현한다(TF–IDF 이용).

사용 모듈 및 용어 정리

✔ koNLPy: 파이썬에서 제공하는 형태소 분석기로, 우리는 이 중 'Okt'라는 도구를 사용해서 형태소 분석을 통한 단어 분석을 했다.

✔ selenium: 파이썬에서 제공하는 도구로, 웹 페이지의 데이터를 추출하기 위해 크롬 웹 드라이버와 함께 쓰인다. 우리는 네이버 파파고 사이트에 시를 넣고 번역한 시를 추출해 가져오는 데 사용하였다.

✔ 토큰화: 문자 데이터를 형태소 단위, 띄어쓰기 단위, 또는 문장 성분으로 용도에 맞게 나누는 것을 의미한다.

➏ 나이브 베이지안 모델 생성 및 학습하기

인공지능 학습을 위해 자연어 처리된 시 데이터를 나이브 베이지안 알고리즘에 적용해 보자.

사이킷런(sklearn)에서 제공하는 나이브 베이지안 모델을 불러와 변수 m에 저장한다. 또한 여러 확률을 결합하여 함수로 표현하는 나이브 베이지안 알고리즘 특성상 이를 조절하는 파라미터(매개변수)가 필요하다. 여러 가지 파라미터를 변수 alphas에 저장한다.

```
from sklearn.naive_bayes import MultinomialNB #나이브 베이지안 라이브러리


m = MultinomialNB( ) #나이브 베이지안 사용
alphas = [0.001, 0.01, 0.1, 0.2, 0.4, 0.5, 0.9, 1] #사용할 파라미터 리스트
```

코드 2-16 나이브 베이지안 모델 호출

최적의 파라미터를 찾아주는 라이브러리 GridSearchCV를 호출하여 생성된 나이브 베이지안 모델을 alphas 파라미터 값마다 모두 학습시키고 최고의 성능을 불러와 grid에 저장한다. 최적의 나이브 베이지안 모델에 학습 데이터(X_train, y_train)를 넣고 학습시킨다.

```
from sklearn.model_selection import GridSearchCV #최적의 파라미터를 찾아주는 라이브러리


grid = GridSearchCV(estimator=m, param_grid=dict(alpha=alphas)) #알파값마다 모두 학습해 보고 최고
성능 불러옴
grid.fit(X_train, y_train) #학습
```

> **결과**
```
GridSearchCV(estimator=MultinomialNB( ),
            param_grid={'alpha': [0.001, 0.01, 0.1, 0.2, 0.4, 0.5, 0.9, 1]})
```

코드 2-17 나이브 베이지안 모델 최적화 후 학습

학습이 완료된 나이브 베이지안 모델에 테스트 데이터(X_test, y_test)로 평가를 진행했더니 80%의 정확도가 나왔고 predict( ) 함수를 이용해 실제와 예측을 비교할 수 있다.

처음에는 인공지능이 언어를 이해하고 활용할 수 있을지 의문이 들었을 것이다. 하지만 파이썬에서 제공하는 다양한 도구를 통해 두 시인의 글을 89.5% 정도 분류하는 인공지능을 만들었다. 비록

활용을 위해 토큰화 과정, TF-IDF 과정 등을 거쳐야 한다는 단점이 있지만 그럼에도 인간의 언어를 활용할 수 있다는 점에서 기계와 인간의 상호작용 가능성을 엿볼 수 있었다고 할 수 있다.

```python
score = grid.score(X_test, y_test) #예측은 얼마나 잘하는지 정확도
print('예측 정확도', score)

ypred = grid.predict(X_test)
for i in range(len(ypred)) :
    print('예측 :', end=' ')
    if(ypred[i] == 0):
      print("백  석", end=', ')
    else:
      print("김수영", end=', ')
    print('실제 :', end=' ')
    if(y_test[i] == 0):
      print("백  석")
    else:
      print("김수영")
```

결과

```
예측 정확도 0.8947368421052632
예측 :김수영, 실제 :김수영
예측 :백  석, 실제 :백  석
예측 :백  석, 실제 :백  석
예측 :김수영, 실제 :김수영
예측 :백  석, 실제 :백  석
예측 :백  석, 실제 :김수영
……
```

코드 2-18 나이브 베이지안 모델 평가

❼ 나이브 베이지안 모델 테스트하기

나이브 베이지안 알고리즘으로 학습시킨 백석과 김수영의 시 분류 인공지능 모델을 학습하지 않은 데이터 즉, 낯선 시로 테스트해 보자.

이를 위해 새로운 시 문장을 테스트할 수 있는 함수를 만들어야 한다. 새로운 문장을 예측할 함

수(poet_predict)는 앞에서 밟은 과정을 압축하면 된다.

[코드 2-19]의 두 번째 줄부터 네 번째 줄까지는 순서대로 정규식 변환, 토큰화 과정, 불용어 제거를 위한 코드, 그 다음 네 줄은 TF-IDF를 적용할 수 있도록 문장 형태로 변환하는 코드, 그 다음 두 줄은 TF-IDF로 변환하는 코드다.

마지막 여섯 줄은 전처리된 새로운 시 문장을 모델에 넣고 그 예측 값 중 왼쪽 확률이 더 크면 백석의 시로, 오른쪽 확률이 더 크면 김수영의 시로 판별하는 코드다.

```python
def poet_predict(new_sentence): #새로운 문장을 예측할 함수
    new_sentence = new_sentence.replace("[^ㄱ-ㅎㅏ-ㅣ가-힣 ]", "") #정규식 변환
    new_sentence = okt.morphs(new_sentence, stem=True) #토큰화
    new_sentence = [word for word in new_sentence if not word in stopwords] #불용어 제거

    #TF-IDF를 적용할 수 있는 문장 형태로 변환
    sen=' '
    for i in range(len(new_sentence)) :
        sen = sen + new_sentence[i]+' '
    new_sentence=sen

    #TF-IDF로 변환
    new_dtm = dtmvector.transform([new_sentence])
    new_sentence = tfidf_transformer.transform(new_dtm)

    score = grid.predict_proba(new_sentence) #예측
    print(score)
    if(score[0][0] >= score[0][1]): #예측 결과 왼쪽(0번째 자리)의 확률이 더 크면 백석의 시
        print("백석의 시입니다.\n")
    else: #예측 결과 오른쪽(1번째 자리)의 확률이 더 크면 김수영의 시
        print("김수영의 시입니다.\n")
```

코드 2-19 새로운 문장 예측 함수

4.19 혁명과 5.16 쿠데타가 일어났던 1960년대 독재정권의 폭압과 사회의 부조리함에 저항하는 김수영의 애절한 시 '어느 날 고궁을 나오면서'의 일부분을 테스트한 결과 정확하게 김수영의 시로 분류했다.

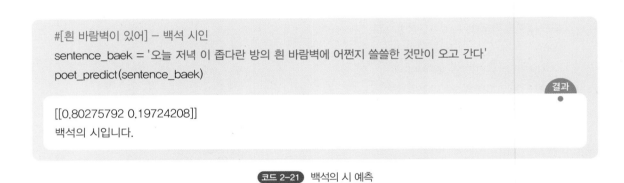

```
#[어느 날 고궁을 나오면서] – 김수영 시인
sentence_kim = '왜 나는 조그마한 일에만 분개하는가 저 왕궁 대신에 왕궁의 음탕 대신에'
poet_predict(sentence_kim)
```

결과

```
[[0.00226834 0.99773166]]
김수영의 시입니다.
```

코드 2-20 김수영의 시 예측

한편 백석은 여러 곳을 떠돌며 유랑생활을 하던 1941년 고향에 대한 그리움과 애틋함이 담긴 시 '흰 바람벽이 있어'를 발표했다. 그중 일부분을 테스트한 결과 역시 백석의 시로 분류했다.

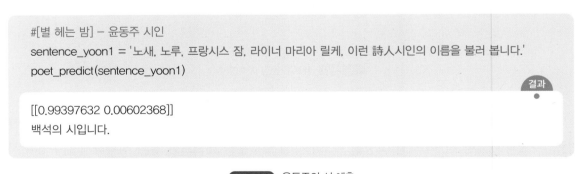

```
#[흰 바람벽이 있어] – 백석 시인
sentence_baek = '오늘 저녁 이 좁다란 방의 흰 바람벽에 어쩐지 쓸쓸한 것만이 오고 간다'
poet_predict(sentence_baek)
```

결과

```
[[0.80275792 0.19724208]]
백석의 시입니다.
```

코드 2-21 백석의 시 예측

여기서 끝이 아니라 한국인이 사랑하는 시인 중 한 명인 윤동주의 대표적인 시 '별 헤는 밤'의 일부분을 테스트해 보자.

```
#[별 헤는 밤] – 윤동주 시인
sentence_yoon1 = '노새, 노루, 프랑시스 잠, 라이너 마리아 릴케, 이런 詩人시인의 이름을 불러 봅니다.'
poet_predict(sentence_yoon1)
```

결과

```
[[0.99397632 0.00602368]]
백석의 시입니다.
```

코드 2-22 윤동주의 시 예측

```
#[별 헤는 밤] – 윤동주 시인
sentence_yoon2 = '어머님, 그리고 당신은 멀리 北間島북간도에 계십니다.'
poet_predict(sentence_yoon2)
```

결과

```
[[0.65143366 0.34856634]]
백석의 시입니다.
```

코드 2-23 윤동주의 시 예측

인상적인 두 부분을 테스트한 결과 백석의 시로 분류되었다. 앞에서 시인들에게 '가장 좋아하는 시집' 1위로 뽑힌 백석의 시집 〈사슴〉은 100부 한정 판매에 가격도 비쌌다. 시인 윤동주는 이 책을 구하지 못해 도서관에서 하루 종일 이 시집을 베껴 썼고 그 필사본을 항상 가지고 다녔다는 이야기는 백석과 윤동주 사이에 빼놓을 수 없는 일화이다. 이런 윤동주의 마음은 그의 시에 고스란히 담겨 있다.

우리는 인간이 사용하는 언어인 자연어를 수학적으로 토큰화하여 받아들인 후 각 시인의 문장 속에 출현하는 빈도에 따라 형태소를 분석하고 그 단어가 지니는 방향성을 바탕으로 어떤 시인의 시에 속하는지 구분한다는 원리를 통해 인공지능도 '인간 언어의 꽃'인 문학을 비롯한 여러 문장들을 받아들일 준비가 되어 있음을 알 수 있었다.

최근에는 우리가 사용한 koNLPy의 Okt 외에도, 형태소를 지나치게 세밀히 분석할 때 발생하는 정확도의 하락 등을 보정하기 위해 등장한 soNLPy의 'L tokenizer', 기존의 언어 체계를 부수고 등장한 신조어를 문자열의 연결을 통해 문장을 끊어내는 방식으로 의미 단락을 나누는 방법 등 자연어 처리에 대한 새로운 연구들이 활발히 진행되고 있다.

인공지능이 인간의 언어로 표현한 여러 감정과 정서까지 느낄 수 있는 날이 멀지 않았다.

01 컴퓨터에서 사용하는 프로그래밍 언어와 구분하기 위해 인간이 일상생활에서 의사소통을 위해 사용하는 언어를 (   )(이)라고 하고 컴퓨터를 활용하여 이 언어를 분석하고 활용하는 것을 (   ), 줄여서 'NLP'라고 한다.

02 (   ) 알고리즘은 베이즈 정리(Bayes' theorem)에 기반한 분류 알고리즘으로, 베이즈 정리를 알기 위해서는 조건부 확률을 알아야 한다. 조건부 확률은 어떤 사건이 일어나는 경우에 다른 사건이 일어날 확률을 말한다. 즉, P(B|A)는 A와 B가 동시에 일어날 확률을 A가 일어날 확률로 나눈 것이고, 이러한 베이즈 정리에서 곱셈 공식으로 변형한 것이 이 알고리즘의 식이다. 적은 데이터로도 '단순화' 시켜서 쉽고 빠르게 판단을 내리는 특징이 있어 자연어 처리에 적합하다.

03 시 데이터 활용을 위해 전처리 과정이 필요하다. 불러온 시 데이터에서 내용 (content 열)만 가져오고 행 번호와 빈칸을 없앤다. 그리고 정규 표현식 (Regular Expressions, 정규식이라고도 함)으로 한글을 제외한 다른 문자나 기호 또한 삭제한다. 형태소 분석을 할 수 없는 한자나 괄호와 같은 기호를 삭제하는 것인데, 이러한 과정을 (   )(이)라고 한다.

04 자연어 처리를 위해 문서(시집)에 나오는 단어의 빈도수를 가중치 값으로 나타내는 필수적인 작업인 (   ) 과정이 필요하다.

05 (   )은/는 파이썬에서 제공하는 도구로, 웹 페이지의 데이터를 추출하기 위해 크롬 웹 드라이버와 함께 쓰인다.

정답
283쪽 참고

CNN

인공지능을 처음 접한 이에게 "어떤 인공지능을 만들고 싶은가?"라는 질문을 던지면, 딥페이크나 안면 인식 등 이미지 데이터를 활용한 인공지능을 가장 많이 만들고 싶다고 답할 만큼 이미지 데이터에 대한 관심이 높다.

이번 챕터에서는 이미지 학습 알고리즘에 대해 알아보고, 이미지 데이터를 활용한 인공지능을 제작해 본다.

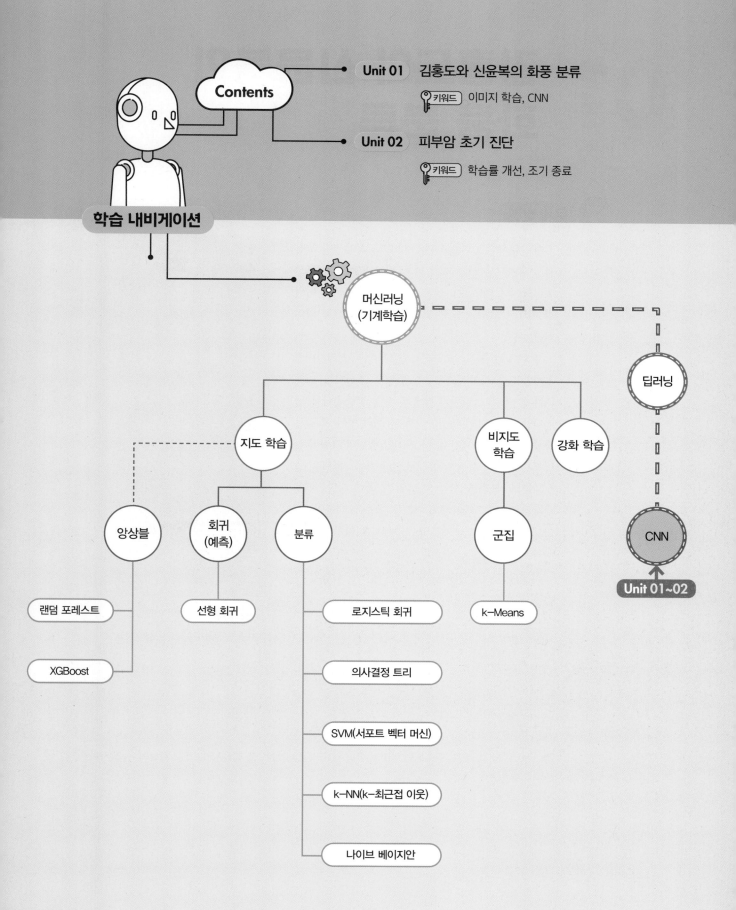

학습 내비게이션

머신러닝
(기계학습)

딥러닝

지도 학습

비지도
학습

강화 학습

앙상블

회귀
(예측)

분류

군집

CNN

Unit 01~02

랜덤 포레스트

선형 회귀

로지스틱 회귀

k-Means

의사결정 트리

XGBoost

SVM(서포트 벡터 머신)

k-NN(k-최근접 이웃)

나이브 베이지안

김홍도와 신윤복의 화풍 분류

🔒 문제 발견

혜원은 정말 여자였을까? 〈미인도〉로 유명한 조선 후기 화가 신윤복의 호가 바로 혜원(蕙園)이다. 조선 풍속화에서 여성의 그림은 〈미인도〉를 그리기 이전과 이후로 나뉠 정도로 그의 그림은 명작으로 알려져 있다.

단원(檀園) 김홍도와 혜원 신윤복은 사제지간이었을까? 13살 차이의 두 궁중 화원은 조선시대 '천재 화가'로 불린다. 단원과 혜원은 수많은 풍속화를 남겼지만, 그들 개인에 대한 기록은 거의 없어 이 같은 궁금증을 불러일으킨다. 한 작가가 혜원의 그림이 놀랍도록 여인의 동작과 유사한 것을 보고 혜원을 남장 여자로 표현한 소설 〈바람의 화원〉이 사람들에게 회자되고 TV 드라마로도 인기를 끌었다. 더불어 〈미인도〉라는 영화까지 개봉하면서 혜원은 여자이고, 단원과 사제관계라는 상상이 실제처럼 여겨졌다.

그렇다면, 인공지능은 단원과 혜원 두 사람의 그림을 구분할 수 있을까?

그림 1-1 신윤복의 〈미인도〉

[이미지 출처] 문화재청 국가문화유산포털

🔒 해결 모델은?

조선시대 천재 화가 단원과 혜원의 풍속화를 이미지 학습 알고리즘인 CNN으로 학습시키고 테스트하여 두 작가의 화풍을 인공지능으로 분류할 수 있는지 확인해 보자.

키워드 이미지 학습, CNN

• 이미지 학습 알고리즘 중 CNN에 대해 이해한다.
• 이미지 데이터 수집 및 전처리 방법을 이해한다.
• 기초 수준의 이미지 학습 인공지능 모델을 제작한다.

① 인공지능 알고리즘: CNN이란?

티처블 머신(Teachable Machine, 구글에서 제공하는 웹 기반 머신러닝 학습 도구), 엔트리(entry), 오렌지3(Orange3, 데이터 시각화와 분석에 유용한 도구) 등에서는 인공지능을 체험하거나 낮은 단계의 이미지 데이터를 활용한 인공지능 모델이 주를 이루고 모델을 제작하기도 쉽다. 하지만 이는 이미지 학습 과정을 하나의 기능으로 묶어 두어서 가능한 것이다. 이미지 학습의 원리와 알고리즘을 이해하기 위해서는 인공지능에 대한 지식이 어느 정도 있어야만 가능하다. 이번 Unit에서는 이미지 학습의 기본적인 이해를 한 후 다음 Unit에서 더 자세한 설명을 이어나갈 예정이다. 따라서 이번에는 이미지 데이터를 수집하고 전처리하는 방법 정도만 파악하는 것을 목표로 한다.

처음에 개발된 원천 알고리즘이 아닌 이상 대부분의 알고리즘은 다른 알고리즘을 보완하는 목적으로 탄생한다. 이미지 학습에서 가장 대표적으로 이용하는 알고리즘인 CNN(Convolutional Neural Network, 합성곱 신경망) 역시 딥러닝(Deep Neural Network)의 단점에서 시작되었다. 딥러닝으로 이미지 데이터를 수치화하여 학습할 수 있지만 이는 단순히 빨강, 초록, 파랑의 수치적 나열을 통한 학습이었고 이미지가 지닌 고유의 특색을 반영하여 학습하지 못하였다.

[그림 1-2]의 필기체를 예로 들어 설명하겠다. 왼쪽과 가운데 필기체를 보면 누가 봐도 0과 1이다. 이와 유사한 데이터를 학습하면 딥러닝은 가운데가 비어 있고 양쪽이 채워져 있으면 0의 특징으로 인식하고 학습에 반영한다. 반대로 가운데가 채워져 있고 양쪽이 비어 있으면 1의 특징으로 인식하고 학습한다.

하지만 오른쪽 그림은 딥러닝이 어떻게 받아들일 것인가. 가운데가 비어 있고 오른쪽이 채워져 있어 0으로 인식할 확률이 높다. 이 경우 딥러닝은 이미지의 공간적·지역적 정보가 손실되게 된다. 이에 비해 CNN은 이미지 전체보다는 부분의 특징을 유지한 채 학습하는 것이 가장 큰 특징이다.

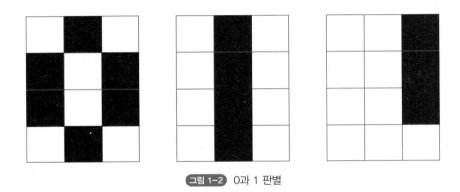

그림 1-2 0과 1 판별

　새 이미지를 학습한다고 가정했을 때 가느다란 두 다리, 꼬리, 부리 등의 특징을 살려 학습해 여우나 개 등 다른 동물들과 구별할 수 있게 하는 것이 CNN 알고리즘의 원리이다.

　가느다란 두 다리나 꼬리, 부리 등 각 특징을 부분적으로 가져오는 과정, 예를 들어 28×28 전체 이미지에 열 개의 5×5 필터를 만들어 처리하는 과정을 'Convolution(컨볼루션)'이라 하고 Convolution 과정에서 많은 수의 결과 값을 축소해 주는 과정이 'Pooling(풀링)'이다. 특징 필터를 만들어 필터로 비교 처리하는 Convolution 과정과 결과 값을 축소해 주는 Pooling 과정이 특징을 뽑아내는 Feature extraction(특징 추출) 역할을 한다. 이 과정을 여러 번 반복한 후 형성된 층을 학습하는 것이다.

　쉽게 비유해서 설명하자면 CNN은 눈, 코, 입 각각의 몽타주를 뽑은 후 이를 종합해서 범인을 잡는 형사라고 말할 수 있다.

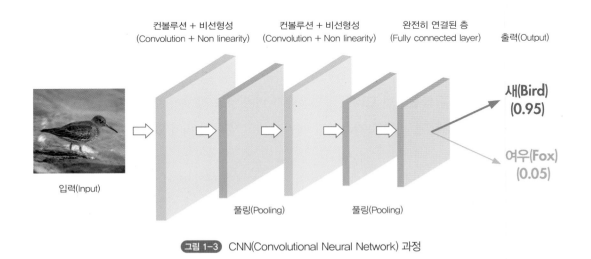

그림 1-3 CNN(Convolutional Neural Network) 과정

② 데이터 불러오기

삼양미디어 고객센터 자료실(http://samyangm.com/shop/bbs/board.php?bo_table=shop_data)에서 'pic'이라는 이미지 데이터를 다운로드 받는다. pic 폴더를 살펴보면 'Shin' 폴더 안에 신윤복 그림 파일 30개가 있고 'Kim' 폴더 안에 김홍도 그림 파일 26개가 있다. 그리고 '월하정인'과 '공원춘효도'는 테스트용 그림이다. 'train' 폴더 안에 다시 're_shin'과 're_kim'의 빈 폴더 2개가 있는데, 원본 그림을 전처리해서 해당 폴더에 담아 이미지 학습을 할 예정이다.

이제 pic 폴더를 구글 드라이브에 업로드한 후 코랩을 통해 구글 드라이브의 이미지 데이터를 학습하도록 하자.

[코드 1-1]과 같이 필요한 모듈을 불러오고 drive.mount를 실행하면 구글 로그인 창이 뜬다. 개인 구글 계정에 로그인을 하고 구글 드라이브 접속을 허용해 주면 코랩과 구글 드라이브가 연동된다.

```
import os
import glob
import numpy as np
import random
import matplotlib.pyplot as plt
```

```
np.random.seed(3)
random.seed(3)
```

```
from google.colab import drive
drive.mount('/gdrive', force_remount=True)
```

결과
```
Mounted at /gdrive
```

코드 1-1 구글 드라이브 연결하기

구글 드라이브와 연동한 후 경로를 설정해 준다. 초기 경로는 '/gdrive/Mydrive'이고 pic 폴더의 Shin 폴더와 Kim 폴더를 각각 train_shin_dir과 train_kim_dir에 저장해 준다. 이렇게 하면 신윤복과 김홍도 그림이 저장되어 있는 구글 드라이브 경로가 저장된다. os 모듈의 listdir( ) 함수를 이용하면 폴더 안의 파일 이름 리스트를 불러올 수 있다. [코드 1-2]와 같이 경로 지정 작업과 파일 이름 리스트 저장 작업을 완료하고 확인하면 파일 이름과 개수를 확인할 수 있다.

```
path = "/gdrive/MyDrive/pic"

#신윤복/김홍도 데이터 세트 경로 지정
train_shin_dir = path + '/Shin'
train_kim_dir = path + '/Kim'

#신윤복 파일 이름 리스트
train_shin_names = os.listdir(train_shin_dir)
print(train_shin_names[:10])

#김홍도 파일 이름 리스트
train_kim_names = os.listdir(train_kim_dir)
print(train_kim_names[:10])

#신윤복/김홍도 총 이미지 파일 개수
print('total training shin images:', len(os.listdir(train_shin_dir)))
print('total training kim images:', len(os.listdir(train_kim_dir)))
```

결과

```
['신윤복23.jpg', '신윤복17.jpg', '신윤복12.jpg', '신윤복16.jpg', '신윤복20.jpg', '신윤복7.jpg', '신윤복22.jpg',
'신윤복2.jpg', '신윤복21.jpg', '신윤복26.jpg']
['김홍도2.jpg', '김홍도15.jpg', '김홍도13.jpg', '김홍도21.jpg', '김홍도25.jpg', '김홍도24.jpg', '김홍도10.jpg',
'김홍도14.jpg', '김홍도12.jpg', '김홍도16.jpg']
total training shin images: 30
total training kim images: 26
```

코드 1-2 경로 설정 및 리스트 이름 불러오기

❸ 불러온 데이터 확인하기

특정 확장자(여기선 이미지 확장자)를 가진 파일들을 리스트로 묶어 다룰 수 있게 하는 모듈이 glob 모듈이다. 이미지 파일이 담긴 파일을 glob( ) 함수로 묶어 주면 한 번에 여러 파일을 리스트로 처리할 수 있다.

```
train_shin = glob.glob(path + '/Shin'+'/*')
train_kim = glob.glob(path + '/Kim'+'/*')
```

코드 1-3 이미지 파일 리스트로 묶기

이미지를 잘 불러왔는지 확인하기 위해 이미지를 읽어 오는 함수를 만들어야 한다. 이미지 처리를 위한 모듈인 cv2와 imshow를 호출하고 [코드 1-4]와 같이 이미지 파일을 읽는 함수를 정의한다. imread( ) 함수에 경로를 넣어 이미지를 불러온 후 cvtColor( ) 함수로 파랑, 초록, 빨강(BGR) 순의 이미지 파일 배열을 빨강, 초록, 파랑(RGB) 순으로 변환해 준다.

```
import cv2
from matplotlib.pyplot import imshow

#이미지를 읽는 함수
def read_img(file_path):
    img_arr = cv2.imread(file_path)
    return cv2.cvtColor(img_arr, cv2.COLOR_BGR2RGB) #BGR을 RGB로
```

코드 1-4 이미지 파일 읽기 함수 정의

마지막으로 이미지 파일 읽기 함수로 이미지를 불러와 시각화한다.

random.sample로 각각 두 가지 임의의 이미지를 불러와 img_arrs 배열에 저장한다. 행 (column)과 열(row)은 2×2로 하고, plt.subplots( ) 함수로 표시할 이미지 개수와 사이즈를 설정한다. imshow( ) 함수로 이미지를 나타낼 수 있다.

```
#이미지 확인하기 − 2개씩

import random
img_arrs = [ ]
img_num = range(0, 26)

for i in random.sample(img_num, 2):
  img_arrs.append(read_img(train_shin[i]))
  img_arrs.append(read_img(train_kim[i]))

rows = 2
colums = 2

fig, axes = plt.subplots(nrows=rows, ncols=colums , figsize = (colums * 4, rows * 4))

for num in range(1, rows * colums+1):
  fig.add_subplot(rows, colums, num)
  idx = num − 1
  plt.imshow(img_arrs[idx], aspect='auto')
  plt.xlabel(f'{img_arrs[idx].shape}', fontsize = 12)

fig.tight_layout( )

cols = ['Shin', 'Kim'] #제목

for folder_idx, ax in enumerate(axes[0]):
  ax.set_title(cols[folder_idx])

for idx, ax in enumerate(axes.flat):
  ax.set_xticks([ ])
  ax.set_yticks([ ])
```

코드 1−5 이미지 시각화

[코드 1−5]와 같이 실행하면 신윤복과 김홍도의 그림이 두 개씩 랜덤으로 표시되는 것을 확인할 수 있다. 우리는 그동안 문자와 숫자로만 이루어진 정형 데이터를 주로 다루었지만 이번에는 비정형 데이터인 이미지 데이터를 구글 드라이브에 저장하고 코랩과 연동해 불러오기까지 완료했다.

그림 1-4 랜덤으로 불러온 신윤복(왼쪽)과 김홍도 그림

시각화된 네 개의 그림에서도 두 화가의 화풍은 고스란히 느껴진다. 신윤복은 주로 남녀 간의 연애 주제가 많고 그림체가 가늘고 유연한 선과 원색의 산뜻하고 또렷한 색채를 주로 사용하여 이를 '철선묘(鐵線描)'라고 일컫는다.

반면 김홍도는 신윤복에 비해 장르가 다양하지만 서민들의 생활상을 해학적으로 표현하는 작품이 많고 날카로운 그림체를 주로 사용하여 이를 '절로묘(折蘆描)'라고 한다. 우리는 이제 불러온 데이터를 간단하게 전처리한 후 학습하여 인공지능이 이런 화풍을 구별할 수 있는지 확인해 볼 것이다.

④ 이미지 데이터 전처리하기

여러 이미지 처리를 도와주는 이미지 모듈을 호출하고 이를 이용하여 이미지 전처리를 해 보자. 이미지 전처리는 상황에 따라 여러 가지가 있지만 기본적으로 가장 중요한 것은 사이즈 조절이다. 이미지 데이터의 사이즈는 다양하지만 인공지능 학습을 위해서는 동일한 크기의 이미지 데이터로 변환해야 한다.

이미지 경로가 저장되어 있는 train_shin_dir를 이용하여 이미지를 읽고 img.resize( ) 함수로 크기를 변환한다. 예제에서는 300×300으로 하였지만 다른 크기로 설정해도 상관없다. 마지막으로 300×300으로 변환된 이미지를 train 폴더 안의 re_shin 폴더에 저장해 준다. [코드 1-6]과 같이 실행하면 300×300으로 크기가 변환된 신윤복 그림 이미지가 re_shin 폴더에 자동으로 저장된다.

마찬가지로 train_shin_dir 대신 train_kim_dir로, re_shin 폴더 대신에 re_kim 폴더로만 바꿔 한 번 더 실행해 주면 김홍도의 그림 역시 300×300 크기로 변환되어 re_kim 폴더에 저장된다.

```python
from PIL import Image
```

```python
for i in train_shin_names:
    img = Image.open(train_shin_dir + '/' + i)

    img_resize = img.resize((300, 300))
    img_resize.save('/gdrive/MyDrive/pic/train/re_shin/'+ i)
```

코드 1-6 이미지 크기 변환

⑤ CNN 모델 생성하기

CNN 모델 생성 전 Convolution과 Pooling 작업에 대해 좀 더 이해할 필요가 있다. Convolution은 부분 필터에 이미지 데이터를 대입하여 얼마나 유사한지를 나타낸다. [그림 1-5] 중에서 Convolution 과정을 자세히 나타낸 것이 [그림 1-6]이다. 부분을 나타내는 3×3 필터를 합성곱 연산하여 나타내는 작업이 Convolution이다.

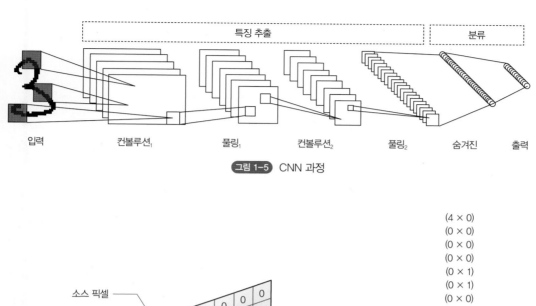

특징 추출 | 분류

입력　　컨볼루션₁　　풀링₁　　컨볼루션₂　　풀링₂　　숨겨진　　출력

그림 1-5　CNN 과정

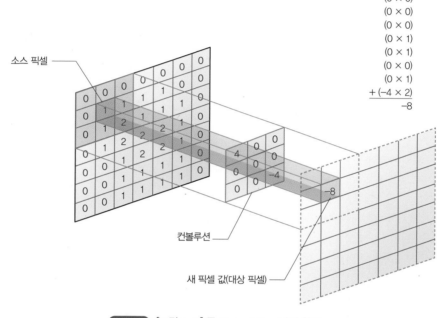

(4×0)
(0×0)
(0×0)
(0×0)
(0×1)
(0×1)
(0×0)
(0×1)
$+ (-4 \times 2)$
-8

소스 픽셀

컨볼루션

새 픽셀 값(대상 픽셀)

그림 1-6　[그림 1-5] 중 Convolution 과정 확대

　　우리는 컬러 이미지를 다루기 때문에 빨강, 초록, 파랑(RGB) 세 개의 채널로 Convolution을 진행하고 이를 종합해서 'Feature Map'이라는 최종 채널을 만들게 된다.

　　하지만 이렇게 연산을 진행하면 무수히 많은 채널과 그 속에 연산 결과가 존재하기 때문에 [그림 1-7]과 같이 Pooling 과정을 통해 데이터를 줄인다. 정해진 영역에서 최댓값을 표시하는 맥스 풀링(Max Pooling)과 평균값을 표시하는 평균 풀링(Average Pooling) 두 가지 방식이 있지만 [그림 1-7]은 주로 사용하는 맥스 풀링을 나타낸다. 이렇게 CNN은 작은 필터를 만들어 합성곱 연산으로 연관 관계를 측정하는 Convolution 과정과 그 결과 데이터를 줄여 주는 Pooling 과정을 여러 번 거친 후 종합해서 학습하게 된다.

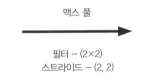

Pooling 과정

[코드 1-7]과 같이 CNN 모델을 생성해 보자. 텐서플로 모듈을 호출하고 Convolution과 Pooling 과정을 다섯 번 반복해 준다. Conv2D가 Convolution을 해 주는 함수이고 MaxPool2D 함수가 Pooling을 해 주는 함수이다.

```python
import tensorflow as tf
tf.random.set_seed(3)

model = tf.keras.models.Sequential([
    #The first convolution
    tf.keras.layers.Conv2D(16, (3, 3), activation='relu', input_shape=(300, 300, 3)),
    tf.keras.layers.MaxPool2D(2, 2),
    #The second convolution
    tf.keras.layers.Conv2D(32, (3, 3), activation='relu'),
    tf.keras.layers.MaxPool2D(2, 2),
    #The third convolution
    tf.keras.layers.Conv2D(64, (3, 3), activation='relu'),
    tf.keras.layers.MaxPool2D(2, 2),
    #Flatten
    tf.keras.layers.Flatten( ),
    #512 Neuron(Hidden layer)
    tf.keras.layers.Dense(512, activation='relu'),
    #1 Output neuron
    tf.keras.layers.Dense(1, activation='sigmoid')
```

```
    ])

model.summary( )
```

코드 1-7 CNN 모델 생성

[코드 1-7] 첫 번째 과정에는 input_shape 매개 변수가 있고 이미지 데이터 정보를 넣어 준다. 이미지 데이터의 크기가 300×300이고 컬러(RGB)이므로 300, 300, 3으로 넣어 준다. 공통된 Conv2D의 첫 번째 인자(16, 32, 64)는 필터 값을 의미한다. 필터 값은 합성곱(Convolution)에 사용되는 필터의 종류(혹은 개수)이며, 출력 공간의 차원을 결정한다.

두 번째 인자(3, 3)는 필터 사이즈를 말한다. 300×300 이미지에서 3×3 필터로 Convolution을 진행하면 298×298 사이즈가 된다.

MaxPool2D( ) 함수는 최댓값으로 pooling을 진행시켜 주며 매개 변수로 Pooling 필터의 크기를 설정해야 한다. 2×2이므로 298×298 이미지 데이터가 149×149 크기로 줄어들게 된다.

이와 같은 과정을 다섯 번 거친 후 Flatten( ) 함수를 통해 2차원 데이터를 1차원 데이터로 변환하고 Dense( ) 과정을 통해 딥러닝으로 학습한다. CNN으로 이미지 특성을 살려 처리해 주고 이를 1차원 데이터로 변환한 후 딥러닝으로 학습하는 모델인 것이다.

첫 번째 인공신경망(512) 인자가 큰 이유는 안 그래도 큰 이미지 데이터와 이를 CNN으로 처리한 후 더 커진 데이터를 충분히 연산하기 위해서이고, 두 번째 인공신경망의 인자가 1인 이유는 신윤복의 작품인지 김홍도의 작품인지를 판단하므로 1개의 인자만 필요하기 때문이다.

❻ CNN 모델 학습하기

앞에서 만든 모델에 몇 가지 설정과 데이터를 대입한 후 학습해 보자. 먼저 생성된 모델을 컴파일한다. 이전 딥러닝 모델(71쪽 참고)과 같은 방식으로 컴파일하고 이번에는 optimizer(최적화 기법)로 RMSprop를 사용한다. 다른 인공지능 모델 컴파일에서는 최적화된 알고리즘이자 경사하강 시 스텝 사이즈를 조절하는 RMSprop의 특징과 스텝 방향을 조절하는 Momentum의 장점을 합친 Adam을 주로 많이 썼지만 CNN에서는 RMSprop를 많이 쓴다.

국내외 여러 논문을 참고했지만 두 경사하강법의 오차 차이는 그리 크지 않다. RMSprop의 장점을 굳이 꼽자면 학습률(Learnig Rate, lr)을 쉽게 줄일 수 있고 미미하지만 이미지 학습에서 평균적으로 오차가 더 작다.

```
from tensorflow.keras.optimizers import RMSprop

model.compile(loss='binary_crossentropy', optimizer=RMSprop(lr=0.001),
              metrics=['accuracy'])
```

코드 1-8 CNN 모델 컴파일

ImageDataGenerator는 케라스(keras)의 이미지 데이터 학습용 패키지로, 데이터 부풀리기(증식)용으로 많이 사용하지만 이번 예제에서는 학습 데이터 설정용으로 사용한다. rescale로 이미지 RGB 값을 255로 나누어 0~1의 사이 값으로 나타내는 정규화 과정을 거치고 경로 설정과 이미지 크기, batch_size, 분류 모드를 설정해 준다. 필자는 batch_size를 이미지 개수의 약수로 주로 설정하였는데, 이미지 데이터 용량을 고려해서 적절하게 설정하는 것이 좋다. 이번 예제는 이미지 수가 적어 아주 낮은 7로 설정하였지만 이미지 개수가 많을 때 batch_size가 작으면 학습 시간이 매우 길어진다는 것을 알아두어야 한다.

```
from tensorflow.keras.preprocessing.image import ImageDataGenerator

train_datagen = ImageDataGenerator(rescale=1/255)

train_generator = train_datagen.flow_from_directory(
    path + '/train', target_size=(300, 300),
  batch_size=7, class_mode='binary'
  seed=3
)
```

코드 1-9 학습 데이터 생성

마지막으로 모델 fit을 설정하면 학습이 가능하다.

앞서 설정한 학습 데이터인 train_generator를 입력하고 학습에서 사용할 batch 개수를 의미하는 steps_per_epoch를 설정한다. 이미지 개수를 batch_size로 나눈 수도 입력한다. 데이터의 개수가 56개이고 bach_size가 7이므로 steps_per_epoch는 8이 된다. 그리고 몇 번 학습할지 epoch 수를 입력하고, 연산 세부 정보가 모두 표시되도록 verbose를 설정한다.

```
history = model.fit(train_generator, steps_per_epoch=8, epochs=20, verbose=1)
```

```
Epoch 1/20
8/8 [==============================] - 6s 624ms/step - loss: 8.5181 - accuracy: 0.5357
Epoch 2/20
8/8 [==============================] - 5s 567ms/step - loss: 0.9917 - accuracy: 0.5357
Epoch 3/20
8/8 [==============================] - 5s 617ms/step - loss: 0.7417 - accuracy: 0.6607
Epoch 4/20
8/8 [==============================] - 5s 558ms/step - loss: 0.8329 - accuracy: 0.7143
Epoch 5/20
8/8 [==============================] - 5s 610ms/step - loss: 0.5537 - accuracy: 0.7679
Epoch 6/20
8/8 [==============================] - 5s 598ms/step - loss: 0.7238 - accuracy: 0.5714
Epoch 7/20
8/8 [==============================] - 5s 584ms/step - loss: 0.6321 - accuracy: 0.7321
Epoch 8/20
8/8 [==============================] - 5s 628ms/step - loss: 0.7913 - accuracy: 0.8393
Epoch 9/20
8/8 [==============================] - 5s 567ms/step - loss: 0.8473 - accuracy: 0.7321
Epoch 10/20
8/8 [==============================] - 5s 600ms/step - loss: 0.3618 - accuracy: 0.8393
Epoch 11/20
8/8 [==============================] - 5s 574ms/step - loss: 0.4107 - accuracy: 0.8214
Epoch 12/20
8/8 [==============================] - 5s 575ms/step - loss: 0.3044 - accuracy: 0.8571
Epoch 13/20
8/8 [==============================] - 5s 633ms/step - loss: 0.3870 - accuracy: 0.8929
Epoch 14/20
8/8 [==============================] - 5s 572ms/step - loss: 0.3143 - accuracy: 0.8393
Epoch 15/20
8/8 [==============================] - 5s 599ms/step - loss: 0.0850 - accuracy: 0.9821
Epoch 16/20
8/8 [==============================] - 5s 587ms/step - loss: 0.3837 - accuracy: 0.8750
Epoch 17/20
8/8 [==============================] - 5s 581ms/step - loss: 0.0627 - accuracy: 1.0000
Epoch 18/20
8/8 [==============================] - 5s 639ms/step - loss: 0.2227 - accuracy: 0.8929
Epoch 19/20
8/8 [==============================] - 5s 578ms/step - loss: 0.0403 - accuracy: 1.0000
Epoch 20/20
8/8 [==============================] - 5s 636ms/step - loss: 0.0129 - accuracy: 1.0000
```

코드 1-10 CNN 모델 학습

TIP

verbose는 모델 학습 시 세부 정보 표시를 설정하는 것이다. 0부터 3까지의 의미는 다음과 같다.
• verbose=0: 연산 세부 정보 표시 안함.   • verbose=1: 연산 세부 정보 모두 표시함.
• verbose=2: 오차(loss)만 표시함.   • verbose=3: epochs만 표시함.

[코드 1-10]과 같이 모델을 학습한 후 정확도(Accuracy)를 확인하니 100%가 나왔다. 기본적인 데이터 전처리와 적은(56개) 이미지 데이터로 만든 모델임을 고려하면 높은 정확도이다.

우리는 이렇게 신윤복과 김홍도의 이미지 데이터를 가져와 처리하고 CNN 모델을 만들어 학습한 결과 100%의 정확도를 자랑하는 두 화가 그림 분류 인공지능을 만들었다.

> **TIP**
>
> CNN 학습할 때 GPU 사용 및 병렬 개선으로 인해 비결정성 즉, 랜덤한 학습이 발생하여 넘파이, 텐서플로 등의 random_seed를 고정해도 오차나 정확도가 책과 다를 수도 있고 다시 실행했을 때 역시 오차와 정확도가 재현되지 않을 수 있다. 이는 CNN 학습 방법뿐만 아니라 레이어가 많은 복잡한 모델 훈련에서 발생하는 주현상이다.

❼ CNN 모델 테스트하기

[그림 1-8] 〈공원춘효도〉는 과거 시험이 열리는 날의 풍경을 담은 김홍도의 작품으로, 6.25 전쟁 당시 부산에 머물던 한 미군이 구매해 미국으로 넘어갔었다. 최근 안산시에서 4억 9,000만 원이란 거금을 주고 구입해 무려 68년 만에 귀환한 그림으로, 상단에 김홍도의 스승 표암 강세황의 글이 있어 높은 가치를 지닌 것으로 알려져 있다.

앞서 만든 두 화가의 작품 분류 인공지능으로 〈공원춘효도〉를 어느 화가의 작품으로 분류하는지 테스트해 보자.

처음 pic 폴더에 있는 '공원춘효도.jpg' 파일을 다운로드하고 [코드 1-11]과 같이 필요한 모듈을 불러온 후 [코드 1-12]와 같이 코랩 업로드 모듈을 활용하면 파일을 업로드 할 수 있게 파일 선택 버튼이 생긴다. 파일 선택 버튼을 누른 후 다운로드한 〈공원춘효도〉를 업로드하면 해당 코랩에 업로드된다.

그림 1-8 〈공원춘효도〉

```
import numpy as np
from tensorflow.keras.preprocessing import image
```

코드 1-11 필요한 모듈 불러오기

```
from google.colab import files

uploaded=files.upload( )
```

결과

파일 선택 공원춘효도.jpg
• 공원춘효도.jpg(image/jpeg) – 159767 bytes, last modified: 2022. 11. 8. – 100% done
Saving 공원춘효도.jpg to 공원춘효도(1).jpg

코드 1-12 〈공원춘효도〉 업로드

업로드한 〈공원춘효도〉 이미지 파일은 '/content'에 있다. 해당 경로의 이미지 파일을 앞에서 이미지 학습 때와 같이 동일하게 읽고 300×300 크기로 변환한 후 확인하면 [코드 1-13]과 같이 길쭉했던 그림이 정사각형 형태로 변환된 것을 확인할 수 있다.

```
img1 = Image.open('/content/공원춘효도.jpg')
```

```
img_resize1 = img1.resize((300, 300))
img_resize1
```

결과

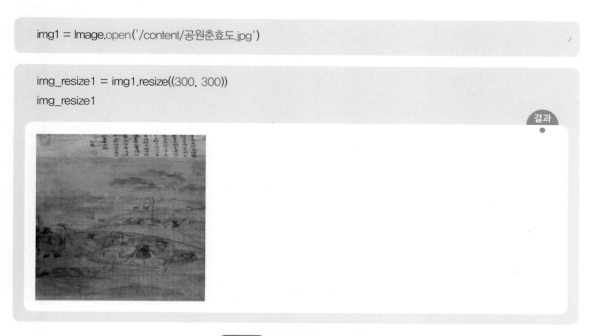

코드 1-13 〈공원춘효도〉 크기 변환

크기 변환을 마친 〈공원춘효도〉를 img_to_array( ) 함수로 정렬 및 넘파이(numpy) 배열에 저장하고 작품이 어디에 속하는지 결과를 담을 공간인 차원을 추가하기 위해 expand_dims( ) 함수를 사용한다.

마지막으로 추가된 차원을 쌓는 vstack( )로 처리를 해 주면 테스트를 위한 이미지 전처리가 끝난다.

```
test_img1 =image.img_to_array(img_resize1)
```

```
test_img1 = np.expand_dims(test_img1, axis=0)
images1 = np.vstack([test_img1])
```

images1

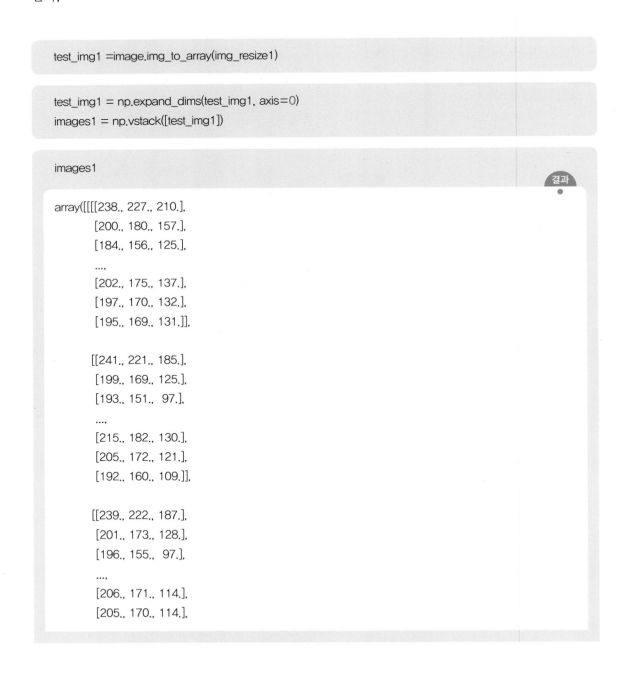

```
array([[[[238., 227., 210.],
         [200., 180., 157.],
         [184., 156., 125.],
         ....,
         [202., 175., 137.],
         [197., 170., 132.],
         [195., 169., 131.]],

        [[241., 221., 185.],
         [199., 169., 125.],
         [193., 151.,  97.],
         ....,
         [215., 182., 130.],
         [205., 172., 121.],
         [192., 160., 109.]],

        [[239., 222., 187.],
         [201., 173., 128.],
         [196., 155.,  97.],
         ....,
         [206., 171., 114.],
         [205., 170., 114.],
```

```
            [200., 167., 111.]],

    ....,
```

코드 1-14 〈공원춘효도〉 전처리

이미지 전처리를 마친 〈공원춘효도〉를 model.predict( )에 넣어 테스트한 후 [코드 1-15]와 같이 결과를 확인하면 정확히 김홍도 작품으로 예측한 것을 확인할 수 있다.

훈련 이미지 데이터에 없는 낯선 그림을 김홍도의 그림으로 분류한 것처럼 인공지능은 숫자나 문자로 이루어진 정형 데이터뿐만 아니라 이미지 데이터 또한 학습하여 분류가 가능하다.

```
classes = model.predict(images1, batch_size=10)
```
결과
```
1/1 [==============================] - 0s 29ms/step
```

```
print(classes[0])

if classes[0]>0:
  print("Painting by Shin Yun-bok.")
else:
  print("Painting by Kim Hong-do.")
```
결과
```
[0.]
Painting by Kim Hong-do.
```

코드 1-15 〈공원춘효도〉 테스트

인공지능과 같은 첨단 기술과 가장 가까워 보이는 분야는 수학과 과학을 들 수 있다. 반대로 가장 멀어 보이는 분야는 예술이라고 여기기 쉽다. 하지만 이렇게 화풍을 분류하고 나아가 직접 그림을 그리는 인공지능이 개발되는 시대이다. 이렇듯 인공지능은 모든 분야의 경계를 허물고 있다.

혜원 이야기

　지금까지 이미지 데이터를 처리하고 CNN 모델을 만들어 정확도도 확인하고 단원 그림으로 테스트까지 해 보았다. 이번 더 알아보기에서는 어려운 이론을 추가로 탐구하는 것이 아니라 나머지 한 그림인 〈월하정인〉을 가지고 테스트해 보고 그림에 숨겨진 이야기를 알아보려고 한다.

　〈월하정인〉 그림 파일도 다운로드해 [코드 1-16]과 같이 크기 변환 및 전처리한 후 테스트해 본다. 테스트 결과 [코드 1-17]과 같이 신윤복 그림으로 판별했다.

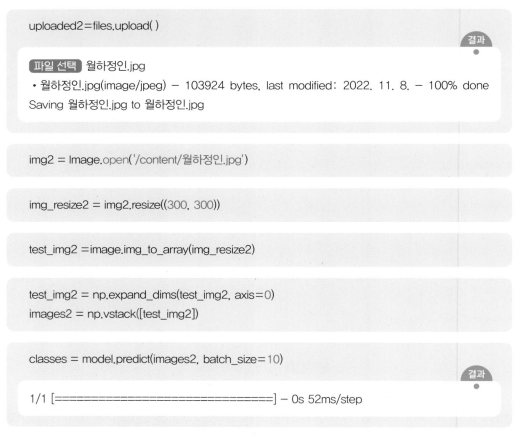

```
uploaded2=files.upload( )
```

결과

```
파일 선택  월하정인.jpg
• 월하정인.jpg(image/jpeg) – 103924 bytes, last modified: 2022. 11. 8. – 100% done
Saving 월하정인.jpg to 월하정인.jpg
```

```
img2 = Image.open('/content/월하정인.jpg')
```

```
img_resize2 = img2.resize((300, 300))
```

```
test_img2 =image.img_to_array(img_resize2)
```

```
test_img2 = np.expand_dims(test_img2, axis=0)
images2 = np.vstack([test_img2])
```

```
classes = model.predict(images2, batch_size=10)
```

결과

```
1/1 [==============================] – 0s 52ms/step
```

코드 1-16 월하정인 그림 전처리 및 테스트

```
print(classes[0])

if classes[0]>0:
  print("Painting by Shin Yun-bok.")
else:
  print("Painting by Kim Hong-do.")
img2
```

결과

```
[1.]
Painting by Shin Yun-bok.
```

코드 1-17 〈월하정인〉 테스트 결과

남녀가 주인공이고 색채감과 얇은 붓 처리가 누가 봐도 혜원의 그림이다. '달빛 아래 정든 연인'이라는 뜻의 〈월하정인〉은 혜원의 유명한 그림이자 재미있는 이야기가 담긴 그림이다. 그림 속에 적혀 있는 글인 제발(題跋)을 해석하면 다음과 같다.

月下沈 夜三更(월하침 야삼경)
달은 기울어 삼경인데
兩人心事 兩人知(양인심사 양인지)
두 사람의 마음이야 그들만이 알겠지

그림 1-9 〈월하정인〉과 그림 속 글의 의미

이 그림은 초승달이 뜨는 초저녁에 만난 두 남녀 이야기처럼 보이지만 글에서는 밤 11시에서 새벽 1시 사이를 의미하는 삼경이라고 나와 있고 달 모양도 초승달 치고는 좀 이상하다. 그렇다면 혜원이 잘못 그린 것일까? 정답은 '혜원은 정확하고 사실적으로 그렸다'이다.

한 천문학자는 〈월하정인〉에 그린 달은 초승달이 아니라 개기 월식의 부분을 그린 것이라고 했다. 혜원이 활동했던 18세기에는 개기 월식이 1784년(혜원의 나이 26살)과 1793년(혜원의 나이 35살) 두 번 있었다. 세세한 것들을 전부 기록하는 〈승정원일기〉를 통해 1784년은 비가 와서 관측되지 않은 사실을 알 수 있고, 〈승정원일기〉[원전] 제1719책의 "7월 병오(15)일 밤 2경에서 4경까지 월식(月食)이 있었다."라는 기록으로 1793년 부분 월식이 있었음을 알 수 있다.

그림 1-10 천체 프로그램으로 재연한 1793년 8월 21일 부분 월식

이를 더 자세히 확인하기 위해 천체 프로그램에 1793년 7월 15일의 양력일인 8월 21일을 넣으면 [그림 1-10]과 같이 실제 부분 월식이 있었고 〈월하정인〉과 같이 윗부분만 보이는 것을 확인할 수 있다. 우리가 지금 보고 있는 〈월하정인〉은 1793년 음력 7월 15일 밤 11시쯤 혜원이 보고 있었던 실제 장면인 것이다. 兩人心事 兩人知(양인심사 양인지). 두 사람의 마음은 그들만 알겠지만 혜원의 마음은 그가 그린 그림에 남겨져 있다.

다음 빈칸에 알맞은 단어를 채우며 학습한 내용을 정리해 보세요.

01 (   )은/는 이미지 학습에서 가장 대표적으로 이용하는 알고리즘이다. 딥러닝으로 이미지 데이터를 수치화하여 학습할 수 있지만 이는 단순히 빨강, 초록, 파랑의 수치적 나열을 통한 학습이었고 이미지가 갖는 고유의 특색을 반영하여 학습하지 못하였다. 딥러닝의 단점을 보완하기 위해 탄생한 이것은 이미지 전체보다는 부분의 특징을 유지한 채 학습하는 것이 가장 큰 특징이다.

02 새 이미지를 학습한다고 가정했을 때 가느다란 두 다리나 꼬리, 부리 등 각 특징을 부분적으로 가져오는 과정, 예를 들어 28×28 전체 이미지에 열 개의 5×5 필터를 만들어서 처리하는 과정을 (   )(이)라고 하고 이때에 많은 수의 결과 값을 축소해 주는 과정이 (   )이다.

03 (   )은/는 부분 필터에 이미지 데이터를 대입하여 얼마나 유사한지를 나타낸다.

04 (   )은/는 모델 학습 시 세부 정보 표시를 설정하는 것이다.

05 (   )은/는 상황에 따라 여러 가지가 있지만 기본적으로 가장 중요한 것은 사이즈 조절이다. 이미지 데이터의 사이즈는 다양하지만 인공지능 학습을 위해서는 동일한 크기의 이미지 데이터로 변환해야 한다.

283쪽 참고

02 피부암 초기 진단

문제 발견

기후 변화, 그 중에서도 오존층 파괴로 인한 문제는 꾸준히 제기되어 왔다. 1985년 영국의 남극 조사팀에서 처음으로 오존층 파괴를 관찰한 이래 지속적으로 오존층 분포가 줄어들고 있다. 오존층 파괴는 자외선 유입을 야기하고, 자외선으로 인해 각종 피부질환, 피부암이 유발된다고 알려져 있다.

건강보험심사평가원에 따르면, 2016년 1만 9,236명이었던 피부암 환자 수는 2020년 2만 7,211명으로 5년 동안 41.5% 증가했다.

가장 흔하게 발생하는 피부암에는 '기저세포암', '흑색종'이 있고 '광선각화증', '피부섬유종' 등 다양한 종류의 피부질환도 발생하고 있다. 피부암은 간단한 조직 검사를 통해 어렵지 않게 진단할 수 있고 초기에 발견하면 대부분 예후가 좋은 편이다. 하지만 초기 증상이 특별이 드러나지 않고 언뜻 봐서 점과 비슷해 조기 발견이 어려운 경우가 많다.

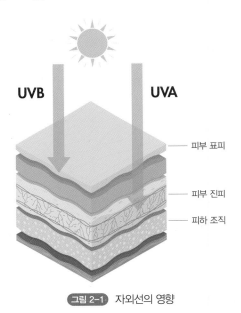

UVB   UVA

— 피부 표피

— 피부 진피

— 피하 조직

그림 2-1 자외선의 영향

해결 모델은?

이번 Unit에서도 이미지 학습 알고리즘인 CNN을 이용하여, 피부 사진과 간단한 몇 가지 정보로 피부질환을 구별하는 이미지 인식 인공지능을 만들어 보고자 한다.

- 이미지 데이터와 정형 데이터 병합 및 전처리 방법을 이해한다.
- 이미지 학습 알고리즘 CNN에 대해 더 깊게 이해한다.
- 심화 수준의 이미지 학습 인공지능 모델을 제작한다.

① 학습률 개선과 조기 종료

인공지능 모델을 만들 때 목적은 대체로 분명하다. 얼마나 정확하게 예측하는지, 얼마나 잘 분류하는지이다. 이러한 정확도는 한 가지 요인만으로 결정 나지 않는다. 큰 영향을 끼치는 요인으로는 얼마나 질 높은 데이터를 많이 수집하는지와 전처리를 잘하는지가 있다. 알맞은 머신러닝 알고리즘을 선택해서 최적화를 시키는 것도 중요하다. 이렇게 큰 영향을 끼치는 요인 말고도 단 0.1%의 정확도라도 높이기 위해 여러 가지 방법들을 사용한다. 앞서 설명한 'k-fold 교차 검증'(198쪽 참고)과 '원-핫 인코딩'(113쪽 참고)도 그 '여러 가지 방법'들에 해당한다.

이번에는 0.1%의 정확도를 높이기 위한 두 가지 함수를 짚고 넘어가고자 한다. 바로 '학습률 개선(ReduceLROnPlateau)'과 '조기 종료(EarlyStopping)'다.

케라스(keras)에서 제공하는 이 두 가지 함수는 정해진 횟수(ephochs)만큼 학습이 완료되기 전에는 최적의 가중치를 알 수 없기 때문에 만들어졌다.

먼저 학습률 개선은 최소의 loss(오차) 값이라고 착각할 수 있는 지점인 지역 최소화 문제(극소점, Local Minima)와 같은 곳에 빠져 계속 '튕기고' 있을 경우 Learning Rate(학습률)를 조절하여 다른 곳까지 탐색할 수 있게 한다.

또한 이미 최소의 loss 값인 Global Minima에 도달해 놓고도 학습 횟수(ephochs)가 남아 계속 학습하는 경우 훈련 데이터 loss 값은 그대로지만 훈련 데이터에 최적화 되어 테스트 데이터 loss 값이 상승하는 과적합 현상이 발생할 수 있어 학습을 중단해야 한다. 이러한 문제를 해결하는 함수가 조기 종료다.

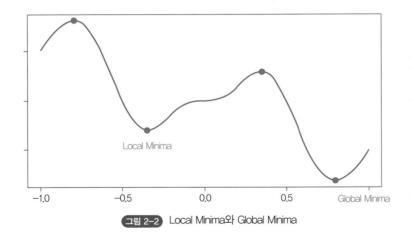

그림 2-2 Local Minima와 Global Minima

조기 종료는 검증 데이터의 오차(val_loss)가 증가하는 시점에서 'patience'만큼 기다려 주고 그래도 증가한다면 학습을 강제로 중단하는 함수다.

두 함수와 같이 작은 요인이지만 오차를 줄이고 정확도를 높이는 방법들을 잘 활용한다면 더 정교한 인공지능을 만들 수 있다.

이번 Unit에서는 두 가지 함수를 적용해서 모델 정확도를 개선해 볼 예정이다.

② 데이터 불러오고 병합하기

머신러닝 학습을 위해 만든 데이터 세트 중에 유명한 'MNIST'가 있다. 대표적인 예로 필기체, 의류 데이터 등이 있다. 이번에는 피부암 이미지를 모아둔 데이터 세트(https://www.kaggle.com/datasets/kmader/skin-cancer-mnist-ham10000)를 불러올 것이다.

이미지 개수가 워낙 많고 크기가 커 '수도권 아파트 가격 예측' 때와 같이 캐글(kaggle) API를 활용해서 다이렉트로 다운로드 받는다.

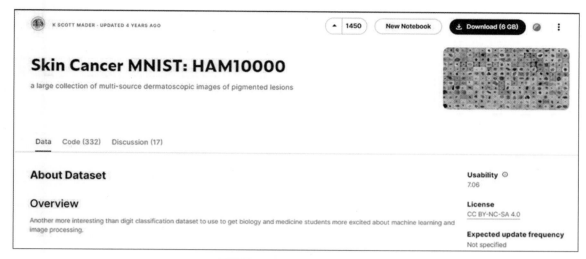

그림 2-3 피부 암 MNIST 데이터 세트

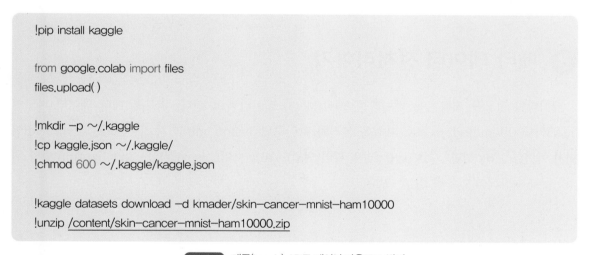

```
!pip install kaggle

from google.colab import files
files.upload( )

!mkdir –p ~/.kaggle
!cp kaggle.json ~/.kaggle/
!chmod 600 ~/.kaggle/kaggle.json

!kaggle datasets download –d kmader/skin–cancer–mnist–ham10000
!unzip /content/skin–cancer–mnist–ham10000.zip
```

코드 2-1 캐글(kaggle) API로 데이터 다운로드 받기

[그림 2-3] 오른쪽 상단에 나와 있듯이 피부암 데이터 세트의 총 용량은 6GB이다. 상당히 큰 데이터 세트이고 2개의 폴더로 나뉘어 있어 필요한 모듈을 호출하고 두 데이터 세트를 병합한다. glob( ) 함수를 이용하여 데이터 세트를 묶어 image_list에 경로를 한 번에 저장하고, 파일 경로에서 파일명 바로 앞에 있는 경로명을 가져오는 basename( ) 함수로 파일명과 파일 위치 딕셔너리를 만든다.

```
import numpy as np
import pandas as pd
import io
import os
from glob import glob
```

```
image_list = glob(os.path.join('/content/HAM10000_images_part_1/', '*.jpg'))
image_list = image_list + glob(os.path.join('/content/HAM10000_images_part_2/', '*.jpg'))
imageid_path_dict = {os.path.splitext(os.path.basename(x))[0]: x
                     for x in image_list}


imageid_path_dict
```

코드 2-2 두 데이터 세트 병합

③ 메타 데이터 전처리하기

데이터의 정보를 저장하는 데이터를 '메타(Meta) 데이터'라고 한다. 피부암 메타 데이터 파일인 'HAM10000_metadata.csv' 파일을 불러와 확인하면 'lesion_id(이미지 일련번호)', 'image_id(이미지 아이디)', 'dx(병명)', 'dx_type(발병 확인 방법)', 'age(나이)', 'sex(성별)', 'localization(발병 위치)' 등이 저장되어 있음을 알 수 있다.


```
data = pd.read_csv('/content/HAM10000_metadata.csv')
data.head()
```

결과

	lesion_id	image_id	dx	dx_type	age	sex	localization
0	HAM_0000118	ISIC_0027419	bkl	histo	80.0	male	scalp
1	HAM_0000118	ISIC_0025030	bkl	histo	80.0	male	scalp
2	HAM_0002730	ISIC_0026769	bkl	histo	80.0	male	scalp
3	HAM_0002730	ISIC_0025661	bkl	histo	80.0	male	scalp
4	HAM_0001466	ISIC_0031633	bkl	histo	75.0	male	ear

코드 2-3 메타(Meta) 데이터 불러오기

데이터 요약을 위한 describe( ) 함수로 피부암 데이터를 더 자세히 들여다볼 수 있다. exclude에 np.number를 넣어 결과에서 넘파이 수치형 데이터 타입을 제거한다. 결과적으로 수치적 데이터 타입을 제외하고 데이터의 집합 분포 형상을 나타낸다.

데이터의 개수는 1만 15개이고 dx(병명)는 일곱 가지, dx_type(진단 방법)은 네 가지, 성별은 세 가지(남성, 여성, 불명), 발병 위치는 15가지로 나타난다.

data.describe(exclude=[np.number])

결과

	lesion_id	image_id	dx	dx_type	sex	localization
count	10015	10015	10015	10015	10015	10015
unique	7470	10015	7	4	3	15
top	HAM_0003789	ISIC_0027419	nv	histo	male	back
freq	6	1	6705	5340	5406	2192

코드 2-4 이미지 파일 읽기 함수 정의

dx(병명) 데이터 설명

- 멜라닌 세포 모반(NV): 암은 아니지만 모반이 많으면 흑색종 발병 위험이 증가함.
- 흑색종(mel): 피부암의 한 종류
- 지루성 각화증(bkl): 흑색종으로 많이 착각하지만 암이 아니고 변이도 하지 않음.
- 기저세포암종(bcc): 피부암의 한 종류
- 광선각화증(akiec): 햇빛 노출로 피부에 나타나는 반점이나 구진으로, 암은 아니지만 심해지면 편평세포암으로 발전할 수 있는 피부암의 초기 단계라고 할 수 있음.
- 혈관병변(vasc): 노화나 햇빛 노출로 생길 수 있지만 피부암은 아님.
- 피부섬유종(df): 피부암은 아니고 흔하게 발생함.

TIP

dx_type(진단 방법)은 50% 이상이 조직 검사(histo)로 확인되나 후속 검사(Follow up), 전문가 합의(Consensus), 생체 내 공초점 현미경(confocal microscopy) 등 세 가지 방법이 더 있다.

메타 데이터에서 NaN 값을 확인하면 나이(age) 데이터 중 1개에 NaN 값이 존재하고 '타이타닉 생존자 예측' 때와 같이 평균값으로 NaN 값을 처리한다.

"We don't have better algorithms, we just have more data."

(우리는 더 나은 알고리즘을 가지고 있지 않고, 단지 더 많은 데이터를 가지고 있을 뿐이다.)

이 말은 구글 엔지니어 출신이자 유명한 컴퓨터 과학자 피터 노빅(Peter Norvig)이 한 말이다. 그만큼 데이터는 아주 소중하므로 단 한 개의 데이터도 살리는 것이 좋다.

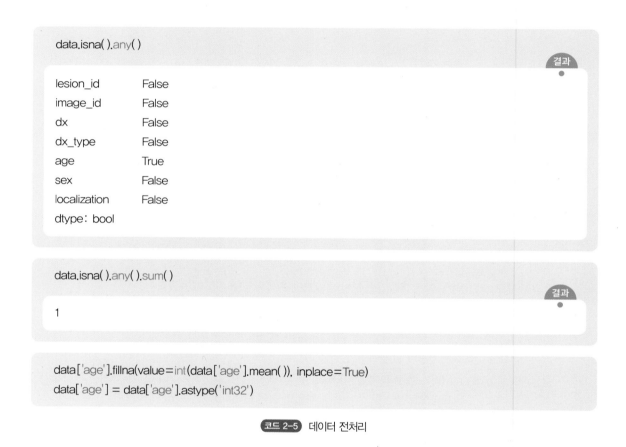

코드 2-5 데이터 전처리

마지막으로 이후 데이터 처리와 관련하여 이해를 돕기 위해 메타 데이터에 추가 정보를 덧붙여 본다. 'lesion_type_dict'라는 딕셔너리(dictionary, 키에 해당하는 값을 얻어낼 때 사용하는 타입으로, 값을 키와 값의 쌍으로 저장)에 오리지널 병명과 축약된 병명을 저장한다. 딕셔너리에 저장된 정보를 활용해서 매칭시켜 주는 map() 함수로 병명 딕셔너리와 조금 전 생성한 이미지 경로 딕셔너리를 각각 매칭시켜 'cell_type'과 'path' 정보를 추가한다. 이렇게 해서 메타 데이터를 불러오고 전처리를 완료한다.

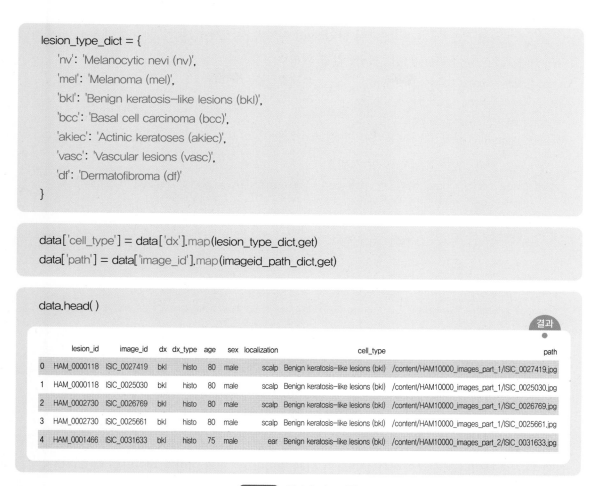

```
lesion_type_dict = {
    'nv': 'Melanocytic nevi (nv)',
    'mel': 'Melanoma (mel)',
    'bkl': 'Benign keratosis-like lesions (bkl)',
    'bcc': 'Basal cell carcinoma (bcc)',
    'akiec': 'Actinic keratoses (akiec)',
    'vasc': 'Vascular lesions (vasc)',
    'df': 'Dermatofibroma (df)'
}
```

```
data['cell_type'] = data['dx'].map(lesion_type_dict.get)
data['path'] = data['image_id'].map(imageid_path_dict.get)
```

data.head( )

결과

	lesion_id	image_id	dx	dx_type	age	sex	localization	cell_type	path
0	HAM_0000118	ISIC_0027419	bkl	histo	80	male	scalp	Benign keratosis-like lesions (bkl)	/content/HAM10000_images_part_1/ISIC_0027419.jpg
1	HAM_0000118	ISIC_0025030	bkl	histo	80	male	scalp	Benign keratosis-like lesions (bkl)	/content/HAM10000_images_part_1/ISIC_0025030.jpg
2	HAM_0002730	ISIC_0026769	bkl	histo	80	male	scalp	Benign keratosis-like lesions (bkl)	/content/HAM10000_images_part_1/ISIC_0026769.jpg
3	HAM_0002730	ISIC_0025661	bkl	histo	80	male	scalp	Benign keratosis-like lesions (bkl)	/content/HAM10000_images_part_1/ISIC_0025661.jpg
4	HAM_0001466	ISIC_0031633	bkl	histo	75	male	ear	Benign keratosis-like lesions (bkl)	/content/HAM10000_images_part_2/ISIC_0031633.jpg

코드 2-6 병명과 경로 매칭

④ 이미지 데이터 시각화하기

이미지를 설명하는 데이터인 메타(Meta) 데이터를 처리했으니 이미지 데이터를 시각화하여 살펴
보자. 이미지 처리와 시각화에 필요한 모듈을 불러오고 [코드 2-7]과 같이 람다식을 실행한다.
image_list 경로에 있는 이미지 파일명을 참고하여 이미지를 전부 불러오고 그 파일명 하나하나의
크기를 학습하기 적합한 크기(28, 28)로 변환한 후 'image_pixel'이라는 열(Column)을 생성하여
저장한다.

```
from PIL import Image
import plotly.graph_objects as go
import plotly.express as px
from plotly.subplots import make_subplots
import matplotlib.pyplot as plt
import seaborn as sns
```

```
data['image_pixel'] = data['path'].map(lambda x: np.asarray(Image.open(x).resize((28,28))))
```

```
data.head()
```

결과

	lesion_id	image_id	dx	dx_type	age	sex	localization	cell_type	path	image_pixel
0	HAM_0000118	ISIC_0027419	bkl	histo	80	male	scalp	Benign keratosis-like lesions (bkl)	/content/HAM10000_images_part_1/ISIC_0027419.jpg	[[[192, 153, 193], [195, 155, 192], [197, 154,...
1	HAM_0000118	ISIC_0025030	bkl	histo	80	male	scalp	Benign keratosis-like lesions (bkl)	/content/HAM10000_images_part_1/ISIC_0025030.jpg	[[[27, 16, 32], [69, 49, 76], [122, 93, 126],...
2	HAM_0002730	ISIC_0026769	bkl	histo	80	male	scalp	Benign keratosis-like lesions (bkl)	/content/HAM10000_images_part_1/ISIC_0026769.jpg	[[[192, 138, 153], [200, 144, 162], [202, 142,...
3	HAM_0002730	ISIC_0025661	bkl	histo	80	male	scalp	Benign keratosis-like lesions (bkl)	/content/HAM10000_images_part_1/ISIC_0025661.jpg	[[[40, 21, 31], [95, 61, 73], [143, 102, 118],...
4	HAM_0001466	ISIC_0031633	bkl	histo	75	male	ear	Benign keratosis-like lesions (bkl)	/content/HAM10000_images_part_2/ISIC_0031633.jpg	[[[159, 114, 140], [194, 144, 173], [215, 162,...

코드 2-7 이미지 크기 변환

실제 피부암 데이터를 시각화해서 살펴보기 위해 병명당 두 개씩 이미지 데이터를 추출한다.

앞서 실행한 람다식과 apply() 함수를 적용하면 복잡한 로직을 쉽게 처리하면서 새로운 데이터를 만들어 준다. 데이터를 병명(dx)으로 그룹화(groupby)해 준 뒤 각 병명 데이터 중 0번 이상 2번 미만에 저장된 즉, 0번과 1번에 저장된 상위 두 개의 데이터의 9번(image_pixel) 열과 7번(cell_type) 열을 불러와 sample_data에 저장한다.

```
sample_data = data.groupby('dx').apply(lambda df: df.iloc[0:2, [9, 7]])
sample_data
```

결과

dx		image_pixel	cell_type
akiec	9687	[[[30, 14, 19], [37, 21, 28], [94, 69, 73], [1...	Actinic keratoses (akiec)
	9688	[[[38, 22, 22], [87, 67, 66], [135, 112, 110],...	Actinic keratoses (akiec)

dx		image_pixel	cell_type
bcc	2462	[[[16, 11, 12], [58, 46, 48], [177, 153, 149],...	Basal cell carcinoma (bcc)
	2463	[[[197, 177, 198], [202, 188, 205], [207, 194,...	Basal cell carcinoma (bcc)
bkl	0	[[[192, 153, 193], [195, 155, 192], [197, 154,...	Benign keratosis-like lesions (bkl)
	1	[[[27, 16, 32], [69, 49, 76], [122, 93, 126], ...	Benign keratosis-like lesions (bkl)
df	1095	[[[173, 132, 123], [195, 151, 144], [204, 162,...	Dermatofibroma (df)
	1096	[[[220, 172, 180], [229, 180, 179], [240, 192,...	Dermatofibroma (df)
mel	1211	[[[151, 126, 129], [161, 132, 138], [168, 140,...	Melanoma (mel)
	1212	[[[201, 172, 187], [201, 173, 188], [203, 178,...	Melanoma (mel)
nv	64	[[[163, 135, 159], [167, 140, 167], [170, 144,...	Melanocytic nevi (nv)
	1210	[[[229, 145, 164], [229, 138, 162], [226, 133,...	Melanocytic nevi (nv)
vasc	2320	[[[218, 189, 211], [221, 192, 214], [223, 190,...	Vascular lesions (vasc)
	2321	[[[162, 132, 132], [173, 142, 147], [180, 150,...	Vascular lesions (vasc)

코드 2-8 샘플 데이터 추출

일곱 가지의 피부질환당 두 개씩 데이터를 추출했으므로 넉넉하게 표 전체 크기를 조정해 주고 반복문으로 14개의 이미지를 시각화한다.

subplot( )으로 한 개당 적절한 크기로 각각 그래프를 그려 주고 imshow( )로 14개의 작은 subplot에 이미지를 시각화한다.

마지막으로 title에 병명을 적어 주고 axis("off")로 설정한 후 그래프 축을 제거해 오롯이 이미지만 보이게 설명하면 일곱 가지 피부질환 이미지가 두 개씩 나타난다.

```python
plt.figure(figsize=(22, 32))
for i in range(14):
    plt.subplot(7, 5, i + 1)
    plt.imshow(np.squeeze(sample_data['image_pixel'][i]))
    plt.title(sample_data['cell_type'][i])
    plt.axis("off")
plt.show();
```

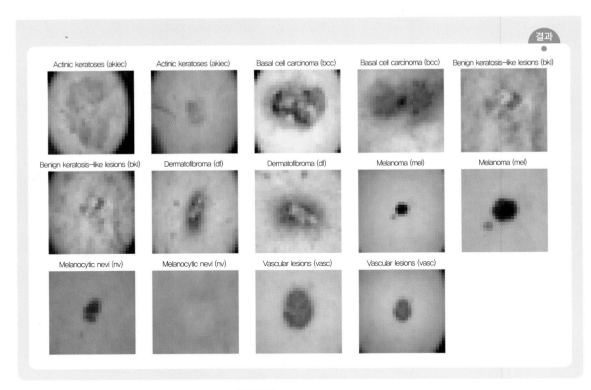

코드 2-9 샘플 데이터 시각화

TIP

[코드 2-8] 출력(결과)에서 image_pixel을 자세히 보면 앞에 '[(대괄호)'가 세 개 있다. 이미지는 2차원 데이터이지만 불러오는 과정에서 의미 없이 차원이 높아져 3차원 데이터가 되었다. 즉, image_pixel의 형태가 (28, 28)이 아니라 (1, 28, 28)이 된 것이다.

그래서 [코드 2-9]에서 image_pixel을 그냥 불러오는 것이 아니라 np.squeeze( ) 함수로 불러오면 차원이 한 단계 낮아져 의미 없는 3차원(1, 28, 28)이 아닌 2차원(28, 28) 형태로 불러오게 된다.

❺ 이미지 데이터 전처리하기

이미지 데이터를 학습하기 위해 전처리를 해야 한다. 우선 카테고리 문자형 병명 데이터를 0~6까지 숫자로 라벨링을 한다. 위에서 오리지널 병명과 축약된 병명을 매핑했던 방식 그대로 라벨링 숫자와 병명 딕셔너리를 만들고 매핑해 준다.

그리고 데이터 세트에 'label'이라는 열(Column)을 생성하고 알맞게 저장한 후 'label'을 기준으로 정렬 및 index를 초기화해 준다.

```
label_mapping = {
    0: 'nv',
    1: 'mel',
    2: 'bkl',
    3: 'bcc',
    4: 'akiec',
    5: 'vasc',
    6: 'df'
}
reverse_label_mapping = dict((value, key) for key, value in label_mapping.items( ))
```

```
data['label'] = data['dx'].map(reverse_label_mapping.get)

data = data.sort_values('label')
data = data.reset_index( )
```

코드 2-10 이미지 데이터 라벨링

라벨링 처리가 된 데이터를 라벨링으로 그룹화해 막대그래프와 개수를 출력하면 [코드 2-11]과 같다. 멜라닌 세포 모반(NV) 이미지 데이터가 1만 15개 중 2/3를 차지한다.

이런 데이터 불균형이 발생하면 추후 학습 개선이 어렵다. 불균형이 발생한 데이터로 학습한 인공지능은 개수가 많은 데이터로 정답을 내는 경향이 있다. 데이터가 많다는 것은 그만큼 그 데이터가 정답일 확률이 높다는 얘기이고 실제로 정확도가 높은 인공지능일 수 있지만 의미와 상관없이 '찍기'를 잘하는 인공지능일 수도 있다. 그러므로 이 문제 역시 데이터 전처리를 통해 해결해야 한다.

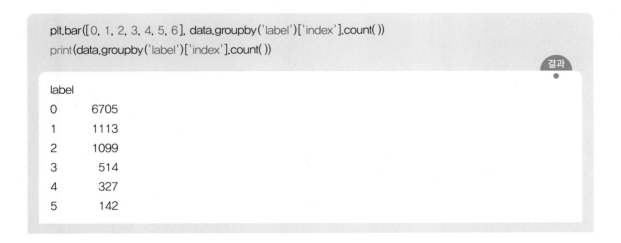

```
plt.bar([0, 1, 2, 3, 4, 5, 6], data.groupby('label')['index'].count( ))
print(data.groupby('label')['index'].count( ))
```

결과

```
label
0      6705
1      1113
2      1099
3       514
4       327
5       142
```

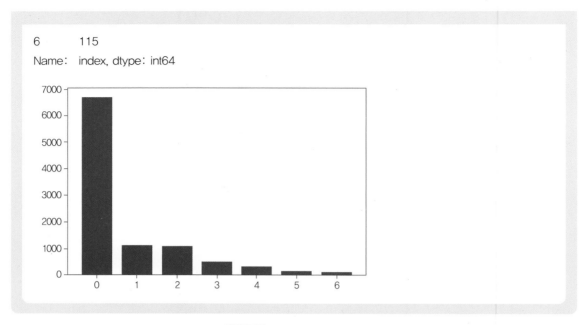

```
6          115
Name:  index, dtype: int64
```

코드 2-11 이미지 데이터 카운트

해결 방법은 간단하다. 데이터가 충분히 많은 것을 제외한 나머지 이미지 데이터를 복제해서 적당히 수를 맞춘다. 흑색종(mel)과 지루성 각화증(bkl)은 4배, 기저세포암종(bcc)은 11배, 광선각화증(akiec)은 17배, 혈관병변(vasc)은 45배, 피부섬유종(df)은 52배 같은 이미지 데이터를 복사해 새로 생성한 'frames'에 추가한다.

복제된 이미지 데이터가 저장된 frames를 concat()로 합친 후 마지막으로 'final_data'에 저장하면 약 4.5배 정도 증가한 4만 5,756개의 피부질환 이미지 데이터가 균형 있게 저장된다.

```
counter = 0
frames = [data]
for i in [4,4,11,17,45,52]:
    counter+=1
    index = data[data['label'] == counter].index.values
    df_index = data.iloc[int(min(index)):int(max(index)+1)]
    df_index = df_index.append([df_index] * i, ignore_index = True)
    frames.append(df_index)
```

```
final_data = pd.concat(frames)

print(data.shape)
print(final_data.shape)
```

결과

```
(10015, 12)
(45756, 12)
```

코드 2-12 데이터 부풀리기

그래프로 출력해 보면 [코드 2-13]과 같이 6,000여 개로 데이터 개수가 균형을 이룬 것을 확인할 수 있다. 이미지 학습을 위한 마지막 데이터 전처리로 'image_pixel'을 넘파이 형식으로 변환한 후 독립 변수(X_aug)에 저장하고 종속 변수인 라벨링된 병명을 Y_aug에 저장한다.

이렇게 대량의 이미지 데이터와 메타(Meta) 데이터를 불러와 매칭한 후 전처리하여 인공지능 학습을 위한 준비를 마쳤다.

```
plt.bar([0,1,2,3,4,5,6], final_data.groupby('label')['index'].count())
print(final_data.groupby('label')['index'].count())
```

결과

```
label
0        6705
1        6678
2        6594
3        6682
4        6213
5        6674
6        6210
Name:  index, dtype: int64
```

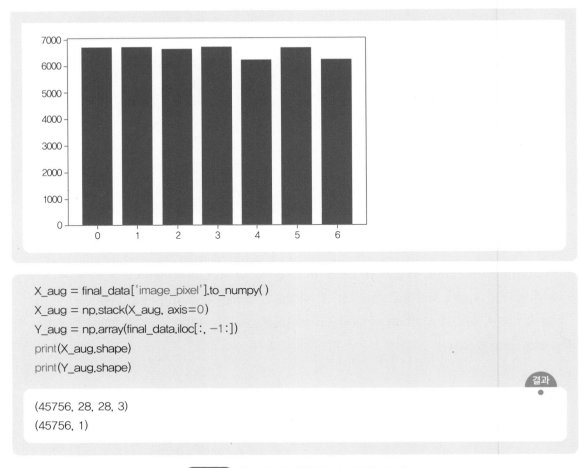

```
X_aug = final_data['image_pixel'].to_numpy()
X_aug = np.stack(X_aug, axis=0)
Y_aug = np.array(final_data.iloc[:, -1:])
print(X_aug.shape)
print(Y_aug.shape)
```

결과

```
(45756, 28, 28, 3)
(45756, 1)
```

코드 2-13   종속 변수와 독립 변수로 데이터 나누기

❻ CNN 모델 학습하기

전처리를 끝낸 피부암 이미지 데이터를 학습하기 위해 처음 언급한 학습률 개선(ReduceLROn-Plateau), 조기 종료(EarlyStopping) 등 필요한 여러 모듈을 불러온다.

train_test_split()로 훈련 데이터와 테스트 데이터를 8:2 비율로 나눈 후 ImageDataGenerator(케라스(keras)의 이미지 데이터 학습용 패키지)로 이미지 학습 데이터를 생성하는데, 이전 Unit과는 다르게 이미지를 여러 가지 방법으로 변환하여 데이터를 증식시킨다.

하나의 이미지를 그대로 학습하는 것보다 회전도 하고 이쪽저쪽으로 옮겨도 보고 수평, 수직으로 뒤집어 이미지를 증식시키고 맞춰 보면서 학습하면 정확도를 상승시킬 수 있다. 그 작업이 [코드 2-14]다.

```
import tensorflow as tf
from tensorflow.keras.preprocessing import image
from tensorflow.keras.preprocessing.image import ImageDataGenerator
from tensorflow.keras.models import Sequential
from tensorflow.keras.layers import Conv2D, Flatten, Dense, MaxPool2D
from tensorflow.keras.callbacks import ReduceLROnPlateau, EarlyStopping

from sklearn.model_selection import train_test_split
from sklearn.metrics import classification_report, confusion_matrix
from sklearn.model_selection import KFold, StratifiedKFold
```

```
tf.random.set_seed(3)
X_train, X_test, Y_train, Y_test = train_test_split(X_aug, Y_aug, test_size=0.2, random_state=3)

train_datagen = ImageDataGenerator(rescale = 1./255,
                                   rotation_range = 10,
                                   width_shift_range = 0.2,
                                   height_shift_range = 0.2,
                                   shear_range = 0.2,
                                   horizontal_flip = True,
                                   vertical_flip = True,
                                   fill_mode = 'nearest')
train_datagen.fit(X_train)
```

코드 2-14 훈련 데이터와 테스트 데이터 분할

 ImageDataGenerator 매개 변수 정리

- rescale: 픽셀 데이터를 0에서 1 사이의 범위로 정규화
- rotation_range: 0~45도로 데이터를 회전
- width_shift_range: 수평으로 이미지 움직이기
- height_shift_range: 수직으로 이미지 움직이기
- shear_range: 이미지 데이터 세트를 일정 각도로 기울여 이미지 방향을 변경해 이미지 데이터를 부풀림
- horizontal_flip: 수평 뒤집기
- vertical_flip: 수직 뒤집기
- fill_mode: 위의 여러 가지 이미지 변환을 적용한 후 새로 생성된 이미지 데이터에 일부 경계를 벗어나 채워져야 할 부분이 생기는데, 이때 사용되는 전략을 지정하는 매개 변수. 'nearest'는 인접한 픽셀로 채운다는 의미

학습의 정확도를 높이기 위한 훈련 데이터 증식 작업을 마치면 테스트 데이터는 정규화 작업만 해 준다. 그리고 CNN 모델 생성 함수를 만드는데, 이 또한 앞 Unit과 매우 유사하다.

하지만 피부암 이미지의 경우 환부 위치가 중앙에 동일하게 있는 형태로, 이러한 이미지 형태가 변환되는 것을 막기 위해 padding을 'same'으로 설정한다.

일곱 가지 피부질환으로 분류하는 다항 분류이므로 마지막 출력 층의 개수를 7로 하고 활성화 함수를 'softmax'로 설정한다.

우리는 병명을 원-핫 인코딩(One-Hot Encoding)하지 않고 단순 0부터 6까지의 정수(integer)로 표현했으므로 categorical_crossentropy( ) 대신 sparse_categorical_crossentropy( )로 손실 함수를 계산한다.

```python
test_datagen = ImageDataGenerator(rescale = 1./255)
test_datagen.fit(X_test)
```

```python
def create_model( ):
    model = Sequential( )
    model.add(Conv2D(16, kernel_size = (3,3), input_shape = (28, 28, 3), activation = 'relu', padding = 'same'))
    model.add(MaxPool2D(pool_size = (2,2)))

    model.add(Conv2D(32, kernel_size = (3,3), activation = 'relu', padding = 'same'))
    model.add(MaxPool2D(pool_size = (2,2), padding = 'same'))

    model.add(Conv2D(64, kernel_size = (3,3), activation = 'relu', padding = 'same'))
    model.add(MaxPool2D(pool_size = (2,2), padding = 'same'))

    model.add(Conv2D(128, kernel_size = (3,3), activation = 'relu', padding = 'same'))
    model.add(MaxPool2D(pool_size = (2,2), padding = 'same'))

    model.add(Flatten( ))
    model.add(Dense(64, activation = 'relu'))
    model.add(Dense(32, activation='relu'))
    model.add(Dense(7, activation='softmax'))

    optimizer = tf.keras.optimizers.Adam(learning_rate = 0.001)

    model.compile(loss = 'sparse_categorical_crossentropy',
                  optimizer = optimizer,
```

```
                    metrics = ['accuracy'])
    print(model.summary( ))
    return model;
```

그 다음은 CNN 모델 학습 함수를 생성하는 것이다. 앞서 언급한 조기 종료와 학습률 개선 유도를 설정해 준다. 검증 데이터의 오차(val_loss)를 학습 중단 기준으로 몇 번 기다려 줄지(patience) 설정한다. verbose=1로 하면 매번 결과 정보를 출력해 준다.

```
def train_model(model, X_train, Y_train, EPOCHS):
    early_stop = EarlyStopping(monitor='val_loss', patience=10, verbose=1, mode='auto')

    reduce_lr = ReduceLROnPlateau(monitor='val_loss', factor=0.1, patience=3, verbose=1, mode='auto')

    history = model.fit(X_train, Y_train, validation_split=0.2, batch_size = 64, epochs = EPOCHS,
                        callbacks = [reduce_lr, early_stop])
    return history
```

코드 2-16 CNN 모델 학습 함수

CNN 이미지 학습을 위한 마지막 함수는 결과를 시각화하는 함수이다. 학습 결과가 저장된 history를 넘겨받아 두 개의 그래프로 시각화한다. 첫 번째 그래프(row=1, col=1)에는 훈련 데이터와 검증 데이터의 정확도를, 두 번째 그래프(row=1, col=2)에는 오차를 출력한다.

```
def plot_model_training_curve(history):
    fig = make_subplots(rows=1, cols=2, subplot_titles=['Model Accuracy', 'Model Loss'])
    fig.add_trace(
        go.Scatter(
            y=history.history['accuracy'], name='train_acc'), row=1, col=1)
    fig.add_trace(
        go.Scatter(
            y=history.history['val_accuracy'], name='val_acc'), row=1, col=1)
    fig.add_trace(
```

```
        go.Scatter(
            y=history.history['loss'], name='train_loss'), row=1, col=2)
    fig.add_trace(
        go.Scatter(
            y=history.history['val_loss'], name='val_loss'), row=1, col=2)
    fig.show()
```

코드 2-17 CNN 모델 학습 결과 시각화 함수

본격적으로 이미지 학습을 하기 위해 '수도권 아파트 가격 예측' 모델을 제작할 때 사용했던 k-fold를 생성하고 CNN 모델을 생성한다. 교차 검증 1회당 50번의 학습(epochs)을 할 예정이다.

```
num_folds = 5
acc_per_fold=[]
loss_per_fold=[]
kfold = StratifiedKFold(n_splits=num_folds, shuffle=True)
fold_no=1
epochs = 50
model=create_model()
```

코드 2-18 CNN 모델 생성

이제 kfold.split()에 훈련 데이터로 교차 검증하면서 학습하고 결과 정보를 출력 및 시각화한다.

```
for train,test in kfold.split(X_train, Y_train):
    print('-------------------------------------------------------------------------')
    print(f'Training for fold {fold_no} ...')
    history = train_model(model, X_train[train], Y_train[train],EPOCHS=epochs)
    plot_model_training_curve(history)

    scores = model.evaluate(X_train[test], Y_train[test], verbose=0)
    print(f'Score for fold {fold_no}: {model.metrics_names[0]} of {scores[0]}; {model.metrics_names[1]} of
{scores[1] * 100}%')
    acc_per_fold.append(scores[1] * 100)
    loss_per_fold.append(scores[0])
```

```
model_file='skin_cancer_5folds_'+str(fold_no)+'.h5'
model.save(model_file)

fold_no = fold_no + 1
```

코드 2-19 CNN 모델 학습 및 결과 출력

첫 번째 교차 검증에서는 4번의 학습 개선이 있었고 30번째 학습에서 조기 종료가 발생했다.

[그림 2-4]의 그래프를 보면 알 수 있듯이 정확도(위)나 오차(아래)도 학습을 거듭할수록 좋아지다가 15번째 이후로 비슷하게 나왔다. 데이터의 양이 많고 질이 우수하여 97.4%라는 높은 정확도(①)가 나왔고 최종 5번째 교차 검증에서는 이미 높은 정확도를 확보한터라 99% 이상의 정확도와 0.1 미만의 오차(②)에서 학습을 종료했다.

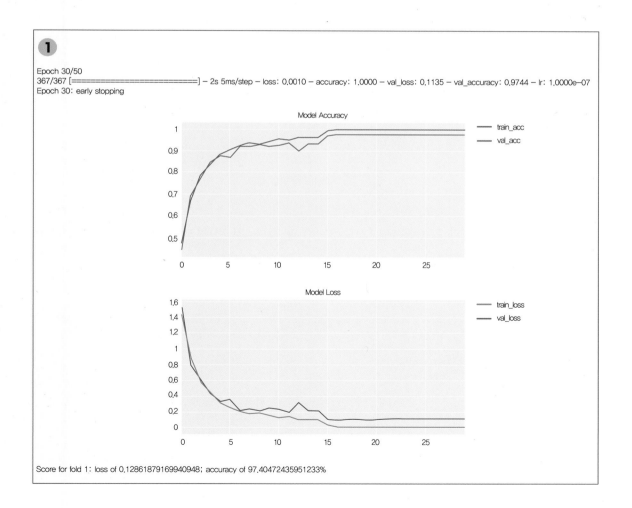

1

Epoch 30/50
367/367 [==============================] – 2s 5ms/step – loss: 0.0010 – accuracy: 1.0000 – val_loss: 0.1135 – val_accuracy: 0.9744 – lr: 1.0000e-07
Epoch 30: early stopping

Model Accuracy

— train_acc
— val_acc

Model Loss

— train_loss
— val_loss

Score for fold 1: loss of 0.12861879169940948; accuracy of 97.40472435951233%

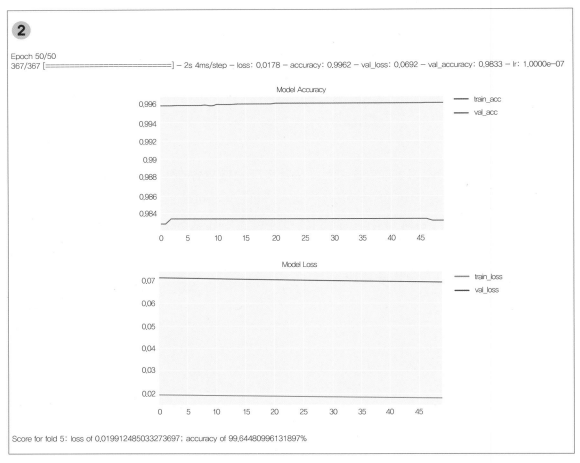

Epoch 50/50
367/367 [==============================] − 2s 4ms/step − loss: 0.0178 − accuracy: 0.9962 − val_loss: 0.0692 − val_accuracy: 0.9833 − lr: 1.0000e−07

Model Accuracy

Model Loss

Score for fold 5: loss of 0.019912485033273697; accuracy of 99.64480996131897%

그림 2-4 CNN 모델 학습 결과

k-fold 교차 검증 결과를 종합하면 [코드 2-20]과 같다. 첫 번째 교차 검증 이후 99% 이상의 높은 정확도와 약 0.01 정도의 낮은 오차를 보이며 학습을 완료했다.

```
print('------------------------------------------------------------')
print('Score per fold')
for i in range(0, len(acc_per_fold)):
    print('------------------------------------------------------------')
    print(f'> Fold {i+1} − Loss: {loss_per_fold[i]} − Accuracy: {acc_per_fold[i]}%')
print('------------------------------------------------------------')
print('Average scores for all folds:')
print(f'> Accuracy: {np.mean(acc_per_fold)} (+− {np.std(acc_per_fold)})')
```

PART 2. 인공지능 실습하기

```
print(f'> Loss: {np.mean(loss_per_fold)}')
print('─────────────────────────────────────────────────────')
```

결과

```
─────────────────────────────────────────────────────
Score per fold
─────────────────────────────────────────────────────
> Fold 1 – Loss: 0.12861879169940948 – Accuracy: 97.40472435951233%
─────────────────────────────────────────────────────
> Fold 2 – Loss: 0.019054163247346878 – Accuracy: 99.60387945175171%
─────────────────────────────────────────────────────
> Fold 3 – Loss: 0.012154491618275642 – Accuracy: 99.75413084030151%
─────────────────────────────────────────────────────
> Fold 4 – Loss: 0.01810925081372261 – Accuracy: 99.61754083633423%
─────────────────────────────────────────────────────
> Fold 5 – Loss: 0.019912485033273697 – Accuracy: 99.64480996131897%
─────────────────────────────────────────────────────
Average scores for all folds:
> Accuracy: 99.20501708984375 (+– 0.9016944738426325)
> Loss: 0.03956983648240566
─────────────────────────────────────────────────────
```

코드 2-20 k-fold 교차 검증 결과

❼ CNN 모델 테스트하기

훈련 데이터로 학습한 결과 높은 정확도를 보여준 CNN 모델을 테스트 데이터에 적용하고 평가하면 어떤 결과를 보일까?

[코드 2-21]과 같이 evaluate( )로 테스트한 결과 98.328%라는 높은 정확도를 보였다. 또한 predict( ) 함수에 테스트 데이터(X_test)로 예측한 값(y_pred)과 실제 값(Y_test)을 넘파이 형태로 변환한 후 병명마다 비교해 보니 대체적으로 우수한 분류 정확도를 보였다. 그나마 흑색종(mel)과 지루성 각화증(bkl)이 각각 95%, 96%로 낮았고 나머지는 99% 혹은 100%의 정확도를 보였다.

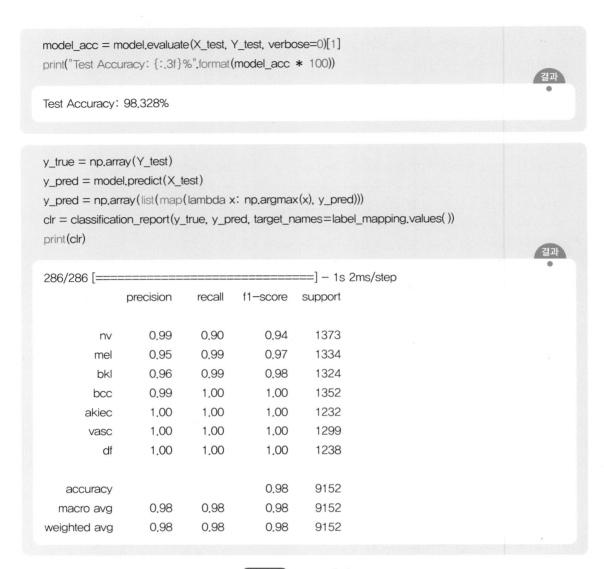

```
model_acc = model.evaluate(X_test, Y_test, verbose=0)[1]
print("Test Accuracy: {:.3f}%".format(model_acc * 100))
```

결과

```
Test Accuracy: 98.328%
```

```
y_true = np.array(Y_test)
y_pred = model.predict(X_test)
y_pred = np.array(list(map(lambda x: np.argmax(x), y_pred)))
clr = classification_report(y_true, y_pred, target_names=label_mapping.values())
print(clr)
```

결과

```
286/286 [==============================] – 1s 2ms/step
```

	precision	recall	f1-score	support
nv	0.99	0.90	0.94	1373
mel	0.95	0.99	0.97	1334
bkl	0.96	0.99	0.98	1324
bcc	0.99	1.00	1.00	1352
akiec	1.00	1.00	1.00	1232
vasc	1.00	1.00	1.00	1299
df	1.00	1.00	1.00	1238
accuracy			0.98	9152
macro avg	0.98	0.98	0.98	9152
weighted avg	0.98	0.98	0.98	9152

코드 2-21 CNN 모델 테스트

15개의 sample_data의 이미지와 예측 결과를 확인하니 15개 중 14개가 잘 분류되었으나 멜라닌 세포 모반 1개를 지루성 각화증으로 잘못 예측했다([코드 2-22] 결과 부분 사진 첫 번째 줄 가운데).

하지만 14개 예측률이 100%로 세부적인 분류 정확도를 보면 높은 성능임을 확인할 수 있다.

```
sample_data = X_test[:15]
prediction = model.predict(sample_data)

plt.figure(figsize=(22, 12))
for i in range(15):
    plt.subplot(3, 5, i + 1)
    plt.imshow(sample_data[i])
    prediction_probability = np.amax(prediction[i]).round(2)
    plt.title(label_mapping[y_true[i][0]] + ' | ' + label_mapping[y_pred[i]] + ' ' + str(prediction_
    probability * 100)+ '%')
    plt.axis("off")
plt.show()
```

코드 2-22 CNN 모델 테스트 시각화

맷플롯립(matplotlib)에는 'cmap'이라는 기능을 통해 여러 가지 컬러 맵으로부터 넘겨받은 값에 맞춰 색 조합이 가능하다. 일일이 데이터마다 색깔을 지정해 줄 필요가 없고 데이터 수치에 따라 색 정도를 나타낼 수 있다.

itertools(파이썬 라이브러리) 모듈을 사용하면 cmap 기능과 순열, 조합 함수를 처리할 수 있으며, [코드 2-23]과 같이 혼동 행렬을 시각적으로 매력 있게 나타낼 수 있는 함수를 만들 수 있다.

```
import itertools
```

```
def plot_confusion_matrix(cm, classes, name, normalize=False,
                          title='Confusion matrix',
                          cmap=plt.cm.Blues):

    plt.figure(figsize=(8,6))
    plt.imshow(cm, interpolation='nearest', cmap=cmap)
    plt.title(name)
    plt.colorbar()
    tick_marks = np.arange(len(classes))
    plt.xticks(tick_marks, classes, rotation=45)
    plt.yticks(tick_marks, classes)

    if normalize:
        cm = cm.astype('float') / cm.sum(axis=1)[:, np.newaxis]

    thresh = cm.max() / 2.
    for i, j in itertools.product(range(cm.shape[0]), range(cm.shape[1])):
        plt.text(j, i, cm[i, j],
                 horizontalalignment="center",
                 color="white" if cm[i, j] > thresh else "black")

    plt.tight_layout()
    plt.ylabel('True Labels')
    plt.xlabel('Predicted Labels')
    plt.show()
```

```
def create_confusion_matrix(model, x_test_normalized, y_test, cm_plot_labels, name, y_true,y_pred):

    y_predict_classes, y_true_classes = y_pred, y_true
    confusion_matrix_computed = confusion_matrix(y_true_classes, y_predict_classes)
    plot_confusion_matrix(confusion_matrix_computed, cm_plot_labels, name)
```

코드 2-23 혼동 행렬 업그레이드

이 혼동 행렬 함수에 학습한 CNN 정보를 넣으면 아래와 같은 혼동 행렬이 나온다. 이를 통해 어떤 피부질환을 어느 정도 분류했는지 파악할 수 있다.

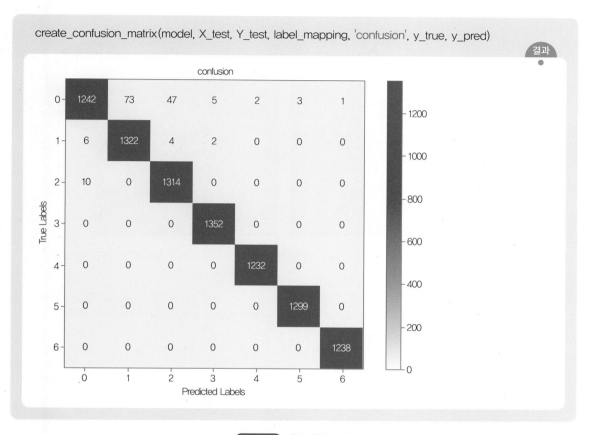

create_confusion_matrix(model, X_test, Y_test, label_mapping, 'confusion', y_true, y_pred)

코드 2-24 혼동 행렬 평가

1만 15개의 일곱 가지 피부질환 이미지 데이터를 불러와 전처리하고 CNN 모델로 학습하여 평가까지 해 보았다. 복잡한 과정을 여러 번 거쳤지만 단순 피부 이미지만으로도 상당한 수준의 정확도로 피부질환을 쉽게 분류할 수 있는 인공지능을 제작할 수 있음을 알게 되었다.

금메달리스트의 '수상한 점'

그림 2-5 중국 수영 선수 쑨양과 시상대에 함께 서길 거부한 맥 호턴(왼쪽 사진 맨 왼쪽)은 팬의 조언에 따라 가슴의 점을 제거했다.

[이미지 출처] https://www.yna.co.kr/view/AKR20190722155100007(왼쪽 사진)
https://edition.cnn.com/2016/10/22/health/australia-swimmer-mack-horton-mole/index.html(오른쪽 사진)

2016년 리우 올림픽 수영 남자 400m 자유형 종목에서 금메달을 딴 수영 선수 맥 호턴(Mack Horton)은 약물 관련 구설수에 오른 중국 수영 선수 쑨양과 시상대에 함께 서길 거부했다. 맥 호턴에 대해 이보다 더 잘 알려진 일화가 있다. 바로 호턴의 가슴에 있는 비정상적인 점을 TV를 통해 본 팬이 그의 팀 닥터에게 메일을 보내 '수상한 점'을 검사해 보라고 조언한 덕분에 그 점을 제거하는 수술까지 한 이야기이다.

CNN 방송사의 기사(2016년 10월 23일자, https://edition.cnn.com/2016/10/22/health/australia-swimmer-mack-horton-mole/index.html)에 따르면 맥 호턴은 개인 SNS에 수상한 점을 제거하고 가슴에 붕대를 감고 있는 사진을 올렸지만 어떤 검사를 받았고 병명은 무엇인지 자세한 내용은 밝히지 않았다. 그렇다면 해당 기사의 사진 속 맥 호턴의 가슴 점을 최대한 확대 캡처해 우리가 제작한 CNN 이미지 분류 모델로 테스트를 해서 병명을 알아보는 건 어떨까.

먼저 맥 호턴의 '수상한 점'인 [그림 2-5] 오른쪽 사진의 점을 확대 저장한 후 코랩에 파일을 업로드한다. 저장된 점 이미지를 불러와 크기를 (28, 28)로 변환한 뒤 배열로 바꿔 준다.

np.expand_dim() 함수를 활용하여 넘파이 배열로 확장시키고 앞서 만든 CNN 모델에 테스트한 후 결과를 보면 멜라닌 세포 모반(NV)으로 예측한 것을 확인할 수 있다.

```
files.upload( )
```

파일 선택 선택된 파일 없음 cancel upload

```
test_img = image.load_img('/content/Mack_Horton_Skin.jpg', target_size=((28,28)))
test_img = image.img_to_array(test_img)
test_img = np.expand_dims(test_img, axis=0)
prediction = model.predict(test_img)
prediction_idx = np.argmax(prediction)
test_image = plt.imread('/content/Mack_Horton_Skin.jpg')
plt.imshow(test_image)
plt.title('Prediction Result :' + label_mapping[prediction_idx])
plt.axis("off")
```

```
1/1 [==============================] - 0s 167ms/step
(-0.5, 327.5, 350.5, -0.5)
```

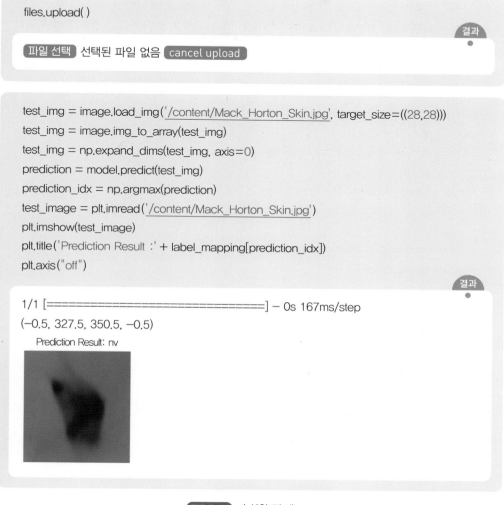

Prediction Result: nv

코드 2-25 수상한 점 테스트

또한 [코드 2-26]과 같이 일곱 가지 피부질환의 분류 예측률을 확인하면 맥 호턴의 수상한 점은 99.91% 멜라닌 세포 모반(NV)으로 예측하였다. 멜라닌 세포 모반은 암은 아니지만 방치하면 흑색종(mel), 즉 피부암이 될 위험이 높은 피부질환이다.

```python
print('=================================')
print('prediction per disease')
print('=================================')
for i in range(7):
    print(f'〉 {label_mapping[i]} : {(prediction[0][i] * 100).round(2)} %')
print('=================================')
```

결과

```
=================================
prediction per disease
=================================
〉 nv : 99.91 %
〉 mel : 0.09 %
〉 bkl : 0.0 %
〉 bcc : 0.0 %
〉 akiec : 0.0 %
〉 vasc : 0.0 %
〉 df : 0.0 %
=================================
```

코드 2-26 수상한 점 테스트 상세 결과

간단한 검사로 결과를 쉽게 알 수 있지만, 점으로 오인하는 경우가 많은 피부질환의 위험 속에서 우리는 맥 호턴과 같이 열렬한 팬은 없지만 이미지 학습 인공지능이 있기 때문에 안전할 것이다.

다음 빈칸에 알맞은 단어를 채우며 학습한 내용을 정리해 보세요.

01 (   )은/는 인공지능 모델을 만들 때, 단 0.1%의 정확도라도 높이기 위해 사용하는 함수 중 하나로, 최소의 loss(오차) 값이라고 착각할 수 있는 지점인 Local Minima와 같은 곳에 빠져 계속 '튕기고' 있을 경우 Learning Rate(학습률)를 조절하여 다른 곳까지 탐색할 수 있게 한다.

02 (   )은/는 이미 최소의 loss 값인 Global Minima에 도달해 놓고도 학습 횟수(ephochs)가 남아 계속 학습하는 경우 훈련 데이터 loss 값은 그대로이지만 훈련 데이터에 최적화 되어 테스트 데이터 loss 값이 상승하는 과적합 현상이 발생할 수 있어 학습을 중단해야 하는 문제를 해결하는 함수이다.

03 인공지능 모델을 만들 때 목적은 대체로 분명하다. 얼마나 정확하게 예측하는지, 얼마나 잘 분류하는지이다. 이러한 정확도는 한 가지 요인만으로 결정나지 않는다. 큰 영향을 끼치는 요인으로는 얼마나 질 높은 데이터를 많이 수집하는지와 (   )을/를 잘하는지가 있다. 이것은 이미지 데이터를 학습하는 데도 필요하다.

04 데이터의 정보를 저장하는 데이터를 (   )(이)라고 한다. 피부암 관련 이 파일을 불러와 확인하면 '이미지 일련번호', '이미지 아이디', '병명', '발병 확인 방법', '나이', '성별', '발병 위치' 등이 저장되어 있음을 알 수 있다.

05 이 Unit에서는 피부 사진과 몇 가지 정보로 피부암 초기 진단 이미지 인식 인공지능 모델을 만들었다. 그 순서는 ① 데이터 불러오고 (   ) → ② 메타 데이터 전처리하기 → ③ 이미지 데이터 (   ) → ④ 이미지 데이터 전처리하기 → ⑤ (   ) 모델 학습하기 → ⑥ (   ) 모델 테스트하기 등이다.

정답
283쪽 참고

찾아
보기

이미지 출처

8쪽

[그림 1]
https://mlbpark.donga.com/mp/b.php?p=1&b=bullpen&id=20
2006210044146052&select=&query=&user=&site=&reply=&s
ource=&pos=&sig=h4a9Hl-Y63HRKfX2h4a9Sl-g4hlq

[그림 2]
https://namu.wiki/w/%EA%B5%AD%EA%B0%80%
EB%B3%84%20%EB%AA%85%EB%AA%A9%20GDP%20
%EC%88%9C%EC%9C%84

10쪽

[그림 4]
https://commons.wikimedia.org/wiki/File:Alan_Turing_
Aged_16.jpg

17~18쪽

[그림 10~13]
https://playground.tensorflow.org/#activation=tanh&batchS
ize=10&dataset=circle&regDataset=reg-plane&learningRate
=0.03&regularizationRate=0&noise=0&networkShape=4,2&s
eed=0.45263&showTestData=false&discretize=false&percT
rainData=50&x=true&y=true&xTimesY=false&xSquared=fal
se&ySquared=false&cosX=false&sinX=false&cosY=false&si
nY=false&collectStats=false&problem=classification&initZer
o=false&hideText=false 재구성

19쪽

[그림 14]
https://bbs.ruliweb.com/community/board/300143/
read/42263817
https://www.thisisgame.com/webzine/gallery/
tboard/?board=33&n=109062

42, 53쪽

[그림 2-1, 2-7] 전복
크라우드픽(https://www.crowdpic.net/)

58쪽

[그림 2-10] 소프맥스 함수(장미, 코스모스, 튤립)
픽사베이(https://pixabay.com/ko/)

78쪽

[그림 2-1]
게티이미지뱅크

102, 113쪽

[그림 3-1, 3-4] 턱끈 펭귄, 젠투 펭귄, 아델리 펭귄
게티이미지뱅크

103쪽

[그림 3-2]
https://velog.io/@shlee0125/%EB%A8%B8%EC%8B%A0
%EB%9F%AC%EB%8B%9D-%EC%A0%95%EB%A6%AC-
Support-Vector-Machine-03.-Hard-Margin-SVM-1 변형

129쪽

[그림 4-1]
https://medium.com/@riameliaa25/klasifikasi-menggunakan-
k-nearest-neighbor-knn-27a3db031248 변형

152쪽

[그림 4-12]
https://docs.likejazz.com/wiki/%EB%94%A5%EB%9F%AC%
EB%8B%9D/ 재구성

156쪽

[그림 1-1] 2019~20년 택배 이용량 증가
http://www.maritimepress.co.kr/news/articleView.
html?idxno=304637 재구성

176쪽

[그림 1-1] 가계 및 비영리단체 순자산
http://www.joseilbo.com/news/htmls/2022/07/2022072
1461375.html 재구성

200쪽

[그림 2-1] 백석과 김수영 시인의 시집
(백석 시인)
http://dh.aks.ac.kr/Edu/wiki/index.php/%EB%B0%
B1%EC%84%9D
(김수영 시집)
http://kor.theasian.asia/archives/293053

226쪽

[그림 1-1] 신윤복의 <미인도>
(문화재청 국가문화유산포털)
http://www.heritage.go.kr/heri/cul/culSelectDetail.do;jsessio
nid=o5UH7vYlOFgIX6IOt9QpeNUHxn4InzjsXyQxZy7BY2JEqBY
FbKHhdv7alzfuf4jq.cpawas_servlet_engine1?pageNo=1_1_2
_0&ccbaCpno=1121119730000

228쪽

[그림 1-3]
https://methodsblog.files.wordpress.com/2019/11/cnn-schematic.png 변형
새 이미지: 픽사베이

235쪽

[그림 1-5]
http://taewan.kim/post/cnn/

[그림 1-6]
https://medium.com/@bdhuma/6-basic-things-to-know-about-convolution-daef5e1bc411

240쪽

[그림 1-8]
https://www.yna.co.kr/view/AKR20200929071000061

245쪽

[그림 1-9]
https://www.kocis.go.kr/koreanet/view.do?seq=1013120&RN=1

246쪽

[그림 1-10]
https://stellarium-web.org/

248쪽

[그림 2-1]
게티이미지뱅크

250쪽

[그림 2-2]
https://www.i2tutorials.com/what-are-local-minima-and-global-minima-in-gradient-descent/ 변형

274쪽

[그림 2-5]
(왼쪽 사진)
https://www.yna.co.kr/view/AKR20190722155100007
(오른쪽 사진)
https://edition.cnn.com/2016/10/22/health/australia-swimmer-mack-horton-mole/index.html

12쪽

[표 1] 인공지능 정의의 4가지 범주
한규동 지음, (AI 상식사전), 길벗 p.126

28쪽

[Tip. 데이터 전처리]
이준구 외, (고등학교 데이터과학과 머신러닝), (재)한국과학창의재단, 2021, p.13

81쪽

[타이타닉호 승객 데이터 출처]
https://www.kaggle.com/code/aadi94/titanic-predictive-model/notebook

128쪽

[표 4-1]
국민건강보험공단, http://medicalworldnews.co.kr/news/view.php?idx=1510952476 재구성

156쪽

[그림 1-1] 2019~20년 택배 이용량 증가 데이터 출처
http://www.maritimepress.co.kr/news/articleView.html?idxno=304637

158쪽

[Tip. 군집 구분 및 특징]
이준구 외, (고등학교 데이터과학과 머신러닝), (재)한국과학창의재단, 2021, p.139

178쪽

[Tip. 에이다부스트]
http://www.incodom.kr/Adaboost

197쪽

[1] 배성찬 · 유정석(2018), 머신 러닝 방법과 시계열 분석 모형을 이용한 부동산 가격지수 예측, 26(1), p.107-133.
[2] 나성호 · 김종우(2019), 공공데이터를 활용한 아파트 매매 가격 결정 모형의 예측능력 비교, 한국지적정보학회지, 21(1), p.3-12.

202쪽

Kevin P. Murphy(2006년), Naive Bayes classifiers.
Jan Keim(2016년), Themenextraktion zur Domänenauswahl für Programmierung in natürlicher Sprache.

Part 1 | 20쪽

01. 인공지능
02. 앨런 튜링
03. 머신러닝, 머신러닝, 딥러닝, 머신러닝, 딥러닝
04. 선, 선
05. 지도 학습, 비지도 학습, 지도 학습, 비지도 학습
06. 퍼셉트론

Part 2 → Chapter 01 → Unit 01 | 41쪽

01. 회귀, 회귀 분석
02. 데이터, 컴퓨터, 프로그램
03. 넘파이, 판다스, 맷플롯립
04. 데이터 전처리
05. 회귀 분석, 최소제곱법

Part 2 → Chapter 01 → Unit 02 | 59쪽

01. 선형 회귀, 선형 회귀, 예측
02. R^2
03. 기울기, 절편
04. 가중치, 편향
05. 인공지능
06. 딥러닝, 과적합

Part 2 → Chapter 02 → Unit 01 | 77쪽

01. 분류, 예측, 분류
02. 로지스틱 회귀, 분류, 분류, 로지스틱 회귀
03. 훈련 데이터
04. 테스트 데이터
05. 검증 데이터

Part 2 → Chapter 02 → Unit 02 | 100쪽

01. 의사결정 트리, 랜덤 포레스트
02. 앙상블, 랜덤 포레스트, 앙상블
03. 결측치
04. 혼동 행렬
05. Gini 계수

Part 2 → Chapter 02 → Unit 03 | 127쪽

01. SVM(서포트 벡터 머신)

02. 정확도
03. 원-핫 인코딩
04. 회귀, 이항 분류, 다항 분류

Part 2 → Chapter 02 → Unit 04 | 153쪽

01. k-NN
02. 딥러닝, 최소제곱법, 딥러닝
03. 경사하강법
04. 오차역전파법, 오차역전파법

Part 2 → Chapter 03 → Unit 01 | 173쪽

01. 비지도 학습
02. 군집
03. k-Means, 계층적 군집, DBSCAN
04. k-Means
05. 비지도 학습

Part 2 → Chapter 04 → Unit 01 | 199쪽

01. 랜덤 포레스트
02. 부스팅, 에이다부스트, 부스팅, 에이다부스트
03. XGBoost
04. k-fold 교차 검증

Part 2 → Chapter 04 → Unit 02 | 222쪽

01. 자연어, 자연어 처리   02. 나이브 베이지안
03. 토큰화   04. TF-IDF
05. 셀레늄(selenium)

Part 2 → Chapter 05 → Unit 01 | 247쪽

01. CNN   02. 컨볼루션, 풀링
03. 컨볼루션   04. verbose
05. 이미지 전처리

Part 2 → Chapter 05 → Unit 02 | 277쪽

01. 학습률 개선
02. 조기 종료
03. 전처리
04. 메타 데이터
05. 병합하기, 시각화(하기), CNN, CNN

발 행 일	초판 1쇄 발행 2023년 4월 5일
지 은 이	정종호
발 행 인	신재석
발 행 처	(주)삼양미디어
주 소	서울시 마포구 양화로 6길 9-28
전 화	02) 335-3030
팩 스	02) 335-2070
등록번호	제10-2285호
	Copyright ⓒ 2023. samyangmedia
홈페이지	www.samyang𝓜.com
I S B N	978-89-5897-413-0 (03000)
정 가	20,000원